KB236935

조선과 독일

이영관 著

국학자료원

머리말

1997년 한국정부가 한강의 기적을 뒤로한 채 IMF로부터 차관을 받게 되었다. 이 후 한동안 장안의 화두가 되었던 말은 국제화였다. 과연 국제화란 무엇이고 IMF 차관이 국제화의 실패를 의미했는지는 누구도 단정할 수 없다. 그러나 이미 한반도에서는 100년 전 국제화의 과정이 시작되었고 이 첫 번째 국제화는 실패로 끝나 40년간 나라를 잃는 아픔을 겪게 되었다.

조선에서 일어난 사건은 그저 조선만의 사건이고 최대한 발전해야 중국과 일본에 영향을 주는 정도로 끝났다. 동시에 중국이나 일본에서 일어난 사건이 조선에 영향을 준 경우 정도였다. 그러나 19세기 중반부터 서구열강들이 힘을 앞세운 식민지 외교정책을 통해 그 세력을 전세계로 확산하면서 조선, 동북아의 사건이 국제적 사건으로 발전하게 된다.

조선에서 일어난 동학농민봉기가 독일의 새로운 외교정책과 연결되면서 제 1차 세계대전으로 향하는 세계 외교의 문제점이 시작되었다. 빌헬름 2세와 그의 정부가 수립한 독일의 새 노선은 결국 한반도까지 그 여파가 전해져 조선이 독립을 상실하게 된다. 바로 이 것이 한반도를 둘러 싼 국제화의 최초 모습이었다고 할 수 있다. 이런 점에서 조독관계사는 국제화 물결 속의 한국을 잘 반영하고 있는 사례라 하겠다.

그렇다면 이렇게 변화하는 국제정세에서 조선의 대응은 어떤 것이었는가? 세계의 역사를 배우는 궁극적인 목표는 우리를 더 잘 이해하기 위해서다. 당시 우리의 모습은 새로운 조류에 합류하지 못하고 실패해 일본의 식민지로 전락했다. 그러나 지금도 우리는 우리의 문제점을 지적해 다시 이런 수모를 당하지 않으려 노력하기보다는 시대를 탓하고 타국의 몰상식함을 비난한다. 요즘 실패를 두려워하지 말라는 경영학분야의 새로운 접근에서 보면 이런 대 실수야말로 우리를 점검하고 다시는 되풀이되지 않도록 하는 중요한 역사적 유산이 될 것이다. 국제화시대의 인문학의 역할이 바로 이런 것이 아닌가 생각한다. 조독관계를 바탕으로 남들의 허물보다는 우리 자신을 되돌아보았으면 한다.

이 책은 박사학위 논문을 토대로 우리 나라 독자들을 위해 독일의 상황을 보완했다. 최근에 발표된 몇몇 논문이나 저서도 참고했지만 충분치 못함이 못내 아쉽다. 그러나 출간을 서두르게 된 이유는 이 분야에는 아직 논문이나 저서가 많지 않기 때문이었다. 조미관계사를 강의하면서 현재와는 달리 오히려 서양국가 중 가장 큰 영향을 준 나라가 독일이라는 생각이 들어 더욱 이런 내용을 소개하고 싶었다. 물론 욕심이 앞섰기에 문제점도 많을 것이라 생각해 많은 학자들의 조언을 부탁한다. 조금 더 욕심을 내고자 한다면 이 책을 시작으로 조독관계에 대한 연구가 활발해지기를 바란다.

이 책이 나오기까지 많은 어려움을 겪었다. 그래서 이 자리를 빌어 감사드리고 싶은 분들이 있다. 우선 지도 교수님이셨던 주립 알칸소대학교의 이반 뷰키(Evan Bukey) 교수님께 감사를 드린다. 투병 중에도 지속적인 격려를 주셔 스승이란 무엇인가를 가르쳐 주신 분이다. 경희대학교의 허동현교수님께도 다시 한번 감사를 드리고 싶다. 이 책이 소개될 수 있었던 것은 허교수님의 적극적인 지원에 의해 가능했다. 또한 국학자료원 정찬용사장님과 관계자 여러분들께도 진정 감사의 마음을 전한다. 마지막으로 항상 주위에서 삶의 기쁨을 느끼게 해주는 나의 가족에게 이 책을 바친다.

2002년 2월
아산에서 이 영 관

목 차

제 1 장

서 론

19세기 마지막 30년 동안 서구 열강들은 지금의 제 3세계 전역에 걸쳐 자국의 식민지를 빠르게 팽창해 나가고 있었다. 17~18세기의 식민지 확장과는 달리 이 새로운 양상의 국제조류는 경제력과 군사력을 포함한 총체적 식민지 경쟁으로 열강간의 치열한 각축은 세계 대부분 지역에서 힘의 균형체제를 흔들며 불완전하지만 새로운 국제관계의 틀을 형성해 나가고 있었다. 아프리카 지역은 물론 중국을 중심으로 한 아시아 지역에서의 각축은 유럽은 물론 미국까지 새로운 외교체제로의 전환을 의미했고, 제 1차 세계대전으로 치닫는 위기를 초래했다. 앞에서 거론한 '불완전한 새로운' 국제관계의 틀은 신흥 독일제국의 참여로 그 문제점을 여실히 드러내게 되었다.

1871년에 통일을 이룸으로서 비로소 근대 민족국가로 탄생한 독일제국은 이런 시대 조류에 가장 늦게 합류했다. 독일제국의 식민지 경쟁 참여는 서양사뿐만 아니라 세계사적 의미를 갖고 있다. 19세기 중반까지 여러 개의 정치 단위로 나뉘어져 있던 독일은 통일 과정에서 1866년 합스버그 오스트리아는 물론 통일을 마무리하는 1871년 보불전쟁에서도 프랑스를 물리쳤다. 오스트리아와 프랑스 같은 기존 유럽 강대국의 패배는 바로 신흥 군사강국 독일제국의 출현으로 인한 급격한 힘의 균형체제 변화를 의미했다. 이런 연유에서 비록 뒤늦게 독일제국이 식민지 경쟁에 뛰어 들었지만 그 영향력은 막대한 것임을 짐작할 수 있다. 결국 독일제국의 국제 무대 등장은 제 1차 세계대전의 장기적 원인 중의 하나가 되어 20세기를 전쟁으로 시작하는 양상으로 발전했다.

그러나 독일제국의 식민지 경쟁 참여는 처음부터 국제질서에 파란을 일으키지는 않았다. 외교의 귀재 오토 폰 비스마르크 재상(Chancellor Otto von Bismarck)은 통일된 독일의 안보를 우려해 식민지 경쟁으로 인해 야기될 수 있는 열강들과의 마찰을 가급적 피하려 했다. 1880년대 독일의 경제가 어려움을 겪기 전까지 비스마르크의 반식민지정책은 유지되었다. 그럼에도 불구하고 산업혁명의 여파로 19세기 말 유럽 전체에 미친 경제적 문제는 주기적인 공황으로 이어졌고, 독일도 이런 산업화 초기 과정의 문제점을 피해 갈 수는 없었다. 결국 비스마르크는 경제 부양책에 대한 부담을 느껴 식민지 확보에 나서기로 결정했으나, 자신의 외교 정책 기조인 유럽 내 독일 안보 우선 정책을 유지하기 위해 조심스럽고 점진적인 식민지 활동을 계획했다. 이는 열강들과의 마찰을 최소화해 식민지 경쟁이 유럽으로 이어지는 결과를 피하기 위한 방책이었다. 그러나 공식적인 식민지 정책 채택만으로도 독일제국은 빠르게 식민지를 확산해 나갔고, 국제적 힘의 균형체제는 기존의 상태를 유지하기 어렵게 되었다. 오스트리아와 프랑스를 무너뜨린 유럽 대륙 최고의 군사력과 미국의 뒤를 이어 철강생산 세계 2위를 유지하던 독일제국이 정부차원의 식민지정책을 채택했다는 것은 다른 열강들을 긴장시키기에 충분했고, 독일 무역회사들의 활동을 고무시키기에 충분했다.

독일제국의 공식적 식민지 활동 참여는 조심스럽고 점진적이라고는 하나 그 여파가 조선에까지 미쳤다. 뒤늦게 식민지 경쟁에 참여했음에도 불구하고 독일제국은 당시 쇄국정책에서 벗어나 외교적 고립을 탈피하려 했던 조선과 근대적 조약을 체결하는 초기 서양 국가 중 하나였다. 사실 양국은 조약이 인준되기 전부터 아주 "특별한 관계"를 발전시켜 나가고 있었고, 이런 특별한 관계는 1894년까지 유지되어 비스마르크 재상이 지향하던 조심스럽고 점진적인 식민지 제국정책을 잘 반영해 주는 예가 되었다. 이런 특별한 양국 관계는 카이저 빌헬름 2세(Kaiser Wilhelm II) 하에서 베를린 정부가 공식적인 동아시아 정책을 최초의 세계정책(Weltpolitik) 과제로 채택할 때까지 꾸준히 유지된다. 독일제국의 이러한 정책적 변화, 즉 조심스럽고 점진적인 식민지 확산 정책을 통해 힘의 균형을 유지하려 했던 비스마르크 재상의 외교정책에서 빌헬름 2세의 세계정책 채택으로 인한 과격한 정책 변화는 동아시아뿐만 아니라 유럽을 포함한 세계 전 지역에서 힘의 균형을 무너뜨렸고, 결국 나폴레옹 전쟁 이후 빈 체제로 약 한 세기 동안 대규모 전쟁 없이 지내온 유럽을 제 1차 세계대전으로 치닫게 하는 요인이 되었다. 이런 독일제국의 정책적 변화는 조선의 상황변화를 겪으며 이루어졌다. 즉 전 세계를 전쟁으로 몰아간 독일제국의 정책 변화가 조선에서 벌어진 위기 상황에 대처하는 열강들 간의 각축에서 시작됨으로서 구한 말 양국관계는 세계사에서도 중요한 의미를 갖는다.

조선은 세계사에서 한 왕가가 유교사상을 기본으로 500년 이상 통치한 가장 긴 역사를 가진 왕조 중에 하나이다. 그러나 19세기에 들어서면서 특히 서양 중심의 급속한 국제화가 시작되면서 유교사상에 바탕을 둔 조선은 정치적, 사회적, 경제적인 면에서 심각한 정체현상(Stagnation)을 겪어 변화를 필요로 하고 있었다. 이런 현실에서 1864년 12세의 高宗이 왕위를 계승했고, 조정은 정치적 붕당과 강력한 족벌에 의해 장악되어 중앙 정부를 중심으로 한 강력한 개혁은 묘연해 보였다. 그러나 국왕의 나이가 어려 그의 부친인 李昰應이 섭정을 하기에 이르고 李昰應(大院君)은 왕실의 권위를 다시 세우기 위해 붕당과 족벌에 대한 공격을 시작했다. 동시에 그는 지방관료들의 기강을 확립하고 뇌물을 포함한 비리를 근절시키기 위해 여러 조치들을 강력하게 진행해 나갔다. 대원군의 개혁조치가 조정의 재정을 궁핍하게 만들었다는 부작용도 있었지만, 왕실의 권위를 재건하고 중앙정부의 권한을 강화하는 데는 어느 정도 성공을 거두었다.

1860년 프랑스와 영국 연합군이 북경을 함락시키자 대원군을 중심으로 한 조선의 조정관료들은 엄청난 충격을 받았고 조선 근해에서도 서양 선박들이 나타나 교역을 요구하기 시작해 위기감이 고조되었다. 대원군은 조선의 전통적 가치관과 체제를 수호하기 위한 최선의 방책으로 鎖國政策을 채택했고, 1866년에는 당시 소수에 불과했던 천주교 집단에 눈을 돌렸다. 대원군은 천주교를 그가 그토록 심혈을 기울여 재건하려 했던 전통적 가치관을 저해하는 핵심적 요소 중 하나로 단정했고, 1872년까지 천주교도에 대한 대대적이고 무자비한 박해를 강행했다. 그 결과 많은 프랑스 선교사들과 약 8,000명의 조선 천주교도들이 순교했고 대다수가 구속되었다.

대원군의 천주교도들에 대한 대대적인 박해 소식이 북경에 전해지자 프랑스는 이를 구실로 조선에 통상을 요구하기 위해 프랑스 극동함대 중 세척의 전함을 조선으로 파견했다. 그러나 조선의 강력한 저항에 부딪쳐 퇴각한 프랑스는 다시 일곱 척의 군함을 파견해 강화도에 상륙했다. 강화도에 상륙한 프랑스군은 다시 한번 육지에서 패배해 결국 철수하고 말았다. 대원군은 이 승전보를 북경과 동경에 보냈고, 조선 내에서는 군사적 준비 특히 해안 경비를 더욱 철저히 할 것을 명령했다.

서양의 도발에 대한 조선 군대의 일시적인 성공은 우선 대원군의 개혁에 의해 보강된 조선의 군사적 능력에 있었다고 볼 수 있다. 그러나 이 당시 어느 서구 열강도 조선의 개항을 위해 대규모 군대를 파견하려는 의도를 갖고 있지 않았다는 데도 그 원인이 있었다. 당시 열강들은 아프리카나 중국에 더 많은 관심과 노력을 기울이고 있었다. 결국 프랑스를 상대로 한 대원군의 승리는 안보에 대한 자만심으로 이어졌고, 이로 인해 조선은 19세기 근대적 국가사회 체제에 참여가 늦어지는 결과를 초래하기도 했다.

그럼에도 불구하고 대원군의 쇄국정책은 조선 내에서 상당한 지지를 받았다. 그러나 붕당과 족벌을 겨냥한 그의 국내 개혁 조치들은 양반 계층의 반발을 불러 일으켰다. 이런 와중에서 고종과 閔妃 사이에서 태어난 아들이

죽자 대원군은 서출을 세자로 책봉하려 했다. 그러나 민비의 일가는 족벌을 형성해 대원군을 성공적으로 저지했고, 崔益鉉의 대원군 탄핵 상소를 계기로 섭정에서 은퇴하도록 만들었다. 그 결과 민비와 민씨 일족은 조정에서 주도권을 행사하게 되었고, 젊은 고종은 개국을 기초로 한 새로운 외교 정책을 모색하게 되었다.

1876년 2월 조선은 일본과 조약을 맺으며 사실상 쇄국정책을 마무리했다. 그러나 일본과의 근대적 조약관계는 청을 긴장시켰다. 그 결과 청은 조선에서 일본의 독점을 견제하기 위해 1882년 미국과의 조약체결을 추진하게 되었다. 동시에 청의 李鴻章은 중국에 체류 중인 전직 독일 외교관을 조선 조정의 외교고문으로 추천해 근대적 국제 관계에 필요한 세관의 설립과 외교적 조언을 하도록 했다. 이 조약은 뒤에서 자세히 서술하겠지만 조선의 초기 근대화에 많은 영향을 미치게 됨은 물론 조선을 국제사회의 일원으로 만드는 첫 과정이었다.

미국과 조약이 성사된다는 소식이 전해지자 다른 서구 열강들도 조선과의 관계 정상화를 위해 노력했다. 영국과 독일은 조선과의 협상을 공조하기로 하고 미국의 뒤를 이어 조선과 조약관계를 맺었다. 다른 국가와 마찬가지로 독일제국의 조선에 대한 관심은 우선 교역이었다. 레오나드 울프(Leonard Wolf)가 서술한 것처럼, "독일 역사에서 보다 경제적 요소가 근대 제국주의의 색채로 더 선명하게 나타나는 곳은 없다."[1] 이런 독일의 특색은 대조선 관계에서도 예외 없이 나타난다. 독일제국의 식민지 제국정책과 경제적 이해간의 밀접한 관계는 1870~1871년의 보불전쟁 직후부터 찾아 볼 수 있다. 그럼에도 불구하고 비스마르크 재상은 통일 후 독일제국의 유럽 내 안보를 최우선으로 하는 조심스런 외교정책을 유지해 1884년까지 독일

---

1) Leonard Wolf, "Empire and Commerce," *The "New Imperialism" : Analysis of Late-Nineteenth-Century Expansion*, ed. Harrison M. Write, (Lexington, MS : D.C. Heath & Co., 1976), p.64.

제국은 국가 차원의 공식적인 식민지 정책을 채택하지 않고 있었다. 그러나 공식적인 식민지 정책을 발표한 직후 독일제국은 빠르게 아프리카와 남태평양 지역에서 식민지를 확보하기 시작했고, 조선과도 적극적인 자세로 공식적인 외교관계를 수립하면서 외교적 변신을 꾀했다.

조선의 입장에서 볼 때 조선은 근대적 체제의 정치, 외교적 경험도 없었고, 재정 상태도 열악해 서구식 외교는 물론 근대적 교역을 진행할 능력도 충분치 않았다. 더구나 장기간에 걸쳐 유지되어 온 농경 사회의 이념인 유교적 전통은 조선의 정치, 사회는 물론 경제까지도 변함없이 지배하고 있었다. 이런 문제점을 극복하기 위해 조선 조정은 청의 이홍장이 추천한 전직 독일 외교관 묄렌도르프(Paul Georg von Möllendorff)를 초빙하기로 합의해 조선의 근대화 작업과 대외관계에 대하여 전반적인 조언을 하도록 했다. 묄렌도르프의 조선 입국은 조선뿐만 아니라 독일제국과 조선간의 "특별한 관계"를 여는 초석이 되었다.

이 때까지 은자의 나라 조선은 중국과 租貢關係라는 전통적인 유교적 외교체제를 유지하고 있었다. 조공관계(Tributary System)는 동양에 존재했던 외교 체제로 서양의 국가 간 교류와는 근본적으로 달랐다. 1648년 30년 전쟁 후 맺어 진 베스트팔렌 조약(Treaty of Westphalia)으로 서양은 국가간의 관계에서 평등한 자격을 기초로 한 외교관계를 수립했다. 이에 비해 조공관계는 그 사상적 기반을 유교의 가족관계 개념에 두고 있어 평등의 개념을 찾아볼 수가 없다. 중국이 호주의 위치를 갖고 주변국들, 즉 조선, 안남, 미얀마, 일본의 일부 등이 가족 구성원의 위치에서 중국에 정기적으로 조공을 바치는 관례가 동양의 조공관계다.[2]

어느 면에서는 유럽 중세의 봉건장원체제와 흡사한 동양의 조공관계는 국가간의 권리와 의무의 관계로 유지되었다. 중국이 주변국의 국내외 문제를

---

2) Immanuel C. Y. Hsü, *China's Enterance into the Family of Nations : The Diplomatic Phase, 185
   8~1880,* (Cambridge : Harvard University Press, 1960), p.3.

해결해 주는 것도 중심국으로서 중요한 의무 중에 하나였다. 서양의 개념에서 볼 때는 내정 간섭이지만 조공관계에서는 당연한 일이었다. 정치, 외교적 문제뿐만 아니라 중국은 주변국의 홍수나 가뭄, 태풍과 같은 자연재해에 대해서도 무상으로 원조를 보내야 했다. 주변국들은 중국의 연호를 채택하고 조공사절을 정기적으로 중국에 파견해 중국에 대한 존경을 표하는 의무를 받아 들였다. 지리적인 위치나 역사적 중요성에 견주어 조선은 가장 자주 조공을 보내는 중요한 주변국이었다. 이런 특성으로 인해 조선은 조공관계에서 탈피해 서구적 외교관계를 진행하는 데 많은 어려움을 겪게 되었다.

조공관계는 근본적으로 형식과 의식에 그 실체를 두고 있었다. 이 체제 내에서는 국가간의 동등이란 있을 수 없었고 성문화되어 있지는 않지만 상하 관계에 대한 상호 인지가 존재했다. 상하 관계로 인해 중국은 경제적인 면에서 그다지 큰 이익을 거두지는 못했고 베풀어야 하는 입장에 있어 주변 국들이 오히려 큰 혜택을 받았다. 그 예로 조선의 조공 사절단이 중국 황제에게 조공을 바치면 대부분의 경우 황제로부터 더 큰 가치의 선물을 받았다. 동시에 방문기간 중 사절단은 3일에서 5일 동안 조선 특산품을 북경에서 판매하는 권리도 부여받았다. 물론 세금 역시 전혀 내지 않았다. 이런 경제적 측면의 조공관계가 개항 전까지 조선이 경험한 국제교역의 전부였다. 결국 서양식 근대적 교역에 대한 경험의 부재를 일본은 1876년 조선과 조약을 맺으며 악용했다. 묄렌도르프가 1883년 일본과의 관세조약을 추진할 때까지 일본은 조선 정부에 관세를 전혀 지불하지 않고 교역을 장악해 불법적으로 막대한 이익을 챙겼다.

1882년 이후 서양 국가들이 몰려들 때도 조선은 청과의 전통적인 외교관계를 유지하고 있었음은 물론 조선의 관료들은 새로운 발상의 전환에 실패해 서방과의 긍정적인 관계 유지에 실패했다. 몇 세기에 걸친 전통을 근본부터 바꾼다는 것은 불가능에 가까운 일이다. 결국 여전히 주종관계를 근본으로 하는 전통적 체제에 믿음을 갖고 있었고 근대적 교역을 제대로 이해하려는 노력도 크지 않아 실패를 예고하고 있었다. 적절한 재정정책은 물론 교역 상 채무관계에 대한 올바른 이해도 없이 서방과 교역을 시작했고 전통적인 틀에서 서양과 외교관계를 유지하려 했다. 이로 인해 조선은 새로운 국제관계의 틀을 능동적으로 받아들여 수용하는 데 어려움을 겪었고 외국과의 관계에서 많은 마찰이 있었다.

그럼에도 불구하고 독일제국과 조선은 상대적으로 매우 "특별한 관계"를 형성하는 데 성공했다. 사실 구한말 조선 외교사에서 독일은 미국이나 영국을 비롯한 서양국가 중 개항 초기 조선의 근대화에 가장 큰 역할을 했다. 정치, 외교는 물론 통상 면에서도 조선에서 가장 활발히 활동한 서양국가는 독일제국이었다. 구한말 조선의 외교에 미친 독일의 가장 큰 영향은 引俄策의 제시였다. 묄렌도르프는 고종과 조선조정에 인아책을 소개해 일본과 청의 영향으로부터 독립할 수 있는 외교적 대안을 제시했다. 이는 중국과의 전통적 조공관계를 변화시켜 조선의 독립을 유지시키려했던 묄렌도르프의 외교 대안이었다. 또 하나 우리의 관심을 끄는 것은 조선 주재 독일 부영사 허만 부들러(Hermann Budler)가 조선의 권위를 유지하는 방편으로 벨기에 모델의 中立策을 제안한 것이다. 독일 외교관에 의한 이 두 가지 제안 중 고종은 묄렌도르프의 인아책에 더 큰 관심을 보이고 직접 실행에도 옮겼지만, 두 정책 제안 모두 조선이 독립을 상실할 때까지 조선의 대외정책에 큰 영향을 미친다.

양국 교역에 있어서는 독일 회사 世昌洋行(Heinrich Constantin Edward Meyer & Company)이 조선과의 교역에서 가장 활발한 활동을 하게 된다. 사실 세창양행은 서양 정부나 회사를 막론하고 최초로 조선에 차관을 제공했고, 한반도에 대규모 근대적 기술을 최초로 소개하기도 했다. 그럼에도 불구하고 양국간의 "특별한 관계"는 비스마르크 재상의 몰락과 함께 그 막을 내리기 시작했다.

1894년 베를린 정부는 동북아시아에 대한 새로운 정책을 수립했다. 카이저 빌헬름 2세는 중국 영토 내에 독일의 해군기지를 확보하려는 정책을 수립했고, 청일전쟁이 끝나면서 그 목표를 달성했다. 독일제국은 새로운 정책을 통해 극동 지역에서 자국의 영향력을 확장시키려 했다. 결국 이 정책으로 말미암아 조선과 독일제국 간에 발전되어 온 "특별한 관계"는 큰 타격을 받기 시작했다. 동학 농민봉기로 야기된 청일전쟁은 동북아시아 힘의 균형 체제를 위협했고 이를 이용해 독일은 최초의 극동정책을 수립해 중국에 식민지를 확보했다. 이 과정에서 조선은 독일제국의 관심 밖에 놓이게 되었고 초기의 특별했던 조독관계는 유지될 수 없었다.

얼마 후 러시아와 일본이 한반도를 놓고 맞서고 있을 때에 독일은 다시 한번 조선의 장래는 아랑곳하지 않고 러시아를 종용해 전쟁으로 이끄는 극동정책을 유지했다. 지속적으로 힘의 균형을 흔들어 그 틈에 독일이 이익을 챙기겠다는 극동정책은 이 지역의 현상 유지를 어렵게 만들었다. 결국 1910년 조선은 일본에 합병되었고 독일의 극동정책은 조선의 패망에 비록 간접적이지만 영향을 미치는 결과를 초래해 제 1차 세계대전 발발에서처럼 조선의 패망에 대해서도 책임을 면치 못하게 되었다.

제 2 장

1. 독일인들의 식민지 활동

19세기 마지막 30년 동안 서구 열강들은 지금의 제 3세계라 불리는 지역 거의 대부분에서 자신들의 영향력을 넓히려 경쟁하고 있었다. 1920년대 식민지 활동이 절정을 이룰 때 유럽은 세계 영토의 49%를 통치할 만큼 치열한 식민지확장 경쟁을 벌이고 있었다. 1871년에야 비로소 통일되어 근대 국가로 뒤늦게 탄생한 독일제국은 열강들 중 가장 늦게 제국주의 식민지 경쟁에 참여했지만, 단 한 세대만에 영국의 뒤를 잇는 제 2위 식민지 보유국으로 빠르게 도약했다. 독일의 이런 급성장은 어느 정도 예상된 일이기도 했다. 통일과정에서 기존 강대국 오스트리아는 물론 프랑스까지 물리친 독일제국의 탄생은 유럽의 기존 힘의 균형체제에 변화를 예고했을 뿐만 아니라 식민지 경쟁으로 대표되던 19세기 세계 정세에도 큰 영향을 미칠 수 있는 요인이 되었다. 그러나 독일인들의 식민지 활동은 앞에서 거론한 것처럼 단 한 세대만에 갑자기 이루어진 것은 아니었고 이미 식민지 활동에 대한 긴 역사와 전통을 지니고 있어 빠른 도약이 가능했던 것이다.

중세에는 한자(Hansa) 상인들이 독일의 상품은 물론 그들의 관습과 전통을 북유럽과 북동부 유럽에 전하면서 이태리의 뒤를 잇는 제 2의 상업세력으로 등장했고, 발틱해(Baltic Sea)와 북해(North Sea)에 위치한 항구들에서도 독일인들의 교역 지역을 괄목할 정도로 확충해 가고 있었다.3) 1503년에는 벨서(Welser), 폴렘(Völhem), 후거(Fugger), 혹슈테터(Hochstetter), 허슈코겔(Hirschcogel) 같은 교역 집단들이 당시 교역의 중심지이었던 포르투갈의 리스본(Lisbon)에 독일인들의 상업구역을 형성하면서 대규모 교역회사로 발전하고 있었다. 동시에 포르투갈 국왕으로부터 동인도 지역과의 교역권도 허가 받아 독일인들의 해외 교역활동은 상당한 규모로 진행되고 있었음을 반증해 준다.4) 벨서와 후거家는 베네수엘라(Venezuela), 파라과이(Paraguay), 우루과이(Uruguay) 등지에서 독자적으로 활발한 식민지 사업도 벌여 독일 지역이 국내문제와 전쟁에 시달렸고 "지리상의 대발견 시대"에 주요 해상항로에서 멀리 떨어져 있었음에도 불구하고 상당한 식민지 활동을 하고 있었다.

이런 전통은 1650년 이후 브란덴베르그-프러시아 대선제후(The Great Elector of Brandenburg-Prussia), 프레드릭 빌헬름(Fredrick Wilhelm, 1640~1685)이 그의 전반적인 국가 정책에 최초로 구체화된 식민지 정책을 채택하면서 더욱 조직적이고 빠르게 전개되기 시작했다. 프레드릭 빌헬름은 식민지 정책을 실현하는 과정에서 인도 남동부 해안에 위치한 트란쿠바(Tranquebar)를 사들였음은 물론 아프리카 북서부의 황금연안(Gold Coast)에 대프레드릭스버그 항(Port Great Fredricksburg)을 건설했다.5) 이런 대선제후의 정부 차원의 식민지 정책에도 불구하고 타 열강에 비해 프러시아가 식민제국으로 발전하기에는 아직 국내 문제로 여유도 없었고 능력도 모자랐다. 30년 전쟁과 1648년 베스트팔렌 조약(Treaty of Westphalia)을 통해 독일 지역 내에서 프러시아의 입지가 급부상 한 것은 사실이지만 아직 오스트리아에 맞서 독일 지역을 하나로 통합하기에는 역부족이었고 전 후 지역 간 갈등이 겉으로는 해결된

---

3) Mary E. Townsend, *The Rise and Fall of Germany's Colonial Empire, 1884~1918,* (New York : Howard Fertig, 1966), p.7.

4) *Ibid.,* p.12.

5) William Otto Henderson, *Studies in German Colonial History,* (Chicago : Quadrangle Books, 1962), p.1.

것처럼 보이지만 화합을 이루는 데는 긴 시간이 필요했다. 독일 지역의 분리된 현실은 프러시아를 비롯한 대부분 독일 국가들이 기존의 식민지 마저 포기하고 국내문제에 치중해야하는 부담으로 작용했고 18세기초까지 이런 형태는 지속되었다.

결국 독일의 초기 식민지 활동은 정부적 차원의 체계적인 조직력은 물론 타 국가를 상대로 경쟁할 힘의 부재로 난관에 봉착할 수밖에 없었다.[6] 더구나 한자 무역상은 근대 상업구조로 전환하는 데 실패했고, 30년 전쟁의 여파는 독일의 상업 발전을 저해하는 요소로 기존의 식민지 사업은 물론 통상 활동의 발전에도 큰 영향을 주었다. 30년 전쟁으로 독일 인구의 40%가 감소한 것을 감안해 보면 이런 인적 손실로 인한 상업활동의 축소는 지극히 당연하다고 볼 수 있다. 정치 경제적인 측면에서 볼 때 타 유럽 국가들처럼 강력한 중앙집권적 민족국가의 정부 차원 지원이 없어 경쟁력이 없는 상태에서 성공적인 식민지 활동을 전개한다는 것은 무리였다. 르네상스 시대의 개인적 성공은 중상주의로 대표되는 각 국의 치열한 경쟁에서 실패할 수밖에 없었던 것이다. 호엔촐란가(Hohezollerns)의 프레드릭 빌헬름이 시작한 국가적 사업도 지속되지 못했을 뿐만 아니라 타국과 비교해 경쟁력을 갖지도 못해 실패는 예견된 것이었다. 더구나 경제적 중산층의 지지와 참여가 없어 독일의 식민지 활동은 실효를 거두기도 전에 퇴색되고 말았다. 결국 독일이 식민지 사업에서 만족할 만한 성과를 거두기 위해서는 무엇보다도 통일된 민족국가를 만들어 타 열강들과 경쟁을 할 수 있어야 했고 강력한 중산층의 지지와 참여가 있어야만 한다는 것을 보여주었다.[7] 특히 융커(Junkers)라 불리 우는 프러시아 중산층은 근대적 개념의 경제적 중산층이 아니라 중세적인 토지소유 중산층이어서 이들에게 다른 유럽 국가 중산층의 역할을 기대하기란 무리였다.

---

6) Townsend, p.17.
7) *Ibid.*, p.28.

이런 현실적 한계에도 불구하고 1815년 독일에서 서서히 식민지의 필요성에 대한 논의가 시작되었다. 이 당시 독일 지역의 경제적 고통과 정치적 불안정은 많은 독일인들이 고향을 등지는 결과를 초래했고 그 들이 정착하고 새로운 터전을 이룩하는 데는 타 열강 국민들에 비해 상당한 어려움이 있었다. 1839년에서 1860년 사이 백만 명이 넘는 독일인들이 새로운 희망을 찾아 미국으로 떠났고, 브라질(Brazil), 발디바(Valdiva), 칠레(Chile) 등지에도 상당수의 독일인들이 정착을 목적으로 이주했다.[8] 독일인들의 대규모 이민은 독일 민족주의자는 물론 많은 지도층 인사들에게 새로운 문제점으로 부상되기 시작했다. 이들이 이주해 독일의 문화와 전통을 유지하면서 살 수 있도록 제반 조건을 마련해 주어야 한다는 주장은 설득력 있게 들리기 시작했다. 이런 문제를 해결하는 가장 바람직한 방향으로 독일의 지도층은 식민지 건설을 주장하기 시작했다. 특히 그들은 독일인들이 큰 어려움 없이 정착해 거주할 수 있는 지역에 식민지를 만들어 독일의 민족성과 전통을 유지, 계승하도록 해야 한다고 주장했다.[9] 그러나 이들의 주장은 현실적으로 실현 가능성이 희박한 것이었다. 유럽과 기후 조건이 비슷한 지역, 즉 정착이 용이한 지역들은 이미 타 열강들에 의해 장악되어 그들의 영향력 아래 있었고 몬로 독트린(Monroe Doctrine)으로 미국 대륙 내에서도 미합중국과 마찰 없이 독일인들만을 위한 식민지 건설이 불가능했던 것이 국제적 현실이었다. 다시 말해서 다른 열강들과 군사적, 외교적 마찰 없이 독일의 식민지를 건설한다는 것은 국제적 현실에 비추어 실현이 불가능했고 당시 해군도 없던 독일의 상황으로 보아 독일 지역의 개별 국가는 물론 독일연합(German Confederation)조차도 식민지 확보를 위해 나서기에는 역부족이었다. 결국 독일의 현실에 비추어 거주가 용이한 지역에 식민지를 건설한다는 것은 실현 가능성이 희박한 정치적 구호에 지나지 않았다. 그러나 국가 차원의 식민지

---

8) Henderson, p.2.

9) *Ibid.*.

활동이 필요하다는 것을 일깨우는 데는 나름 데로의 역할을 해내 공감대를 형성하는 토대를 마련했다는 점에서 무의미한 것은 아니었다.

　독일인들의 국가민족주의(nationalism)를 일깨운 1848년 혁명 때에도 식민지 활동에 대한 논의가 잠시나마 심도 깊게 논의되었다. 베를린(Berlin) 폭동의 결과로 프레드릭 빌헬름 4세(Fredrick Wilhelm IV)는 민주화와 통일을 논의하기 위한 프랑크프르크 민족회의(Frankfurt National Assembly) 소집을 허락했다. 이 모임에서 대규모 민족이동(Auswanderung) 이라 일컬어지던 독일인들의 이주문제 해결책으로 다시 한번 식민지 건설의 필요성이 제기되었다.[10] 당시 잠시나마 존재했던 독일 해군 내에서도 식민지의 필요성을 거론하기 시작했다. 그 예로 오토 리보니우스 제독(Admiral Otto Livonius)은 프러시아 식민지 제국의 건설을 주장했고, 프러시아 왕자인 아달베르트 제독(Admiral Prince Adalbert) 역시, "인구의 증가로 인해 팽창 없는 풍요란 있을 수 없고, 해군 없이는 식민지 정책이 불가능하다."고 주장하는 등 국가민족주의에 바탕을 둔 통일문제와 함께 식민지 건설에 대한 공론이 형성되었다.[11] 1860년대 들어 독일이 프러시아 주도하에 통일과정을 시작하면서 식민지 정책의 필요성이 다시 한번 여론화되었다.[12] 1867년 오스트리아를 물리치고 북독일 연방(North German Confederation)이 결성되는 과정에서 현실로 다가온 독일제국의 탄생은 식민지 활동을 통한 해외 영토확보에 대한 관심의 고조로 이어졌다. 독일의 식민지 보유를 지지하는 사람들은 통일된 독일이 국제 사회에서 강대국으로 인정받기 위해서는 국제 무대에서 중요한 역할을 수행해야 한다고 주장했다. 당시 국제 정세가 열강간의 식민지 경쟁에 의해 좌우되었기에 독일도 장래에 대비해 식민지 확보에 적극적으로 나서 타 열강

---

10) Smith Woodruff D., *The German Colonial Empire*, (Chapel Hill: University of North Carolina Press, 1978), pp.3~4.

11) Holger H. Herwig, *"Luxury" Fleet: The Imperial German Navy, 1888~1918*, (London: George Allen & Unwin, 1980), pp.95~96.

12) Smith, p.6.

들과 어깨를 나란히 하고 국제 정세를 논해야 한다는 주장이었다.13) 프러시아 군부에서도 보불전쟁(Franco-Prussian War) 이 후 해외 해군기지 건설의 필요성과 독일의 경제적 독립을 내세우며 식민지 보유의 당위성을 강력하게 주장했다.14)

1860년대와 1870년대 독일의 통일과정에서 고조된 민족적 자부심에 의한 식민지 보유 주장과 더불어 독일 식민지사에서 주목할 만한 현상은 식민지 건설을 계도하고 주장하는 몇몇 민간 조직들이 만들어지고 활발한 활동을 시작했다는 것이다. 그 중 "상업지리학과 독일의 해외 이익을 위한 중앙회"(Central-Verein für Handels-Geographie und deutsch Interesse in Ausland)가 가장 잘 알려진 초기 단체였다. 1868년 국제 무역에 종사하거나 이에 관련된 인사들로 만들어진 이 조직과 라이프치히(Leipzig) 지역 "상업지리학 협회"(Verein für Handels-Geographie)는 주로 독일의 공산품을 판매할 시장개척과 이를 위한 지리학적 연구에 많은 관심을 기울였다.15)

1876년 후반 독일제국이 새 경제정책의 일환으로 보호무역주의 정책을 채택하면서 식민지 건설은 다시 한번 여론의 강력한 지지를 받기 시작했다.16) 편협한 국가민족주의적 경제정책인 보호무역주의 정책은 식민지 확보를 위한 국가적 정책을 요구하는 모임들이 더욱 활발히 결성되는 계기가 되었다. "서부 독일 지역 식민지와 수출을 위한 협회"(West-deutscher Verein für Kolonisation und Export)의 결성은 이 새로운 조류의 대표적인 예라 할 수 있다. 1880년 남동부 아프리카 지역에서 바멘-라인 사절단(Barmen Rhine Mission)의 감사관이었던 프레드리히 파브리(Friedirch Fabri)는 이 협회를 결성해 독일 내 식민지 사업에 대한 여론 조성에 커다란 성과를 올렸다. 그는

---

13) Henderson, p.3.

14) *Ibid.,* p.6.

15) Smith, p.20.

16) Henderson, pp.4~5.

이민자를 위한 식민지 확보라는 인도주의 노선을 표방해 중산층 진보세력의 지지를 확보하는 데 성공했고, 재계에 대해서는 식민지가 갖는 경제적 실리를 강조하면서 이 모임에 합류시키는 데 성공했다.[17] 식민지 보유를 지지하는 대표자들은 1882년 12월 자신들의 목표를 더욱 효과적으로 관철시키기 위해 "식민지 협회"(Kolonialverein)를 결성했고, 3년만에 만 명이 넘는 회원을 가입시키는 성과를 거두었다.[18] 1884년에는 식민지 확장 여론화에 앞장섰던 칼 페터스(Carl Peters)가 "독일 식민지 협의회"(Gesellschaft für deutsche Kolonisation)를 설립해 식민지 정책 수립에 대한 여론은 한층 더 강력한 기반을 마련하게 되었다. 이 두 기구는 1887년 "독일 식민지 협회"(Deutsche Kolonialgesellschaft)로 통합되어 강력한 조직력과 지지도를 바탕으로 하는 압력단체화에 성공했다.[19] 이런 변화에도 불구하고 당시 독일제국의 전권을 장악하고 있던 비스마르크 재상은 제국 정부가 식민지 활동에 공식적으로 간여하는 데 대해 아주 조심스런 입장을 취하고 있었다.

2. 비스마르크 재상과 독일 제국의 식민지 정책

1884년까지 독일 제국의 재상 비스마르크(Otto von Bismarck)는 식민지 정책 수립에 대해 그다지 큰 관심을 보이지 않고 있었다. 오히려 식민지 활동에 대해 상당히 조심스런 입장을 취해 불필요하고 위험한 정책이라는 자세를 취하는 것으로 보였다. 실리적인 정치가였던 그는 식민지 정책은 재정적 부담은 물론 정치적인 부담도 상당히 요구되는 사안이며 군사 안보적 위험도 내포하고 있다는 점을 잘 알고 있었다.[20] 이런 연유에서 보수주의자인

---

17) Smith, p.21.

18) *Ibid.*, p.22.

19) Henderson, p.5.

20) Hans-Ulrich Wehler, "Bismarck's Imperialism, 1862~1890," *Past and Present*, 48(1970): 125.

비스마르크는 진보주의적 노선을 취하고 있었다. 즉 비스마르크는 제국 정부가 직접적인 간여를 하지 않는 상태에서 자유무역에 기조를 둔 상업적 팽창을 고무하는 것을 대외 경제정책의 근본으로 삼았다. 그는 식민지 정책이란 그의 정치나 외교적 목표를 달성하기 위해서 언제든지 채택하거나 버릴 수 있는 부수적인 문제로 간주했고 제국 정부의 공식적인 식민지 정책 없이 경제적 이해에 의해 독일의 영향력을 팽창시켜야 한다는 입장을 고수했다. 결국 눈앞의 경제적 이득 때문에 새로 태어난 통일 독일제국에 피해를 줄 수 없다는 것이 비스마르크의 생각이었던 것이다. 당시 이런 생각을 가졌던 사람은 비스마르크만은 아니었다.

1870년대 초까지도 비스마르크를 포함한 대다수 독일 권력층은 열강과의 마찰을 우려해 식민지 정책 수립에 반대하는 입장을 취했다. 독일의 보수 집권층은 일단 통일된 독일의 내실을 기하며 유럽 내에서 안보를 보장받는 방법으로 영국과의 긴밀한 관계가 가장 중요하다고 판단했다. 영국과의 친분을 유지하는 것이 중요한 외교 과제로 인식되는 상황에서 굳이 식민지 문제로 영국의 심기를 건드려 관계를 악화시킬 필요가 없다는 것이 이들의 판단이었다.[21] 특히 비스마르크는 독일제국의 유럽 내 안보를 위한 프랑스 고립 정책이 영국의 입장에 따라 많은 변화가 있을 것이라는 우려를 했다. 이런 입장이 비스마르크 외교 정책의 근본을 이루고 있다는 점을 상기해 볼 때 조그마한 변화도 독일제국의 외교정책 틀 전체를 재조정해야 한다는 큰 부담이 될 수도 있었다. 이런 맥락에서 1871년 보불전쟁 승리 후 프랑크프르트 조약(Frankfurt Treaty) 조인 과정에서 프랑스가 전쟁 배상금의 일부로 제시한 코친 차이나(Cochin China) 지역의 식민지 이양을 거부했고, 1876년 식민지지지 모임들이 공동 제의한 남서부 아프리카 식민지 건설안에 대해서도 반대 의사를 분명히 했다. 1880년에도 역시 뉴기니아(New Guinea) 식민지

---

21) Townsend, p.58.

건설 계획안에 대한 정부의 공식적인 참여를 거부했고, 2년 뒤 식민지 협회 (Kolonialverein) 창립 당시 정치적 이유를 들어 비스마르크는 정부의 공식적인 지지 제의도 거절했다.[22]

당시 독일은 산업혁명과 통일의 여파로 경제가 급성장을 하고 있었다. 처음에는 비스마르크나 대대수 보수 정치인들은 이런 경제 발전이 정치적, 사회적 안정을 보장해 주리라 믿고 있었다. 이런 믿음이 그들로 하여금 독일 제국정부가 구태여 식민지 확보에 나서지 않아도 된다는 판단을 갖게 했다. 그러나 그들의 믿음은 오래 가지 않아 무너지기 시작했다. 독일제국의 급속한 경제 발전은 과잉생산과 빈부격차 문제는 물론 주기적 경제공황을 초래해 초기 산업 사회가 겪는 문제점들을 경험하기 시작했고 이는 사회적 갈등으로 발전되어 정치적 부담 요소가 되었다. 초기 보수주의자들의 믿음은 독일도 피해 갈 수 없는 산업화 초기의 병폐 앞에서 무너지고 변화를 모색해야 한다는 것을 인식하기 시작했다. 특히 사회주의자나 공산주의자들의 프로파간다 속에 이런 초기 산업화 과정의 사회적 갈등이 혁명이라는 극한 상황으로 전개될 수도 있다는 우려를 독일의 보수주의자들은 떨쳐버릴 수가 없었다. 1873년과 1896년 사이 독일 산업경제의 구조적인 문제점과 계속되는 농업 위기는 보불전쟁의 프랑스 배상금 완납과 맞물려 정부의 부담을 한층 가중시켰다. 1873년에서 1879년 사이에는 초기 산업사회의 혹독한 현실 중 하나인 빈부격차로 인한 계층 간 갈등이 독일제국 내에서도 표면화되어 권위주의적 프러시아가 주도하던 새 독일 사회의 기틀을 위협했다. 결국 전반적인 사회, 경제적 정책의 변화가 요구되고 있었던 것이다.[23]

보수주의자였지만 실리적 정치가였던 비스마르크는 지속적인 경제 발전만이 사회를 안정시키고 궁극적으로는 혁명을 막을 수 있다는 결론에 도달했다. 결국 그는 자유방임주의(laissez-faire) 경제정책만으로는 경제의 불균형

---

22) *Ibid.*, p.61.
23) Wehler, p.141.

과 빈부격차에서 야기되는 문제들을 해결하기에 지나치게 위험부담이 크다고 보고, 정부가 주체가 되어 지속적인 경제 성장을 유도해 균형 있는 발전을 꾀하는 것을 국가 최우선 과제로 선정했다.[24] 이런 비스마르크의 결정은 국가 경제에 정부가 직접 간여하는 것을 시사했고 독일제국의 정치, 사회체제를 안정되고 평화롭게 유지하기 위해 정부가 적극적으로 간여한다는 정책적 변신을 꾀한 것이었다. 사실 이러한 변화 없이는 식민지와 산업혁명의 여파로 경제가 국제화하는 과정에서 기존의 국내 경제 위주 정책과 정부의 적극적인 관여 없이는 한계를 드러낼 수 밖에 없었다.

이 당시 통일과 중앙집권적 정부를 창출하기 위해 비스마르크는 민족진보진영(National Liberals)과 정략적 밀월 관계를 맺고 있었으나 목적을 달성한 비스마르크는 더 이상 정치적으로 이들이 필요치 않게 되었다. 비스마르크는 통일 직후 가장 강력한 정치 집단인 기독교계를 억압하기 위해 민족진보진영을 이용했던 것이다. 교회와의 투쟁(Kulturkampf)을 성공적으로 마무리한 후 비스마르크는 정치적 부담으로 작용했던 민족진보진영의 자유무역주의 노선에 대해 재고할 수 있는 여유를 가질 수 있었고, 결국 민족진보진영의 경제노선과 상치되는 국내와 독일 재계의 보호를 공공연히 표방하기 시작했다. 식민지 정책은 보수세력 이나 교회에게는 문제가 되지 않았지만, 민족진보진영은 식민지 정책의 서곡인 보호주의 무역관세를 강력히 반대하고 있었다.[25] 19세기 유럽의 진보주의자들은 자유와 평등 못지 않게 자유무역주의를 자신들의 중심 이념으로 받아들이고 있었기에 비스마르크의 변신은 자신들과의 정치적인 결별을 의미했던 것이다. 정치적 연합 구도에 대한 비스마르크의 태도는 실리적 정치가로서의 면모를 여지없이 보여주었고 이를 바탕으로 경제적 문제를 최소한의 정치적 부담 하에서 해결하려 했던 신중함도 찾아 볼 수 있다. 이런 면에서 비스마르크는 정치적인 귀재로 인식되

---

24) *Ibid.*, p.139.
25) Townsend, p.72.

고 있다고 볼 수 있다.

비스마르크의 새로운 경제 정책은 국내에서 보수와 교회세력들의 지지를 받아 보다 구체적인 보호주의 관세제도를 발표하기에 이르렀다. 이와 동시에 비스마르크는 제국의회(Reichstag)에서 전격적으로 정부의 식민지 사업에 대한 지원정책도 제시했다. 같은 맥락에서 1880년 그는 "사모아 보조금 입법안"(Samoa Subsidy Bill)의 인준을 의회에 요구했다. 이 법안은 남태평양 지역에서 무역활동을 활발히 전개하던 함브르크(Hamburg)에 본사를 둔 고데프로이회사(Godeffroy & Son Company)에 제국정부가 매년 보조금을 지급해 이 지역에서 고테프로이社의 무역을 적극 장려하고 시장을 장악하는 것을 목표로 하고 있었다. 그러나 비스마르크의 예측은 빗나갔고 이 법안은 의회에서 부결되었다. 무역업자들의 전폭적인 지지에도 불구하고 아직 정부가 식민지 활동의 전열에 서기에는 보수세력의 외교적인 문제점에 대한 우려와 특히 아직도 의회를 장악하고 있던 민족진보진영의 반대를 넘어설 수가 없었다. 결국 비스마르크는 공개적이고 강력한 정부 주도의 식민지 정책은 아직 시기 상조라는 결론을 내렸고 조심스럽게 접근하기로 결론을 내렸다.[26] "사모아 보조금 입법안"의 의회 통과 실패라는 좌절을 경험한 비스마르크는 같은 해 "프러시아 경제협의회"(Economic Council of Prussia)를 설립해 통상을 장려했고, 이 협의회를 통해 정부가 1억 마르크를 지원해 식민지를 사들이는 계획을 진행해 나갔다.[27] 제국 정부의 직접적인 지원이 아니라 "프러시아 경제협의회"를 통한 간접적인 지원으로 우회적인 식민지 정책을 진행해 나간 것이다. 다음 해에도 비스마르크는 비록 실패에 그쳤지만 "프러시아 경제협의회"를 독일 각 지역에 설립하려 노력했다.

1880년대의 독일의 국민정서는 정치적 환경의 변화로 더욱 팽창주의적인 색채로 변화하고 있었다. 1881년 식민지 확산의 선동가였던 훼베-슐레이덴

---

26) *Ibid.*, p.74.
27) *Ibid.*, p.77.

(Wilhelm Hübbe-Schleiden)은 그의 저서『독일의 식민지』(*Deutsche Kolonisation*)에서 교역 활성화와 이민 문제 해결을 위해 국민의 자각이 있어야 하며 더욱 강력한 제국주의적 식민지 정책이 필요하다고 주장했다. 그는 강력한 식민지 정책 만이 독일 내부의 번영과 안정에 저해가 되는 모든 문제를 해결할 수 있다고 강조했다.[28] 앞에서 거론한 것처럼 이 당시 식민지 확산을 위한 모임들도 활발히 활동하고 있었다. 그 중 "식민지 협회"는 1884년과 1885년 사이 가입 회원수가 300%나 늘어났고, 1884년 1월『식민지 신문』(*Kolonialzeitung*)이라는 기관지를 발행해 여론 조성에 힘을 쏟고 있었다. 칼 페터스 역시 여론 조성을 위해 지속적으로 활발히 활동하고 있었고 이제 독일에는 전에 없던 여론에 의한 식민지 정책지지 기반이 확고하게 마련되고 있었던 것이다. 특히 재계를 중심으로 한 경제 중산층의 참여와 지지는 큰 의의가 있다는 것을 앞에서 서술한 바 있다.

이런 분위기 변화는 독일의 정치적 구도에도 변화를 일으키기 시작했다. 비스마르크의 식민지 정책은 보수와 교회세력들의 지지를 받기 시작했다. 반면에 독일 자유주의당(Deutsche Freisinnige Partei)과 분리주의 민족진보주의자와 진보주의 연합은 사회주의자들과 함께 정부의 정책을 반대했다. 그러나 강력한 국가민족주의와 애국주의는 제국의회 내에서 비스마르크의 정부를 비판하던 세력들의 정치적 입지를 크게 약화시켰다. 특히 영국이 아프리카 대륙에서 독일의 식민지 확장을 반대한다는 성명을 발표하자 진보연합과 사회주의 진영에 대한 여론의 압박은 더욱 강해졌다.[29] 1882년 다시 한 번 경제 공황을 경험하게 된 독일에서는 식민지 확장을 통한 경제 활성화의 필요성을 주장하는 목소리가 더욱 힘을 얻게 되었고 이런 분위기를 등에 업고 비스마르크는 식민지 정책을 통한 무역 활성화로 경제적 난관을 극복해 정치, 사회적 고충을 해소하려는 준비를 서두르기 시작했다. 전에 있었던 공

---

28) *Ibid.*, p.79.
29) *Ibid.*, p.109.

황들의 경험을 토대로 과감한 정책적 변화가 필수적이라는 결론을 더 이상
미룰 수가 없었던 것이다.

비스마르크의 새 정책, 즉 식민지 정책은 19세기 후반 열강들이 추진했던
레닌의 신제국주의는 아니었다. 여전히 비스마르크는 그의 외교정책 근본
을 포기하지는 않았다. 즉 식민지 경쟁으로 인해 유럽 내에서 신생 독일제
국의 안보에 위협을 주어서는 안 된다는 확고한 자세를 유지했다. 결국 비
스마르크는 식민지 활동에 대한 책임의 주체를 상인들로 하는 정책을 마련
해 정부는 그들의 활동을 보호해 줄 전함과 영사업무 외에는 어떠한 외교적
책임도 갖지 않는 방향으로 구상되었다. 이러한 정책 구상을 담당했던 외무
성 고문 큐서로우(Heinrich Küsserow)는 독일 제국의 식민지 정책을 구체화하
는 작업을 마무리했고, 비스마르크는 아래와 같은 정책을 공식 발표했다.

> "독일제국은 프랑스와 같은 식민지 정책을 수행하지 않을 것이다.
> 독일은 외국 영토를 정복하기 위해 전함을 파견하지도 않고, 또한 정부
> 가 주도하지도 않을 것이다. 단지 독일 상인들은 그가 취득한 영토에서
> 정부의 [외교적] 보호를 받을 것이다. 독일은 영국이 지속해 온 것 같은
> 공인회사(Chartered Companies)를 설정해 책임의 소지를 항상 그들에게
> 있도록 하려 한다."30)

이렇듯 비스마르크는 유동성(flexible)있고 조심스런 정책을 제시했다. 한편
으로는 막연한 반면에 신축성 있는 이 정책 구상은 당시 독일 제국의 입장
에서 가장 현실적인 정책으로 평가할 수 있다. 국내의 반대파는 물론 외국
과의 마찰도 피할 수 있고 기회가 포착되면 상인들을 동원해 기민하게 언제
라도 식민지를 확장할 수 있다는 점이 이 정책의 뛰어난 면모 중 하나다.
동시에 경직된 틀을 가지고 있지 않다는 면에서 문제가 발생하면 언제라도
정책노선을 바꿀 수 있다는 이점도 있었다. 정부가 직접 간여할 경우 절차

---

30) *Ibid.*, p.119.

적 문제로 빠르게 상황에 적응을 하는 데는 한계가 있다는 점을 감안해 본
다면 뒤늦게 식민지 활동에 참여한 독일제국에게는 적절한 정책이 아닐 수
없다. 더구나 상인들이 책임의 주체가 되면서 비스마르크를 위시한 보수세
력들이 가장 우려했던 타 열강과의 외교적 마찰을 최소화할 수 있었다는 점
에서 외교적으로도 적절한 구상이라 할 수 있다.

1884년 초 비스마르크는 전문가들로부터 국내 경제에 대한 예측이 밝지
않다는 보고를 접하고 자신의 구상을 토대로 식민지 확장을 통한 무역 활성
화를 진행하기 시작했다.[31] 이를 통해 독일 제국은 빠른 속도로 식민지를
확장해 나갔고 특히 아프리카와 남태평양 지역에서 괄목할 만한 성과를 올
렸다. 비록 비스마르크의 정책이 19세기 후반 신제국주의 패턴의 국가 간
치열한 경쟁에 견주어 볼 때 다소 미약한 면도 있었지만 이미 독일 무역회
사들이 여러 곳에서 활발히 통상 및 식민지 활동을 하고 있던 상황에서 정
부의 공식적인 정책 발표는 강력한 독일의 경제력을 토대로 빠른 식민지 확
산의 계기가 되었고, 영국의 뒤를 잇는 제 2위 식민지 보유국으로 성장하는
발판을 마련했다.

독일제국은 이미 많은 독일 회사들이 활동하고 있던 아프리카와 남태평
양 지역을 중심으로 식민지 정책을 펼쳐 나갔던 반면 동북아시아에서는 아
직 기본 정책도 마련하지 못했음은 물론 큰 관심도 두지 않고 있었다. 독일
제국은 중국, 일본과 외교 관계를 맺고 통상을 하고 있었지만 영국, 미국,
프랑스 등에 비해 적극적인 면을 보이지 않고 있었다. 그럼에도 불구하고
1884년 독일제국은 조선과 정식 외교관계를 수립했고 조선에 상당한 영향
을 미치며 양국관계를 발전시켜 나갔다. 그러나 독일의 구체적인 극동정책
은 아직 수립되지 않았고 양국 정부간의 교류는 한정되어 있었다.

---

31) *Ibid.*, p.120.

3. 조선의 국제무대 등장

　비스마르크가 식민지 정책을 구상하는 동안 지구의 반대편에 있던 한 나라도 국제화 추세에 밀려 외교적 고립에서 벗어나고 있었다. 1880년 이전까지 隱者의 나라 조선은 일본을 제외하고 중국과 주변국 사이의 조공관계(租貢關係) 외에는 거의 외국 특히 서양과의 교류가 없었다. 1876년 메이지(明治) 일본이 강압적으로 조선의 문호개방을 요구하기 전까지는 조공관계 외에는 외국과의 교류는 불법이었고 대부분 사고에 의한 것이나 일시적인 접촉에 지나지 않았다. 때때로 일본과 교류하던 네덜란드의 난파선이 밀려와 음식과 물 등 구호품을 요구한 적도 있었고 열강의 전함들이 조선 근해에 출몰해 통상을 요구한 적도 있으나 조선의 입장은 단호했고 일시적 이나마 대부분 성공적으로 서양인들의 침입을 막아냈다. 1866년 프러시아 상인 언스트-야콥 오페르트(Ernst-Jacob Oppert)는 그 해 6월과 8월 두 차례에 걸쳐 통상을 요구했으나 실패했고, 같은 해 7월 29일 미국 상선 제너랄 셔만(General Sherman)호는 평양을 가로지르는 대동강을 거슬러 올라가 통상을 요구하다 주민들에 의해 배는 불타고 선원 모두가 살상 당하기도 했다(辛未洋擾).

　근본적으로 조선의 외교는 전통적인 유교사상에 기초한 조공관계의 틀 속에서만 유지되었다. 중국과의 조공관계는 4세기부터 그 기원을 찾을 수 있으나, 명(明)나라와 조선관계에 이르러 성숙된 모습으로 자리잡았다. 1644년 청(淸)은 한동안 단절되었던 조선과 중국간의 조공관계를 재정립했고, 아편전쟁(1839~1842) 이후에야 비로소 이 전통적인 외교관계에 변화가 오기 시작했다. 서양 열강들은 무력을 동원해 중국과 일본의 문호를 개방했고 서구적 불평등 조약의 조인을 요구하면서 동북아시아의 전통적인 외교체제는 서서히 붕괴되기 시작했다.

　조선의 권력층, 특히 대원군은 중국과 일본이 서구 열강의 압력에 너무 쉽게 무릎을 꿇었다고 믿었으며, 서양 '오랑캐'의 침략을 조선 영토 어느 곳에서도 용납할 수 없음은 물론 그들의 위협을 영원히 몰아내야 한다고 믿었다.[32] 강력한 정치적 권력을 장악하고 있던 대원군은 외국인에 대해 혐오감마저 보였고 서양의 문물에 조선이 물들어서는 안 된다고 믿었다. 그는 특히 천주교에 대해 민감한 반응을 보였고, 조선의 안정을 위해 쇄국정책을 강화했다. 대원군은 조선의 전통적 가치와 삶을 재건하고 사회의 도덕과 정의를 수호하기 위해 어떠한 경우라도 서양과의 접촉을 근절해야 한다고 굳게 믿었다. 1866년 프랑스와 1871년 미국의 침략을 격퇴함으로서 조선이 자신의 안보 능력에 조금은 자만하는 결과도 초래했지만 대원군의 쇄국정책은 큰 무리 없이 유지되었다.[33]

청과 조공관계를 유지하고 있었지만 조선과 청 사이의 국경은 견고하게 봉쇄되어 있었다. 조공관계에서는 공적인 차원에서 조공이라는 선물 교환 형식이 있었을 뿐 청을 포함한 어떤 나라와도 개인적 차원의 교역은 불법이었다. 단지 부산 지역에서만 일본인들을 상대로 한 소규모의 교역을 허용하고 있었으나, 규모도 적고 규제도 엄격했다. 농경 문화의 조선에게는 국제적 규모의 교역은 정치 경제적으로 중요치 않았고 그 필요성조차도 느끼지 않았다. 유교사상 자체가 농경문화에 기반을 둔 이념이기 때문에 상업 발달은 기존 체제를 위협하는 요소로 받아들여지고 있었다. 그러나 세계경제가 빠르게 글로발화하는 과정에서 조선이 지속적으로 고립되어 쇄국정책을 유지한다는 것은 불가능한 일이었다. 외국의 조선에 대한 관심이 지속될수록 국내적인 지지를 받고 있었다 할 지라도 쇄국정책의 지속은 어려웠다. 누구보다도 강력한 쇄국정책을 고수했던 조선의 태도에 당황한 것은 일본이었다. 메이지유신(明治維新) 이후 서구적 근대화를 진행하던 일본은 조선과의 서

---

32) Lee Yur-bok, *West Goes East: Paul Georg von Möllendorff and Great Power Imperialism in Late Yi Korea*, (Honolulu: University of Hawaii Press, 1988), p.11.

33) Martina Deuchler, *Confucian Gentlemen and Barbarian Envoys; The Opening of Korea, 1875～1885,* (Seattle: University of Washington Press, 1977), p.5.

구적 국제관계 성립과 교역을 여러 번 요구했으나 번번이 거절당했기 때문이다.

1876년 일본은 계속되는 조선의 교역 거부에 대처하기 위해 군대를 파견했다. 파병 책임자였던 구로다 기요타케(黑田淸隆)는 군사적 위협을 통해 "친선과 교역을 위한" 근대적 조약을 조선과 체결하려고 했다. 일 년 전 일본은 운요(雲揚)호를 강화도의 내륙지역에 파견해 지리적 탐사는 물론 군사적 도발 행위를 자행케 해 조선 군대로부터 공격을 유도했었다. 운요호사건은 명백한 일본의 도발 행위였음에도 불구하고 일본은 이를 빌미로 구로다를 파견해 조선과의 조약을 끌어내려 했다. 일본은 전함들을 조선에 파견해 군사 시위를 벌여 조선 정부를 압박했다. 이에 조선 정부는 신헌(申櫶)을 파견해 구로다와 교섭을 벌이도록 했고, 양국은 강화도에서 조약을 체결해 사실 상 조선은 쇄국정책에서 벗어났다.

조선이 일본과 근대적 조약을 체결한 것은 일본의 군사 시위가 성공했기 때문만은 아니었다. 당시 일본은 구로다를 조선에 파견함과 동시에 서양에서 외교 공부를 마치고 돌아 온 모리 아리노리(森有禮)를 청에 파견해 청으로부터 조선과 일본간의 조약 자체는 물론 그 결과로 초래될 새로운 외교관계를 인정받으려 했다. 우선 모리는 청과 조선 사이의 주종관계(主從關係)를 청산할 것을 요구했다.[34] 일본이 조선과의 조약 체결을 위해 전쟁도 불사하겠다는 입장을 감지한 청의 이홍장(李鴻章)은 사태의 심각성을 인식했고 필요한 조치를 취하기 시작했다. 당시 청의 외교를 전담했던 그는 조선 정부에게 일본의 요구를 평화적인 방법으로 수용할 것을 통보해 당시 서양과의 갈등으로 어려움에 처해 있던 청이 조선 문제에 간여하지 않으려고 했다.[35]

---

34) 노계현, 『한국외교사 연구』, (서울: 해음사, 1967), pp.99~100.

35) Kim C. I. Eugene and Kim Han-kyo, *Korea and the Politics of Imperialism, 1876~1910*, (Berkeley: University of California Press, 1967), p.17.

조선과 일본간의 조약인 강화도 조약은 12개항으로 이루어져 있고 그 중 중요한 의미를 갖는 대목들은 다음과 같다. 조선은 일년 내에 부산 외에도 2개의 항구를 더 개항해야 했고, 일본은 조선 근해에 대한 탐사권을 보장받았다. 동시에 조선에 거주하는 일본인들에 대해서 조선 정부는 치외법권(治外法權)을 인정했다. 이 조약 중 가장 중요한 의미가 있는 대목은 제 1조에 명시된 조선의 독립에 대한 것이었다. "조선은 일본과 같이 주권을 가진 독립국가 이다."(朝鮮國 自主之邦 保有與日本國 平等之權.) 이 대목에서 이홍장은 "自主"를 독립(Independence)로 간주하지 않고 자치(Autonomy)로 한정 해석한 것으로 보인다. 서구적 용어의 개념을 동양의 문자로 표현하는 데 따르는 애매함이나 한계로 인해 외교적 불씨가 된 케이스라 볼 수 있다. 결국 강화도 조약을 검토한 이홍장 이나 청의 외무부서는 이 조항에 대해 아무런 이의도 표시하지 않았다.36)

조일(朝日)간의 조약은 서양 제국주의 국가들이 일본과 청에 요구했던 조약의 틀을 적용해 만들어졌다. 다시 말해 일본은 조선과의 근대적 조약을 체결하면서 서구식 불평등 제국주의적 조약을 요구했던 것이다. 이렇게 일본이 조선에 제시한 불평등조약(不平等條約)은 양국의 장래를 암시해 주고 있다고 볼 수 있다. 어째든 조선과 일본간에 맺어진 강화도 조약은 조선을 최초로 근대적 국제관계에 바탕을 둔 국제무대에 등장시키는 계기가 됐다는 점에 대해서는 논란의 여지가 없을 것이다. 1880년 말경에 일본은 서울에 일본 외교대표부를 상주시켰다. 이 조약으로 인해 양국간의 교역량은 빠르게 증가했고, 1881년 조선의 젊은이들이 선진 사회를 배운다는 명목에서 일본에 파견되기도 했다.

당시 청의 실세 중 한 사람이었고 사실상 외교를 장악하고 있던 이홍장은 조선에서 지속적으로 영향력을 확장해 나가던 일본을 긴장된 시각으로 바

---

36) *Ibid.*, p.18.

라보고 있었다. 결국 이홍장은 한반도에서 일본의 영향력이 확장되어 독점적 위치를 차지하는 것을 예방하기 위해 조선 정부에게 군사력을 강화할 것과 서구 열강과 조약을 맺을 것을 강력히 건의했다. 이홍장은 국제화되어 가던 시대에 여전히 조선에 대한 청의 조공관계적 영향력을 유지하려 했고, 이를 위해 일본에 대한 견제는 절실한 문제였다. 한반도에서 일본을 견제하는 계획 중 조선을 서구 열강과 조약관계를 맺게 해 "야만인이 야만인을 견제"한다는 중국적 발상을 실현하고자 했다. 서구의 여러 열강중 이홍장은 미국을 조선의 첫 번째 서방 수교국으로 선택했다. 이홍장은 미합중국은 영토에 대한 야욕이 없고 가장 신뢰할 수 있는 국가 중 하나라고 여기고 있었다.37) 이런 이홍장의 조선 정책은 1881년 초부터 실행에 옮겨지고 있었다.

이홍장과 일본 주재 청국 공사관 관리였던 후앙주시엔(黃遵憲)은 1881년 2월 조선을 "계몽"시켜 서방과 국교를 맺을 수 있도록 지도하라는 청국 황제의 칙령에 따라 이를 실행하기 시작했다. 이 칙령에는 조선과 미국 사이의 수교를 순조롭게 진행하기 위한 이홍장의 의도가 잘 나타나 있다. 동시에 이 칙령을 통해 청의 대조선 정책은 이홍장이 관장한다는 것이 공식화되었고 1894년까지 그는 조선 정책을 직접관리하며 조공개념의 양국관계를 유지하려 애썼다.

1881년 3월 조선 정부는 청의 정글라이야멘을 본떠 외교와 국방을 전담할 통리아문(統理衙門)을 설치했고, 이 기구는 후에 좀더 세련되고 근대화된 통리기무아문(統理機務衙門)으로 개편되었다. 통리기무아문은 12개의 세부 부서로 이루어졌다. 청과의 관계를 전담하는 부서를 포함해 외교, 군사, 국경관리, 해안경비, 무역, 기계생산, 군사조례, 조선, 인사, 외국어 학습 부서들을 갖추고 있어 근대화에 대한 조선의 의지를 잘 보여주고 있다.38) 동시에

---

37) *Ibid.*, pp.18~19.
38) Lee Ki-baik, *A New History of Korea*, trans. Edward W. Wagner and Edward J. Shultz, (Cambridge: Harvard University Press, 1984), p.271.

청을 담당하는 부서를 두개 둔 점은 아직도 조선이 전통적 체제를 유지하려는 의지를 보여 일본의 메이지유신 같은 근본적이고 대대적인 근대화보다는 중국식의 점진적이고 전통체제의 틀을 유지하는 근대화를 선택했다는 것을 보여주고 있다. 일단 이런 근대적 정부 기관의 설립을 통해 이홍장이 계획했던 조선과 미국간의 외교관계 수립은 차근차근 진행되었다. 양국간에는 이미 외교적 마찰이 있었고, 조선 정부로서는 외교 정책의 근본적 변화라는 점을 인식해 볼 때 미국과의 수교는 쉬운 일이 아니었다. 여전히 조선은 중국과의 조공관계에 더 큰 비중을 두고 있음을 알 수 있어 조선이 서구식의 근대적 국제관계를 능동적으로 진행하기에는 무리가 있어 조미 수교과정에서 청의 역할은 상대적으로 커졌다.

1866년 미합중국 상선 제너럴 셔만호(General Sherman)가 조선 정부의 허가 없이 불법으로 해안선을 측량하기 시작했고, 대동강을 거슬러 올라가 통상을 요구했다. 앞에서 서술한 것처럼 이 배는 평양의 조선 군인과 민간인들에 의해 전소되었고 선원 모두가 사살되었다. 1878년 미합중국 상원은 1866년 셔만호 사건 해결과 조선과의 수교를 일본의 지원 하에 시도하겠다는 건의안을 제출했고, 1878년 12월 미 해군 로버트 슈펠트 제독(Commodore Robert W. Shufeldt)을 아시아와 아프리카 지역에 파견해 이들 지역에서 미국의 교역을 확장하고 활성화시키려 했다. 슈펠트 제독은 1876년 이미 조선을 방문해 수교와 교역을 요구했으나 실패했던 경험을 갖고 있었다. 1880년 5월 슈펠트는 다시 한번 부산에 도착해 미국 정부의 공식 서한을 조선 정부에 전달했다. 그러나 여전히 조선 정부는 서양과의 수교와 통상을 원치 않고 있었기에 슈펠트는 다시 한번 실패하고 말았다. 조선 정부는 서한 접수 자체를 거부했고 슈펠트의 조속한 출국을 요구하며 미합중국과의 수교 의사가 전혀 없음을 다시 한번 확인시켜 주었다.

1881~1882년 겨울, 영선사(領選使) 김윤식은 70명의 조선인을 인솔해 중국을 방문했다. 김윤식 일행의 중국 도착은 이홍장이 계획했던 조선과 미국

간의 수교 협상에 기폭제가 되었다. 당시 슈펠트는 조선과의 접촉을 실패한 후 일본의 도움을 받아 수교를 맺으려 했던 계획을 수정해 이홍장의 도움을 얻고자 했다. 1882년 3월 25일 이홍장의 주선으로 시작된 공식 협상이 진행되었고 슈펠트는 조선과 평등과 신뢰를 바탕으로 하는 외교관계를 수립하려 하였다. 그러나 슈펠트의 평등과 신뢰의 개념은 제국주의 시대의 서구적 개념임을 염두에 두어야 한다. 슈펠트는 조선에게 미국 선박의 조난 시 구조 제공을 요구했고, 조선 개항지역에 거주하는 미국인에 대해 치외법권을 요구했다. 동시에 10%를 넘지 않는 수출입 관세를 비롯해 미국을 통상관계에 있어 최혜국 대우를 해줄 것도 요구했다.[39] 모든 미국인에 대한 치외법권 요구는 제국주의적 불평등 조약의 대표적인 케이스로 조미(朝美) 조약이 시대를 초월하는 평등한 조약이라고 볼 수 없는 증거이다. 슈펠트가 평등과 신뢰를 내세운 의도는 조미 조약에 조선과 미국 외에 어떠한 제 3국의 간여도 배제하겠다 의지를 보인 것이었다. 그러나 이 협상과정에서 조선을 대표해 이홍장이 주도했던 점을 비추어 볼 때 슈펠트는 명분이나 조선에 대한 적절한 대우는 뒷전이고 수교를 한다는 것 자체에 매달리고 있었나는 것이 명확해진다.

반면에 이홍장은 조미 조약을 주선한 의도가 우선 한반도에서의 일본에 대한 견제에 있었고, 청의 조공관계적 권한을 유지하려는 데 있었다는 것은 이미 거론한 바 있다. 이런 이홍장의 의도는 수교 조건을 내세우며 조선 측 건의라며 강조하고 나섰던 "조선은 중국의 속국이나 국내외 문제에서 항상 자치권을 갖고 있다."는 조항을 조미 조약 제 1조에 삽입할 것을 주장한 것에서 잘 볼 수 있다.[40] 이홍장의 도움으로 협상을 시작할 수 있었던 슈펠트는 이홍장에게 조선에 대한 중국의 종주권을 부인할 의사는 없지만 이홍장의 요구를 조선과 미국간의 수교조약에 첨부할 수 없다며 완곡히 거절했다.

---

39) Kim and Kim, p.22.
40) *Ibid.*.

이홍장 역시 일본을 견제하기 위한 청국의 대조선 정책을 진행시켜야 한다
는 압박감에서 일단 위 조항을 수교문서 초안에 명문화시키지 않기로 양보
했다.

이홍장은 팅주창(丁汝昌) 제독이 이끄는 3척의 함선을 조선으로 파견해 조
미 수교 시 발생할지도 모르는 만일의 사태에 대처하게 했고, 마치엔청(馬建
忠)을 조선에 파견해 정부 내에서 발생할지 모를 정치적 문제를 해결토록
했다. 이런 이홍장의 조치가 취해지고 난 후 슈펠트 제독이 승선한 미국 함
선 스와타라호(Swatara)는 중국 제푸항을 떠나 조선으로 향했다. 1882년 5월
22일 수교 의식이 인천 제물포에서 행해졌고, 조선은 서양국가와 최초로 수
교를 맺게 되었다. 조선과 미합중국간의 제물포 조약은 이홍장과 슈펠트가
서명한 수교문서 초안과 동일한 내용으로 되어 있었다.

조선과 미국 사이에 맺어진 제물포 조약은 조선은 물론 동양 전반의 외교
관계 미래에 큰 변화를 가져온 의미 있는 사건이었다. 제물포 조약의 협상
과정에서 잘 나타나듯 청의 대조선 외교가 전통적 틀을 유지하면서 새로운
형태의 서구식 제국주의를 접목하려는 상징적 변화를 꾀하고 있다. 청은 조
선을 서구 외교적 개념에서 속국으로 대하여 전통적 조공관계의 개념을 넘
어 서고 있었다. 이런 청의 외교적 변신은 차후 대조선 정책에서 꾸준히 유
지되었음은 물론 한반도를 중심으로 한 외교분쟁의 씨앗이 되었다.

국내적으로 제물포 조약은 조선 조정 내에서 고종과 민씨 세력을 포함한
초기 개국 옹호세력의 정치적 승리였다. 특히 청의 이홍장이 협상 및 수교
과정을 전담함으로 인해 이들 개국 옹호세력의 정치적 부담을 최소화시킨
점도 간과할 수 없다. 조선 조정은 개방으로 인한 강력한 보수 쇄국주의자
들의 반발로 인한 정치적 책임을 최소화 할 수 있었다.[41] 보수 쇄국주의자
들에게 청의 존재는 거의 절대적이었기에 강력하게 반발하기는 어려웠다.

---

41) *Ibid.,* p.28.

결국 커다란 정치적 동요 없이 1883년 5월 19일 서울에서 조선과 미국은 조약 비준서를 교환했고 조선은 서양국가와 최초로 정식 수교를 맺어 뒤늦게나마 서구체제의 국제관계에 뛰어 든다. 즉 한반도는 제물포 조약으로 말미암아 최초로 국제화되기 시작했다.

1882년부터 협상을 시작했던 제물포 조약은 한국 외교사에 큰 획을 그으면서 새로운 시대로 조선을 몰고 갔다. 조선은 더 이상 은자의 나라가 아니었고 긴 전통의 쇄국정책도 끝을 맺었다. 조선의 준비 상황과는 상관없이 이제 세계를 대상으로 외교와 통상을 시작해야 했다. 조미 수교 이후 서양 열강들은 앞다투어 조선과의 외교관계를 수립하려 했고, 영국과 독일이 미국의 뒤를 이어 조선과 수교했다. 아이러니칼하게도 독일제국은 타 열강들과의 경쟁에서 밀려나지 않으려고 조선과 수교했고 독일의 관심사 역시 교역으로 한정되어 있었다. 이런 독일의 소극적 태도에도 불구하고 독일은 수교 초기부터 조선과 "특별한 관계"를 이루었고 통상은 물론 정치 외교적으로 새로운 체제에 무지했던 조선과 원만한 관계를 한동안 지속했다. 독일제국의 역할이 미국이나 영국에 비해 많이 알려지지 않았지만 개국 초기 조선에서 가장 활발한 활동을 통해 많은 영향을 준 서양 국가는 독일제국 이었다. 제물포 조약은 이런 조독관계를 시작할 수 있는 초석이 되기도 했다.

4. 초기 조선과 독일제국의 관계

독일제국의 동북아시아 지역 침투 역시 국내 사정 상 다른 서구 열강에 비해 상당히 늦었다. 독일이 1894년까지는 공식적인 극동정책을 수립하지 못했던 면만 보아도 이 지역에서 독일의 입지를 잘 알 수 있다. 사실 해군성이 극동지역 외교를 전담하고 있었고 외무성은 거의 간여를 하지 않았다. 즉, 전문성과 정부의 체계적인 정책적 기획이 부족했음을 의미했다. 통일 후

에도 이런 상황이었음을 감안할 때 통일 전의 상황은 가히 짐작할 수가 있
다. 결국 독일과 조선의 초기 접촉에서 황당한 사건이 발생해 독일인에 대
한 인식은 그다지 바람직하지 못했던 것도 사실이다.

1866년 2월 프러시아 상인 언스트-야콥 오페르트(Ernst-Jacob Oppert)가 영
국 상선 로나(Rona)호를 타고 충청도 조금포 연안에 접근해 통상협상을 위한
하선을 요구했으나 조선 관리가 거절했던 사건이 있었다. 그러나 오만했던
오페르트는 그 해 8월 조선을 다시 찾아와 같은 요구를 했으나 거듭 거절당
하는 좌절을 맛봤다. 2년 후 그는 프랑스 신부와 미국 상인을 대동하고 불법
적으로 조선의 아산 땅을 밟았다. 이들은 지방 관청을 습격했고, 대원군의
아버지요 고종의 할아버지인 남원군의 묘를 도굴했다. 오페르트 일행은 조
선 왕실의 유골을 탈취해 이를 볼모로 조선 정부로부터 교역과 선교를 허가
받으려 했다.[42] 남원군릉 도굴사건은 실패로 돌아갔으나, 이 천인공로 할 오
페르트 일행의 만행은 대원군을 진노케 했고 더욱 쇄국정책을 강화하게 만
드는 역할을 했다.[43] 이렇듯 조선과 최초로 접촉한 독일인은 상당히 부정적
인 모습으로 남아 있다.

오페르트의 만행에도 불구하고 1870년 독일은 조선과의 공식접촉을 추진
했다. 당시 일본주재 독일공사 막스 폰 브란트(Max von Brandt)는 부산에 위
치한 왜관을 방문해 조선 정부에게 교역과 선린관계를 위한 조약체결을 요
청했다.[44] 당시 조선은 메이지 일본이 미국에 너무 쉽게 무릎을 꿇었고, 일
본의 서구화는 전통을 망각한 불명예스러운 일이라 보고 일본 새 정부의 관
계 정상화 요구조차도 거부하고 있었다. 이런 상황에서 브란트 공사의 요구
가 받아들여지기란 불가능했다. 결국 그의 외교적 노력은 실패로 돌아갔고

---

42) Mary C. Write, "Adoptability of Ch'ing Diplomacy, The Case of Korea," *The Journal of Asian Studies,* 17(May 1958): 371.
43) 국사편찬위원회, 『고종시대사』, 1권, (서울: 국사편찬위원회, 1967), p.404.
44) *Ibid.,* p.492.

이후 한동안 아무런 접촉도 시도되지 않았다. 1871년 독일의 배가 좌초되어 황해도로 밀려왔을 때도 조선은 이 일로 인해 독일과의 불필요한 분쟁이 일어날 가능성을 우려해 신속한 구조를 제공해 귀환시킬 정도로 조선은 극도로 서양과의 접촉을 거부했다.

1873년 고종의 친정으로 대원군의 섭정은 막을 내렸고, 대원군이 세도가들을 물리치며 왕실의 권위를 어느 정도 회복시켜 고종은 선대에 비해 상당히 안정된 모습으로 정치를 시작했다. 그러나 그의 아버지인 대원군과는 달리 젊은 고종은 서양문물에 관심이 많았고, 1876년 일본과 강화도 조약을 맺은 후 쇄국정책을 대처할 새로운 외교정책을 모색하고 있었다.[45] 고종의 친정으로 인한 변화가 강화도 조약을 가능케 했던 것이다. 뿐만 아니라 고종이 조선의 근대화를 추진했을 때 그는 이미 주변 동아시아 국가의 정세나 발전에 대해 잘 알고 있었다. 그가 근대화의 첫 시책으로 젊은 인재들을 청과 일본에 파견해 근대 사회의 여러 면모를 체험하고 익히도록 한 것이 바로 그가 주변의 변화에 대해 잘 알고 있었다는 것을 반증해 준다. 물론 대원군에 반대하던 민씨 일가가 대원군 정책의 전반적인 수정을 위해 개국과 근대화를 적극 지원한 것도 사실이지만 강화된 왕권을 인수한 고종의 의지 없이는 실현 가능성이 희박했다. 고종은 조선의 근대화를 위해 정부에 새로운 부서를 신설했다. 그 중 가장 중요한 것 중의 하나가 앞에서 거론한 1881년 설치된 통리기무아문이었다. 이 새로운 기관은 조선의 근대화를 이끌고 외국과의 조약체결을 원활히 하려는 취지에서 설립되었다.

1880년 수신사(修信使)의 일행으로 일본을 방문한 김홍집(金弘集)은 동경체류 중 동경주재 청국 공사관 참찬관이었던 후앙주시엔으로부터 책을 한 권 소개받게 되었다. 이 책은 후앙주시엔에 의해 저술된 『朝鮮策略』으로 일본에 의해 개국한 조선의 추후 외교정책에 대해 서술한 책이었다. 이 책에

---

45) Deuchler, p.32.

서 후앙주시엔은 조선은 중국과의 관계를 더욱 돈독히 하고, 일본과는 조약 관계를 유지해야 한다고 제시하고 있다. 또한 러시아를 포함한 타 제국주의 열강들을 견제하기 위해서 미국과의 관계 개선을 도모해야 한다고 조선정부에 충고하고 있다.46) 이 책에서 독일은 침략적 제국주의 국가로 소개가 되고 있다. 서구의 침략적 제국주의의 예로 후앙주시엔은 1772년과 1795년 두 차례에 걸친 독일, 러시아, 오스트리아의 폴란드 분할을 소개하고 있다.47) 그러면서도 이 책은 독일을 비롯한 영국, 프랑스와 조선이 조약을 맺어서 러시아의 침투를 저지해야 한다고 강하게 충고하고 있다.48) 이 책을 전해 받은 고종은 조정의 모든 각료들이 보게 하여 조선의 차후 외교정책에 상당한 영향을 주었다.

　슈펠트 제독의 대조선 수교 진행 소식과 조선이 서양과 수교 조약에 적극적이라는 대외 태도변화에 대한 보고서는 다른 서방국가들에게 조선과의 외교관계 성립의 분위기를 조성하기에 충분했다. 동시에 일본과 청도 러시아의 극동지역 세력확산을 저지하기 위해 조선이 영국, 독일과 조약을 맺기 원했다. 이런 조선의 변화와 극동 지역의 국제상황은 조선이 세계무대로 조금은 서둘러 나서는 원인이 되기도 했다.

　영국과 마찬가지로 독일은 이런 분위기가 조선과의 수호조약을 성사시킬 수 있는 호기로 보았다. 동경 주재 독일공사 아이젠데처(Karl J. G. von Eisendecher)는 조선과의 수교과정에서 영국과의 긴밀한 협조체제를 모색했다. 그는 당시 나가사키 지역에 집중되고 있던 대규모 러시아 극동함대에 대한 우려를 표했으며, 만일 슈펠트 제독이 조선과의 수교과정에서 무력을 사용하지 않고 성공한다면 미국과 같은 방법으로 수교할 것을 결정했다. 당시 독일은 아프리카와 남태평양 지역에서의 식민지 확장에 온 정열을 쏟고

---

46) 후앙쥬시엔, 『조선책략』, 조일문 역, (서울: 건국대학교 출판부, 1977), p.27.
47) *Ibid.*, p.26.
48) *Ibid.*, pp.25~26.

있었으므로, 아시아 지역에는 그다지 큰 관심을 두지 않고 있었다. 이런 상황에서 아이젠데처는 조선과의 통상으로 얻는 이익보다는 조선을 둘러 싼 극동 정세에 독일이 소외되지 않고 특권을 확보하겠다는 정치적 의도에 더 비중을 두고 있었다.49)

1882년 조미 조약이 비준과정에 있었고, 조영 조약에 대한 협상이 진행되고 있을 당시, 북경 주재 독일공사 브란트는 조선과의 원만한 협상을 위해 청에 지원을 요청했다. 청의 도움에 힘입어 브란트는 인천에 도착해서 조선 정부와의 협상을 시작했다. 조선 조정은 조영하(趙寧夏)를 독일과의 협상을 담당할 전권대사로 임명해 인천으로 파견했고, 1883년 6월 30일 양국 대표, 브란트와 조영하는 "조독 우호 통상 조약 약정서"를 교환했다. 이로써 세계사에서 근대 국제사회의 마지막 동참자 조선과 제국주의의 지각생 독일제국 간에 최초의 조약이 성립되어 양국간의 "특별한 관계"는 시작되었다. 조영하와 브란트는 조영 조약의 초안과 흡사한 14개항으로 이루어진 합의서에 서명했다. 브란트는 조약의 비준까지 당시 조선에 체류를 원하던 독일인에 대해 타 조약국 외국인과 동등한 대우를 받게 해 술 것을 골자로 하는 부속 합의서도 포함시켜 사실상 조선과 독일의 공식적인 교류는 이 시점부터 시작되었다고 볼 수 있다.50)

그러나 독일 정부는 이 잠정 합의서의 비준에 난색을 표했다. 그 이유는 영국과 마찬가지로 13%의 일괄적인 관세율이 너무 높다는 것이었다.51) 독일은 관세율 조정을 영국과 협조해 재협상하기로 결정했다.52) 일본 주재 독일영사 자페(Edward Zappe)가 독일 전권대사의 신분으로 관세율 재협상을 위해 1883년 10월 25일 조선에 파견되었고, 독일과 조선 양국은 이듬해 10월

---

49) Deuchler, p.124.

50) 아세아 문제 연구소(ARC), 고려대학교, 『舊韓國外交文書』, 제 15권, "德案", 제 1권, (서울: 고려대학교 출판부, 1966), p.2.

51) Lee Yur-bok, p.61.

52) ARC, vol. 15, no 7, p.4.

5일 품목에 따른 5~20% 관세와 반입이후 면세를 골자로 하는 새 조약에 서명했다.[53] 이 새로운 조약을 합의한 후 젬부쉬(Captain Zembsch)가 초대 서울 주재 독일 총영사로 임명되어 부영사 부들러(Hermann Budler)와 함께 조선에 파견되었다.[54] 부영사 부들러는 1884년 11월 인천으로 파견되어 개항지 제물포에서 영사 업무를 담당하게 되었다.

조독 우호 통상조약에서 흥미 있는 점은 일본과 미합중국에 비해 영사급 외교관계만을 합의한 독일이 상대적으로 많은 외교적 특권을 누렸다는 것이다. 독일 외교관과 사절단은 조선 내륙을 조선 조정의 보호 아래 자유로이 여행할 수 있었다.[55] 반면에 조선 관료가 독일국적의 상선에 승선할 경우나 독일인의 주택에 들어갈 때 독일 영사의 허가를 받아야 했다.[56] 조약 제 4조에서는 독일 상인들이 부산, 인천, 서울, 양화진에서 교역을 할 수 있도록 합의되었고, 이들 개항 지역에서 독일인들의 종교적 자유도 보장되었다. 또 이 조항에서는 독일인들에게 개항 지구 100리 이내에서 여권 없이도 자유로이 활동할 수 있는 권리가 보장되었고, 양국 관련 부서의 허가에 의해 자유로운 교역도 허락되었다.[57]

조독 조약 중에서 관심을 끄는 점이 또 있다. 독일 전함은 개항지 이외의 모든 조선 항구를 자유로이 방문할 수 있었다. 특히 독일의 전함은 조선 항구에서 관세를 포함한 조약이나 규정에 저촉됨 없이 선박의 정비를 위해 모든 항만 시설을 자유로이 사용할 수 있게 되어 있다. 즉 독일 전함은 아무런 제재 없이 항만 시설을 사용하며 항만세나 통관세 등 어떠한 세제적 규제

---

53) 조독 조약의 비준 날짜는 자료에 따라 차이를 보이고 있어 여기에서는 『舊韓國外交文書』 상의 날짜를 사용하기로 한다. 자세한 관세률에 대해서는 Lee Yur-bok의 *West Goes East*, pp, 62~63 참조.

54) ARC.. vol. 15, pp.18~20.

55) 조독 수호통상조약, 제 2항: Henry Chung(Comp.) *Treaties and Conventions Between Corea and Other Powers*, (new York: H. S. Nichols, 1919), p.108.

56) 조독조약, 제 3항.

57) Chung, p.111.

없이 전함 보수 및 필요한 물품을 구입할 수 있게 되었다.[58] 이 조항에 의해 조선 전함도 독일 항구에서 동일한 권리를 행사할 수 있도록 보장을 받았으나 당시 근해 활동과 방어를 중심으로 하던 조선 해군에게는 무의미한 것이었다. 다시 말해 이 조항은 독일 해군의 극동지역 활동을 확장하는 점 외에는 다른 의미를 찾기 힘든 제국주의 시대의 특징적 불평등 조약의 일부로 볼 수 있다.

이상에서 본 것처럼 조독 조약도 당연히 제국주의적 색채를 가진 조약이었다. 이 조약의 내용은 제국주의 서구 열강들이 청과 초기 일본에게 요구했던 조약들과 유사한 불평등 조약이었다. 그 예로 이 조약은 독일인에 대한 치외법권이 포함되어 있고, 여러 목적을 위한 영토의 대여와 관세 규제 또한 명시되어 있다. 이 조약의 또 다른 특징은 영국과 같이 독일도 미국과 일본에 비해 상당히 많은 특혜를 가졌다. 그 이유는 조선 정부가 서방과의 교류에 있어 전에 비해 보다 적극적인 자세로 임했다는 변화에서 찾아 볼 수 있다. 동시에 독일이 이런 특혜를 받게 된 이유는 영국과 보조를 함께 한 교섭과정의 결과였다. 이런 영국과의 협력체제는 비스마르크 시대에 여러 곳에서 찾아 볼 수 있는 비스마르크의 친영국 정책의 한 예로 볼 수 있다. 동시에 이 조약 과정을 지휘한 전직 독일 외교관이자 조선 외아문 참판이었던 묄렌도르프(Möllendorff)도 한 몫을 했다. 이런 조독, 조영 조약의 결과로 다른 유럽 국가들도 조선과의 관계 정상화를 서두르게 되었다.

이상에서 본 것처럼 초기 조선과 독일의 접촉은 독일 식민지 제국주의 발전의 유형을 그대로 반영해 주고 있다. 우선 독일 정부는 초기 접촉을 직접 시도하지 않았다는 것이다. 독일상인 오페르트가 개인적으로 교역을 요구한 것이 양국의 첫 접촉이었다. 후에 브란트가 양국 관계를 공식적으로 정상화하기 위해 조선을 방문했을 때도 베를린은 영국이 청과 전쟁을 벌인 것

---

58) 조독조약, 제 8조; Chung, p.114.

과 미국이 일본에 군사력을 파견했던 것에 견주어 충분한 지원을 보내지 않았다. 1882년 양국이 조약을 협상할 당시 비스마르크는 식민지 경쟁 참여를 공식적으로 발표했다. 그러나 비스마르크의 점진적이고 조심스런 정책 노선의 영향으로 독일은 조선과의 관계 정상화의 결과를 극대화하지는 못했다. 당시 독일의 전직 외교관이 조선 외아문 참판으로 일하고 있었다는 절호의 기회도 크게 활용하지는 못했고, 타국에 비해 영사급 교류만을 한 것도 지적할 만한 특징이었다.

5. 묄렌도르프(Paul Georg von Möllendorff)
―조선 최초의 서양인 고문

조선과 독일의 "특별한 관계"는 조선이 독일의 전직 외교관을 조선 외아문 관료로 초빙하면서 시작되었다. 구한말 조선 외교사에서 독일의 역할이 그다지 크게 부각되지 않고 있는 것에 비해 전직 독일 외교관이 조정 관료로 초빙되어 외교와 근대화를 주도했다는 것은 상당히 의미 있는 일이라 할 수 있다. 동시에 당시 제국주의 경향을 고려해 볼 때, 묄렌도르프 초빙은 동아시아의 정세에도 큰 영향을 미친 커다란 외교적 사건이었다. 그러므로 묄렌도르프의 조선행 결정과 그의 역할은 역사적인 재조명을 필요로 한다.

1882년 텐진에서 이홍장과 로버트 슈펠트 제독이 조미 외교 정상화에 대해 협상을 벌이고 있을 당시 이 협상을 위해 조선에서 파견된 김윤식(金允植)이 이 협상 결과로 초래될 조선의 문제점을 이홍장에게 거론하면서 묄렌도르프의 초빙이 구체화되기 시작했다. 김윤식은 조선은 새로운 형태의 국제관계를 관장할 만한 재원이 없다고 했다. 즉 동아시아의 전통적 외교관계에서 벗어나 새로운 국제관계를 이해하고 주관할 수 있는 인물이 없다는 점을 지적했을 뿐만 아니라 새로운 교역체제 역시 이해하는 사람도 없음은 물론 서양 언어를 구사할 수 있는 관료조차도 확보되어 있지 않다는 문제를 제기했다.[59] 대원군의 긴 쇄국정책이 초래한 당연한 부정적 결과였다. 김윤식은 당시 조선과 청의 조공관계 테두리 안에서 이런 문제를 해결하기 위해 대외관계를 관장하고 조언할 수 있는 외교고문을 추천, 파견해 줄 것을 이홍장에게 정식 요청했다. 1882년 9월 중순 이런 김윤식의 요청에 따라 당시 청의 대조선 관계를 관장했던 이홍장은 전직 텐진 주재 독일 외교관이었던 폴 게오그 폰 묄렌도르프(Paul Georg von Möllendorff)를 조선 조정에 추천했다.

이홍장이 묄렌도르프를 조선에 추천한 배경에는 몇 가지 이유가 있었다. 우선 이홍장은 묄렌도르프가 중국 해관(海關)에서 이미 5년간의 근무경력을 갖고 있어 조선의 해관을 창설하고 관장하기에 적합하다고 보았다. 둘째로 그는 중국어를 능통하게 구사하는 능력을 갖고 있었다. 당시 조선의 공식문자가 한자였다는 점을 고려할 때 묄렌도르프는 조선관료들과 필답을 통해 언어 소통에 그다지 큰 어려움이 없었다는 점이다.[60] 또한 이홍장은 묄렌도르프가 이미 극동의 외교체제에 대해 잘 이해하고 있었기에 조선과 청의 전통적 관계를 잘 보존함과 동시에 청의 입지를 더욱 확고히 해주리라 믿었다. 동시에 이홍장은 독일인인 묄렌도르프를 앞세워 일본의 조선 침투를 견제하려는 목적도 가졌다. 이홍장은 일본이 독일에 대해 경외감을 갖고 있다고 믿었으므로 묄렌도르프의 존재를 무시할 수 없을 것이라 보았다. 그러나 묄렌도르프를 추천한 배경에는 또 하나 중요한 이유가 있었던 것으로 추정된다. 당시 묄렌도르프는 자유신분으로 중국에 체류하고 있었다. 그는 어느 기관에도 속해 있지 않아 어떤 구속도 받지 않고 있었다. 이홍장은 이렇게 외교적인 책임에서 자유로웠던 그가 어느 국가의 영향력도 받지 않고 조선에서의 직책과 책무를 자유롭고 충실히 수행하며 동시에 청의 위치도 유지해줄 것으로 믿었다고 볼 수 있다. 이런 배경에 의해 이홍장의 추천을 받은

---

59) Kim and Kim, p.20.
60) 노계현, p.250.

묄렌도르프는 조선조정에서 높은 직책을 받는 최초의 서양인이 되었다. 사실 그는 당시 동아시아 정부에 고용된 서양인들 중 가장 높은 직책을 갖게 되었다.

묄렌도르프는 1847년 2월 17일 프러시아의 브렌덴베르그 작은 마을에서 지방귀족인 제데닉家(Zedenik)에서 태어났다. 그의 부친은 훌륭한 교육을 받고 마을에서 관료 일을 하고 있었고, 후에 베를린 남서부의 궤리츠(Görlitz)지역에 파견되었다. 묄렌도르프는 이 지역, 궤리츠에서 초등교육인 짐나지움(gymnasium)을 다녔고, 이미 이 때부터 고전과 외국어 부분에서 뛰어난 재능을 보였다.[61] 1865년 묄렌도르프는 삭소니(Saxony)의 자알레강(Saale River)에 위치한 할레대학교(Halle Universitat)에 진학해 법학과 언어학, 그리고 동양언어에 대해 전문적인 공부를 시작했다.

1869년 묄렌도르프는 전직 영국관료로 청국 해관의 감사관이었던 로버트 하트(Rovert Hart)가 청국 해관에서 일할 독일 젊은이들을 모집할 때 선발되어 베를린으로 왔고, 그 해 9월 1일 상하이로 떠났다. 다음 달 27일 묄렌도르프는 청국 해관에서 부사무관으로 동아시아에서의 활동을 시작했다. 그는 독일 정부와 청국을 위해 5년 간 근무한 후 청국 내 독일 외교부를 위해 일해야 한다는 조건으로 해관 일을 시작했다. 당시 극동 지역 독일 외교관으로 일하고 싶어했던 그는 이런 조건 때문에 청국과 영국인 하트를 위한 일에 기꺼이 지원했었다. 그러나 묄렌도르프는 낮은 직책을 전전하다가 불투명한 장래에 대한 걱정으로 결국 1874년 6월 30일 로버트 하트 밑에서의 일을 정리하고 말았다.[62] 이 당시 그는 중국어를 능통하게 구사하게 되었고, 후에 독일어-중국어 사전을 쓸 정도의 실력으로 발전했다.

1874년 가을 독일 영사관의 통역사로 일을 시작한 묄렌도르프는 광텅으

---

61) Rosalie von Möllendorff, *P G. von Möllendorff: Ein Lebensbild,* (Leipzig: Otto Harrassowitz, 1930), p.3.
62) Deuchler, p.159.

로 전출되었고, 다음 해 그는 다시 북경으로 자리를 옮겼으나 또 다시 상하이로 전출되는 등 적절한 대우를 받지 못하고 한직을 전전했다. 상하이에서 지루한 시간을 보내던 끝에 그는 드디어 텐진 주재 독일 영사관의 부영사로 승진 발령을 받았다. 텐진에서 영사업무를 수행하는 동안 그는 독일 회사인 크럽과 폴칸社(Krupp und Vulkan)를 통해 청국과의 전함과 무기 구입에 간여하면서 이홍장을 비롯한 그의 측근들과 긴밀한 관계를 맺는다. 그러나 묄렌도르프는 자신의 일에 만족을 느끼지 못하고 있었다. 당시 그는 그의 일을 도와 줄 부하 직원조차 없이 혼자 일을 진행하고 있었다. 한 예로 묄렌도르프는 북경의 독일 공사와의 교신을 위해 자신이 직접 텐진과 북경을 여행해야 하는 등 많은 어려움을 겪고 있었다.

1882년 묄렌도르프는 자신이 기대했던 이 지역 영사 승진 발령을 받지 못하고 상하이로 전보되어 나이도 어리고 경험도 없는 상관 밑에서 다시 일을 시작하게 되자 크게 실망해 독일 외교관직을 그만 두었다. 더군다나 북경 주재 독일공사 막스 폰 브란트(Max von Brandt)와 개인적인 문제도 갖고 있어 그의 장래는 매우 불투명한 상태였다. 이런 브란트와의 개인적인 문제로 인해 묄렌도르프는 후에도 많은 어려움을 겪었다. 결국 묄렌도르프는 이홍장 진영에 합류해 외국어 통역을 전담하는 비서로 새로운 경력을 쌓아 갔다. 이런 인연으로 그는 조선에 갈 수 있는 기회를 갖게 되었다. 1882년 7월 자신이 조선 조정의 고위직 관료로 초빙될 것이라는 소식을 접한 묄렌도르프는 이 새 직장에 대해 기대감에 부풀어 조선어를 배우기 시작했다. 그러나 그의 조선어 실력은 중국어나 만주어 실력에는 미치지 못했다.

묄렌도르프가 조선 조정의 외교 고문으로 초청되어 간다는 것이 공식화되자 많은 서양인들이 그의 초빙을 반대했다. 독일공사 브란트조차도 묄렌도르프를 개인적으로 싫어했던 까닭에 그의 조선행을 강력히 반대하고 나섰다. 브란트는 묄렌도르프가 독일 정부와의 10년 계약을 다 끝내지 못해 조선으로 갈 수 없다고 발목을 잡았다. 결국 묄렌도르프가 계약을 준수했다는 독일 정부의 공식문서를 받은 1882년 10월 1일 이후에야 브란트는 더 이상 이 일에 간여하지 않게 되었다. 청국 해관 감사관 로버트 하트도 묄렌도르프의 조선행을 강력히 반대했다. 하트는 독일인을 조선의 고위직 관료로 파견한다는 사실 자체에 대해 강력히 반대했다. 당연히 하트는 자신의 사람, 즉 영국인을 조선에 보내 조선 정부와 조선 해관을 영국의 영향권 아래 두려고 했다. 그러나 이런 점을 우려했던 이홍장은 묄렌도르프의 조선행을 결정했고, 어떤 반대에도 불구하고 그를 조선에 보내기로 한 결정을 고수했다. 조선에서 미합중국의 영향력을 강화시키려 미국인 파견을 요구했던 북경 주재 미합중국 공사 러셀 영(Russell Young)의 반대도 이 같은 이홍장의 결정을 바꿀 수는 없었다.

이런 어려움을 모두 극복하고 조영하와 묄렌도르프는 1882년 11월 18일 텐진에서 고용 계약서에 서명했다. 이홍장은 이 계약서를 점검한 후 최종 결제를 했다. 이 계약서는 6개항으로 이루어져 있고 그 내용은 다음과 같다. 묄렌도르프는 조선 조정의 외교 업무를 보좌하고, 조선에 해관을 설립 후 외국인 고용을 비롯한 전반적인 관리를 일임 받았다. 조선의 새 해관 설립은 물론 조선 조정의 관리하에 묄렌도르프는 이 기관의 기획과 감사까지도 관장하는 포괄적인 권한을 부여받았다. 그의 급료는 은 300냥이었고, 경비는 따로 지불한다는 상당히 좋은 조건이었다. 묄렌도르프에 대한 파면은 전적으로 조선 정부가 결정하며 파면 1개월 전의 통보로 파면을 확정할 수 있도록 되어 있다.[63] 파면 조건은 이홍장이 묄렌도르프가 독일 정부의 영향에서 벗어나 조선과 청을 위해 최선을 다할 수 있게 한 조치라 볼 수 있다. 조선에 강력한 영향력을 갖고 있던 청은 묄렌도르프에 대한 파면권을 확보했던 것이다.

1882년 12월 13일 묄렌도르프는 조영하 일행과 함께 조선으로 향했고, 2

---

63) Lee Yur-bok, pp.46~47.

주 후 고종을 알현했다.[64] 이 날 고종은 그를 새 외무부서의 고문으로 임명했고, 한 달이 채 안되어 묄렌도르프는 세관과 항만관리의 참판직에 임명되었다. 4개월 후 묄렌도르프는 외아문 참판으로 승진되었고, 조선 해관의 감사관으로 임명되어 조정의 요직을 겸임하는 등 고종의 신뢰를 착실히 얻어나갔다. 특히 외아문 참판인 그는 조선과 서구 열강간의 조약체결 과정에서 매우 중요한 역할을 하게 되었다.

고종의 신뢰를 받으며 묄렌도르프는 보수파인 민씨 일족과 우호적인 관계를 맺어가고 있었다. 조선의 개혁을 위해 초빙된 그가 보수세력과의 우호관계를 유지하면서 후에 아이러니칼한 결과를 가져오지만, 당시 조선의 조정을 장악한 최고의 파벌과 우호관계를 유지한 것은 요직에 있던 그로서는 당연한 선택이었을 것이다. 동시에 그는 민씨 세력이 추진하던 점진적인 근대화에 의견을 같이 하고 있었다. 동양의 전통에 대해 중국에서 충분히 경험하고 이해했던 묄렌도르프로서는 당연한 처신이라고 볼 수 있다. 즉 그가 민씨 일족과 우호적 관계를 유지했던 것은 극히 현실적이고 실용주의적인 처사로 볼 수 있다.

조선에 해관을 설립하기 위해 묄렌도르프는 청국을 방문해 중국 증기해운 회사로부터 은 200,000냥의 융자를 확보했고, 조선 해관에서 근무할 28명을 모집했다. 이 28명 중 23명이 유럽인이었고 3명의 중국인과 한 명의 일본인도 포함되어 있었다.[65] 중국 방문기간 중 묄렌도르프는 조선의 근대화를 도울 수 있는 방법도 모색했다. 그 예로 그는 중국 황실 전선회사와 접촉해 상하이와 서울, 서울과 러시아의 블라디보스톡을 연결하는 해저전신선의 건설에 대해서도 논의했다. 또 그는 직물 공장을 여러 번 방문했고, 조정 지원의 의과대학 설립을 위해 초청할 서양인 의사도 결정했다. 그의 조선 근대화를 위한 노력은 여기서 끝나지 않았다. 그는 영국 자딘, 마테손 회사

---

64) 국사편찬위원회, vol. 1, p.402.
65) Lee Yur-bok, p.50.

(Jardine, Matheson and Company; 治和洋行)와 가계약을 체결해 상하이-나가사키 노선의 증기선이 일주일에 세 번 부산과 인천을 경유하도록 했다. 묄렌도르프는 청국 주재 미합중국 공사 러셀 영과 만나 조미 조약의 인준에 대해 논의했고, 러시아와 오스트리아 공사들과도 조선과의 조약 체결에 대한 의사를 타진했다.

해관의 감사관으로서 묄렌도르프의 가장 시급한 과제는 당연히 조선의 근대적 해관을 설립하는 것이었다. 중국에서 직원을 모집한 그는 1883년 개항지인 인천, 부산, 원산에 해관을 창설했다. 이홍장과 청국 해관 감사관인 로버트 하트는 조선의 해관을 청국 해관의 부속 체제로 귀속시키려는 강한 의지를 내보였다. 그러나 묄렌도르프는 조선의 새로운 해관은 무엇보다도 청국의 영향에서 정치적으로나 외교적으로 최대한 독립되어야 한다고 믿었다.66) 이런 조선을 위한 그의 믿음은 1882년 청국과 조선 사이에 맺어진 통상협상에서 중국인 상인에 대해 특권을 인정함에도 불구하고 중국인에 대해 어떠한 특혜도 주지 않았던 점에서도 볼 수 있다. 이런 예기치 못한 사태 발전에도 불구하고 이홍장은 묄렌도르프가 강한 반일본 자세를 취하고 있었음을 들어 조선 조정에 그의 해고를 요구하지 않고 있었다.

묄렌도르프는 1883년 7월 조일 통상 및 관세조약을 마무리지었다. 1876년 강화도조약 당시 국제 물정에 어두운 조선 조정을 이용해 일본은 아무런 관세 조항을 설정하지 않고 무관세로 조선과 통상을 하며 부당한 이득을 취하고 있었다. 묄렌도르프는 당시 파산 직전에 있던 조선 조정에게 관세 수익이 매우 중요한 것이라 인식했고 당연히 일본의 행위에 대한 대책을 마련했다. 그는 7.5% 세율을 원하던 일본에게 10%의 높은 관세를 요구했고 결국 양국은 일반 상품에 대해 8% 세율을 적용하고, 특수한 물품에 대해서는 10%로 하자는 데 합의했다.67) 이 합의서는 1883년 7월 25일 조인되었고, 다

---

66) *Ibid.*, p.53.

67) 신국주, 『근대 조선외교사』, (서울: 탐구당, 1965), pp.131~134.

음 달 17일 양국은 비준서를 교환해 일본의 불법적 행위를 마감했고 조선 조정에 재정적 도움을 주었다.

앞에서 거론한 것처럼 묄렌도르프는 조선의 근대화 작업에도 깊숙이 간여했다. 1884년 3월 14일 고종은 그를 전환국(典圜局)의 책임자로 임명했다. 이 새 화폐 주조의 책임자가 된 묄렌도르프는 근대 독일식 주조 기술을 도입하는 계획을 세우고 두 명의 독일인 주조 기술자와 독일 기계를 도입했다. 그는 극동지역에서 활동 중이던 독일 회사, 세창양행(Heinrich Constantin Edward Meyer and Company)을 통해 근대식 주조 기계를 수입했다. 이는 조선이 구입한 최초의 근대식 서양 기계였고 최초의 서양기술 이전이었다. 그는 조정의 적자를 해소하기 위한 방편으로 민씨 일파가 주장했던 대량의 당오전(當五錢) 주조에 동의하고 있었다. 이런 그의 입장은 김옥균(金玉均)과 개화파 인사들로부터 당오전 주조가 인플레이션을 가져 올 것이라는 강한 반발을 받기도 했다.[68]

묄렌도르프는 1883년 7월 설립되어 군 장비는 물론 근대적 기계의 제조와 보수를 담당할 기기국(機器局) 운영에도 간여했다. 1883년 외아문에 흡수된 외국어 교육기관인 동문학 건립에도 참여하면서 조선의 근대화 작업에 묄렌도르프는 광범위한 영향을 끼쳤다. 1884년 가을에는 양잠업의 국제 경쟁력을 강화시키기 위해 묄렌도르프는 독일인 양잠 기술자 마에르텐스(A. T. Maertens)를 초청하기도 했다. 묄렌도르프의 조선 활동에 대해 수구파인 민씨 일파와의 결탁으로 부정적인 시각이 있다. 그러나 동양의 현실을 잘 인식하고 있던 그는 조선에서 일본식의 대대적인 개혁이 불가능하다고 보고 있었고 이런 그의 판단은 현실적인 것이라고 볼 수 있다. 묄렌도르프의 근대화 참여과정에서 그에게 조선의 입장을 대변하지 못했다고 객관적으로 지적하기 어렵다. 동시에 차후에 민씨 일파가 권력 유지를 위해 더욱 수구

---

68) 김옥균, 『갑신일록』, 1884, 『한국 근대사상』 중, (서울: 삼성출판사, 1983), 40.

적인 모습을 보이고 있었지만 대원군과 그를 따르던 이들에 비해서는 진보적 성향이 강했다는 점을 잊어서는 안될 것이다. 동시에 개화파와의 단순 비교로 묄렌도르프의 처신을 논하는 것도 역사가가 지양해야 할 시대적 오판(terminal falacy)이라 할 수 있다. 지금의 판단 기준으로 개화파가 성공했다면 조선의 운명이 바뀔 수도 있다고 보는 것은 거론할 가치조차 없다. 당시 조선의 상황이 개화파의 급진주의가 과연 가능했을까를 본다면 실행 가능한 노선을 취한 묄렌도르프를 비난할 수는 없을 것이다. 또한 역사가 증명하듯 아직 개화파의 급진적 개혁은 시시 상조라는 것이 갑신정변의 실패로 증명되었다. 정치는 현실이지 미래를 대상으로 하는 것이 아니다. 묄렌도르프의 입지는 이런 면에서 재조명되어야 하고 그의 외교정책 역시 같은 시각에서 다시 판단해야 할 것이다. 그는 조선 상황에서 현실적이고 실현 가능성이 있는 입장을 유지했고, 조선의 안위에 관심을 보였던 인물로 다시금 평가되어야 할 것이다. 특히 일본식 개혁을 당시 청이 방관하지 않았을 것은 불을 보듯 뻔한 일이다. 결국 청의 간섭으로 근대화 자체를 실패하는 것보다는 실리적인 자세를 취한 묄렌도르프를 후대에서 편견으로 대할 수는 없을 것이다.

조선 조정이 묄렌도르프를 초빙하면서 조선과 독일의 "특별한 관계"는 발전하기 시작했다. 아마도 묄렌도르프의 가장 중요한 영향은 이홍장의 조선 장악을 위해 그를 파견했던 의도와는 다르게 조선 조정이 전통적인 반러시아 정책을 버리도록 서서히 유도한 것이라 볼 수 있다.『조선책략』이 조선의 외교 정책에 큰 영향을 주었다는 것을 상기해 볼 때 조선의 러시아에 대한 자세변화는 매우 의미있는 변화였다. 이는 묄렌도르프가 조선 외교전통의 틀을 바꾸는 데 커다란 영향을 주었다는 것을 의미한다. 동양의 전통적 외교 틀을 잘 이해하고 있었던 묄렌도르프는 조선의 진정한 독립을 위한 방편으로 새로운 외교의 틀을 제시하고 있었다. 동시에 그는 조선의 교역 발전에 독일 회사를 적극 끌어들이면서 양국관계에도 많은 영향을 미친다.

이렇듯 독일이 서양 국가로는 세 번째로 조선과 조약을 맺었지만 청에서 활동하던 전직 독일 외교관이 조선 국왕의 최초 서양인 고문으로 초빙되면서 독일이 은자의 나라 조선과 "특별한 관계"를 발전시키는데 크게 기여했다. 묄렌도르프는 조선의 초기 근대화 작업에도 활발히 참여했고 그의 역할 덕분에 독일은 조선 조정과의 긴밀한 통상관계를 맺기 시작했다. 이런 연유에서 독일의 조선 참여는 역사적으로 중요한 의미를 갖고 있으며, 묄렌도르프가 마련해 논 발판 위에서 양국의 "특별한 관계"는 1895년까지 꾸준히 유지된다.

제 3 장

1. 1884년 갑신정변(甲申政變)과 청일의 각축

묄렌도르프가 조선의 다양한 근대화 계획에 참여하고 있을 때, 개혁의지를 품은 젊은 관료들이 조선 조정 내에서 영향력을 넓혀가고 있었다. 1882년에서 1884년 사이 김옥균(金玉均), 박영효(朴泳孝), 홍영식(洪英植), 서광범(徐光範), 서재필(徐載弼) 같은 젊은 관료들은 일본의 경험을 토대로 한 급진적인 개혁을 지향하고 있었다. 이들 개화파(開化派) 인사들은 일본의 메이지유신이 진행된 것과 유사한 형태의 정치적 변혁을 준비하고 있었다. 그들 중 외아문 관료로 일하던 김옥균은 1882년 차관 교섭을 위해 일본을 방문하면서 후쿠자와 유키치(福澤諭吉) 같은 일본 진보주의자들과 긴밀한 관계를 맺었다.[69] 김 옥균의 관점에서 조선의 근대화 작업 중 가장 시급한 과제는 청과의 전통적 조공관계를 청산하는 것과 내부적으로는 친청세력인 민씨 일파를 조정의 핵심에서 제거하는 것이었다.[70] 그러나 개화파 인사들이 처음부터 민씨 일파와 적대 관계를 갖고 있지는 않았다. 아직은 민씨 일파를 상대로 전면적인 대립을 벌이기에는 그들의 힘이 미약했다.

이들 젊은 진보적 관료들은 고종의 신임을 지속적으로 받으면서 1884년

---

69) Kim and Kim, pp.42~43.

70) *Ibid.*.

여름쯤에는 민씨 일파와의 경쟁 상대가 될 정도로 발전하고 있었다. 개화파
가 고종의 마음을 끌고는 있었지만, 민씨 일파는 여전히 강력한 청국의 지
원을 받고 있었다. 1882년 임오군란(壬午軍亂) 이후 청국 군대가 서울에 주
둔하고 있어 민씨 일파의 세력은 쉽게 도전할 수 없는 상태였다. 청국의 지
원 하에 민씨 일파는 중국의 선례를 따라 전통의 틀에서 벗어나지 않는 온
건적인 자강책(自强策)을 구상하고 있었다. 반면 개화당은 일본으로부터 충
분한 외교적 지원을 확보하고 있지는 못했다. 당시 일본 정부가 조선 개화
파의 목표를 긍정적으로 평가하고는 있었지만 일본의 공식적인 대조선 정
책은 불간섭노선을 유지하는 것이었다. 일본 정부 내에서 상당한 영향력을
갖고 있던 이와쿠라 토토미(岩倉具視)는 일본 정부가 '별 볼일 없는' 조선을
위해 청국과 전쟁을 불사할 가치는 없다고 판단하고 있었다.[71]

  1884년 10월 말경 개화파와 민씨 일파간의 화합 가능성은 사라지고 만다.
당시 새로운 차관을 들여오기 위해 김옥균이 일본을 방문하고 있을 때 민씨
일파의 세력은 어느 때보다도 강해져 있었다. 이런 여건의 변화는 청과 조
선 사이의 조공관계 청산을 목표로 하던 개화파에게는 큰 문제가 되었다.
결국 민씨 일파가 주도하는 자강책은 기존 정치체제를 유지하면서 근대화
를 유도하는 것이었으므로 근본적인 정치 개혁을 기대하던 개화파의 목표
와는 타협점을 찾을 수가 없었다. 동시에 개화파의 핵심인물인 박영효가 개
혁에 성공을 거두자 민씨 일파를 주축으로 하는 보수파는 개화파의 세력 확
장에 대해 불신과 강한 위기감을 나타냈다.[72] 고종의 인척이자 한양 판윤
이었던 박영효는 왕의 윤허 아래 신문 발간 및 서울의 도로정비를 포함한
다양한 근대화 계획을 추진해 보수파를 긴장시켰다. 그럼에도 불구하고 개
화파의 궁극적인 목표는 조선의 전통적 정치, 경제 체제를 타파하고 일본식

---

71) *Ibid*, p.43.
72) Choi Yoon-sang, *The Fall of the Hermit Kingdom*, (Dobbs Ferry, New York: Oceana
   Publications, Inc., 1967), p.19.

개혁을 따른다는 것이었기에 개화파 인사들 역시도 박영효의 개혁 성공으로 만족하고 있을 수는 없었다. 얼마 지나지 않아 개화파의 근대화 노력은 당시 조선에 주둔하고 있던 청국 군대의 지지와 청국 정부의 후광을 받던 보수파에 의해 모두 수포로 돌아갔다. 동시에 개혁의 주체 중 하나인 묄렌도르프 역시도 민씨 일파를 지지하자 개화파는 정치적 쿠데타를 통해 자신들의 목표를 달성하는 것 외에는 방법이 없다는 위기감를 느꼈다. 그 예로 묄렌도르프는 두 일본 군사학교 출신의 도움으로 박영효가 기획한 조선 군대의 근대화 계획을 위한 김옥균의 재정 지원 요구를 반대하고 나서 개화파를 당혹케 했다.73) 김옥균이 일본과의 새로운 차관 교섭에 실패해 빈손으로 귀국하자 개화파는 더욱 당황하기 시작했다. 개화파는 묄렌도르프의 민씨 일파 지지와 그들에 의한 친청구도(親淸構圖)의 미온적 개혁에 대한 강한 불쾌감은 극에 달했고, 양 세력간의 갈등은 사사건건 이어지고 있었다. 김옥균은 민씨 개혁의 일환인, 실질 가치의 다섯 배나 하는 당오전 주조를 묄렌도르프가 지지하고 나선 것을 강력히 비난했다. 김옥균은 이런 악화(惡貨)의 주조는 이미 파경 국면에 저한 조선의 경제에 심각한 인플레이션 현상을 초래해 회생이 불가능한 상태가 될 것이라고 경고했다.74) 묄렌도르프가 고종의 신임을 받던 근대화 정책의 핵심 인물 중 하나였던 까닭에 그가 민씨 일파의 당오전 주조를 지지한다는 것은 개화파 그 자체와 그들의 개혁에 커다란 장애 요소가 되었다. 설상가상으로 민씨 일파의 총수격인 민태호(閔台鎬)의 아들 민영익(閔泳翊)이 청으로부터 조선 군대를 훈련시키기 위해 다섯 명의 청국 교관을 초빙했다. 민영익과 중국인 교관들은 일본 군사학교를 졸업한 개화파 장교 모두를 교체했다. 이런 민씨 일파의 세력 확장에 당황한 서재필 같은 젊은 개화파 장교들은 목표 달성을 위해 쿠데타 외에는 방도가

---

73) Lee Yur-bok, p.70.

74) Harold F. Cook, *Korea's 1884 Incident: Its Background and Kim Ok-kyun's Elusive Dream*, (Seoul: Royal Asiatic Society, Korea Branch, 1972), p.186.

없다고 결론 내리기에 이르렀다.[75] 또한 민영익은 미국 방문을 계기로 개화
파와 뜻을 같이 했던 인물이었기에 그의 행동은 개화파들에게 더 이상 민씨
일파와의 공조 가능성은 없다는 결정을 내리는 계기가 되었다. 즉 쿠데타
이외에는 방법이 없다는 결론을 내리기에 이르렀던 것이다.

1884년 말 베트남을 놓고 프랑스와 청이 패권을 다투고 있다는 소식이 조
선에 전해지자 개화파는 청이 조선 주둔군을 곧 철수시키리라 믿었다. 조선
주재 일본 공사 다케조에 시니치로(竹添進一郞)는 본국 정부와 상의도 하지
않은 상태에서 김옥균에게 개화파 쿠데타에 대해 일본의 지원 가능성을 언
급했다. 1884년 11월 25일 청국 군대가 아직 한양에 머무르고 있었지만, 다
케조에가 일본 공사관 호위 병력을 지원하기로 하고 개화파는 쿠데타를 계
획했다. 그 해 12월 4일 우정국(郵政局) 설립을 축하하는 공식 만찬 시 보수
파 핵심 고위 관료를 암살하면서 개화파는 쿠데타에 성공했다. 개화파는 고
종을 그들의 보호 하에 두고 새로운 정부 설립을 선포했고, 새로운 토지세,
만민 평등권 및 공공재정 개혁 등을 포함한 파격적인 개혁안을 공포했다.[76]
개화파는 외교적으로 청과 조선간의 조공 관계 종식을 선포했고, 앞에서 지
적한 대로 조선의 정치, 경제 체제를 일본의 메이지유신을 모델 삼아 급진
적으로 근대화하는 작업에 착수했다.

일본 정부가 조선에서 일어난 정치적 사태에 대해 관망하는 자세를 취했
던 반면에 청은 쿠데타의 결과를 부정하면서 전직 조선 관료에게 청의 개입
을 공식 요청하라고 종용했고, 이틀 후 절대 다수의 청국 군대가 경복궁에
진입했다. 다케조에와 일본 공관 호위병들은 인천으로 후퇴했고, 김옥균, 박
영효, 서재필을 비롯한 몇몇 개화파 핵심 인물들은 일본으로 탈출했으나 미

---

75) Han Woo-keun, *The History of Korea*, trans. Lee Kyung-shik, (Honolulu: The University
    Press of Hawaii, 1974), p.390.

76) Ch'oe Yong-ho, "The Kapsin Coup of 1884: A Reassessment," *Korean Studies*, (Honolulu: The
    Center for Korean Studies), p.106.

처 피신하지 못했던 개화파 인사들은 조선 군중과 청군에 의해 사살되었다.

이렇게 해서 위로부터의 혁명은 삼일만에 실패했다. 근본적인 실패 원인으로는 이 혁명이 조선 대중에 의한 것이 아니라 일본의 지원에 의지했다는 점을 들 수 있을 것이다. 아직 조선은 서구식 정치 개혁이 성공하기에는 외부에 대한 지식이 모자랐고, 위기 의식도 심각하지 않던 상태였다. 더욱 중요한 원인은 아직 청이 조선을 자신의 영향에서 벗어나 독자적인 길을 걷게 할 의도가 전혀 없었다는 점이다. 또 다른 실패 원인은 조선 근대화의 주축인 묄렌도르프가 개화파의 극단적인 행위와 친일 노선 때문에 등을 돌렸다는 점도 들 수 있다. 이런 묄렌도르프의 반대는 개화파의 성공에 큰 장애가 된 것은 그의 위치나 행적으로 충분히 짐작할 수 있다. 갑신정변의 결과 중 가장 중요한 것은 청이 조선 내에서 우위를 차지한 듯 했으나, 조선 장악을 위한 청일간의 경쟁이 표면화됐다는 점일 것이다.

민씨 일파를 중심으로 하는 보수 세력이 조선 조정을 재건한 후인 1884년 12월 12일 묄렌도르프와 예조 참판 서상우(徐相雨)는 일본으로 건너 가 다케조에를 송환하고 정변 지도자들에 대한 신병 인도를 강력히 요구했다. 이 시점에서 일본은 청이 조선을 완전히 장악하기 전에 조선 사태에 적극적으로 참여한다는 정책의 변화를 결정했다. 그 결과 다음해 1월 2일 일본 외무대신 이노우에 가오루(井上馨)가 보병 2개 대대 병력과 함께 특사 자격으로 한양에 도착했다.[77] 이노우에는 조선과 일본간에 범인인도 협정이 없다는 이유로 일본으로 도주한 쿠데타 지도자들의 신병인도를 거부했다. 이노우에는 또 다케조에가 일본 정부의 사전 허락 없이 자의로 쿠데타에 간여했음을 알면서도 다케조에에 대한 어떠한 논의도 거부했다.

조선을 군사적으로 위협하며 이노우에는 조선 정부에 5개항의 요구안을 수용할 것을 강요하고 나왔다. 이 요구서에서 일본은 조선왕 고종이 공식적

---

77) Lee Yur-bok, p.76.

인 사과를 하고 일본 호위대 후퇴 후 조선 군중에 의해 살해된 일본인 희생자 가족에게 110,000 엔의 보상금을 지불하라고 요구했다. 또 일본은 조선 정부가 일본인 군사고문의 살해에 간여한 조선인들과 일본 공관 방화를 주도한 조선인을 처벌하고 새로운 일본 공관 건설을 위해 40,000 엔을 지불할 것은 물론 1,000명 규모의 일본군 주둔을 위한 군영 건설 및 관리 기금을 마련하라고 요구했다.[78] 일 주일 후인 1월 9일 일본의 무력 시위 앞에 조선은 새 일본 공관 건설비에 대해 약간의 수정만을 요청하며 요구사항 대부분을 받아들이고 말았다.[79]

이노우에가 조선으로 파견된 동시에 당시 일본 정계의 거물이었던 이토 히로부미(伊藤博文)는 청일전쟁의 가능성을 사전에 방지하기 위해 전권대사 자격으로 청을 방문했다. 이토는 이홍장에게 조선에서 양국 군대의 동시 철수를 요구했다. 당시 청은 유타쳉(吳大徵) 감독관과 팅주창(丁汝昌) 제독을 500명의 군사와 함께 조선에 추가 파병했었다. 이토는 조선에서의 군사적 대치 사태에 책임이 있는 청국 군사 지휘자들에 대한 문책을 요구하는 동시에 조선 내 일본인 거주지에 대한 청국군의 침입에 대해 만족할 만한 해명과 유사한 사태의 재발을 막을 수 있는 강력한 제도적 장치를 요구했다.[80] 일본은 일단 청국이 프랑스와의 마찰로 인해 조선에서 일본과의 군사적 충돌을 원하지 않을 것이라는 계산 아래 외교적 강수를 사용했다. 일본이 정책적으로 조선에 대해 불간섭 입장을 취하고 있었고 갑작스런 외교 전략의 전환으로 인해 충분한 준비가 안되어 있었다는 점을 상기해 볼 때 이토 히로부미는 외교적 도박을 하고 있었던 것이다.

그럼에도 불구하고 청은 일본의 의도를 간파하지 못하고 다급함을 보였다. 이런 이토 히로부미의 요구에 대해 그 해 4월 10일 이홍장은 결국 조선

---

78) Kim and Kim, p.52.
79) *Ibid.*, p.53.
80) *Ibid.*, p.53.

에서 모든 외국 군대의 철수를 논의하자는 제의를 했다. 이 당시 조선에는 600명의 일본군과 20,000명 정도의 청국군이 주둔하고 있었다는 점을 본다면 이홍장의 외교적 실수를 짐작할 수 있다. 이토와 이홍장은 협정 체결 후 4개월 내에 모든 병력을 철수할 것에 동의했다. 5일 후 두 사람은 추후 조선에 파병을 할 경우 상대방에 사전통보를 한다는데 동의했다. 또한 양국은 조선에 군사 훈련관을 파견하지 않는다는 합의도 이루어 냈다.[81] 텐진조약(天津條約)이라 일컬어지는 이 회담의 결과는 4월 18일 청일 양국간에 공식 조인되었다. 텐진조약은 두말할 나위 없이 일본의 커다란 외교적 성공이었다. 텐진조약으로 인해 일본은 이제 조선에서 청과 동등한 위치를 갖게 되었다. 이노우에와 이토는 조선 내에서 일어난 정치적 혼란을 이용해 최소한의 희생도 없이 일본의 영향력을 강화시키는데 성공을 거두었다. 하지만 이홍장은 장기적인 안목으로 볼 때, 무엇보다도 조속한 조선 내부의 안정이 청에 도움이 된다고 믿었다. 이 조약으로 인한 최대의 피해자가 조선임은 누구도 부정할 수 없을 것이다. 이제 조선은 청과 일본의 손에 운명을 맡긴 신세가 되었고 청일간의 조선을 장악하려는 각축은 1890년대 중반 최후의 결전 때까지 이어진다.

텐진조약에 의해 1885년 7월 청일 양국 군대는 조선에서 철수했고, 조선 내에서 청일간의 무력 충돌 가능성은 일단 사라졌다. 이홍장이 예견한 것같이 텐진조약이라는 외교적 성공에도 불구하고, 아직은 자국의 내실을 기하는 것이 시급하다는 판단에서 일본은 내정 개혁에 몰두하며 조선에서의 활동은 상대적으로 소극적인 태도를 취했다. 이런 일본의 조선에 대한 소극적 태도는 이홍장이 예상했던 것처럼 청의 영향력을 강화시켰고, 조선에서 진보적 개혁의 움직임에 종지부를 찍는 결과를 가져 왔다.

---

81) Lee Yur-bok, p.79.

2. 갑신정변과 독일 외교관의 활동

　이처럼 조선에서 극적인 변화가 벌어지던 상황에서 독일의 역할은 어떠했는가? 앞에서 본 것처럼 조독 조약은 1884년 11월에 인준되었다. 조선 주재 독일 총영사 젬부슈(Zembsch)는 그 해 11월 10일 개항지인 인천 제물포에서 영사업무를 담당케 할 독일 부영사로 허만 부들러(Hermann Budler)를 임명했다.[82] 그러나 독일 외교관들이 정상적인 활동을 시작한지 한 달이 채 못 되어 그들은 조선의 정치적 위기 상황에 깊숙이 간여하게 된다. 베를린은 조선을 군사적으로나 외교적으로 보호하겠다는 의지나 힘이 없었기에 독일 정부의 공식적인 역할은 매우 한정되어 있었다. 조선은 독일의 극동 활동에 이차적 관심 대상이었기 때문에 베를린은 조선을 대상으로 한 청일 대립에 공식적인 입장을 자제했을 뿐만 아니라 간여하려는 의도조차 갖고 있지 않았다. 그러나 이 당시 조선과 독일은 상당한 친분을 쌓아 나갔고, 조선 주재 독일 영사관은 조선의 정치 외교적 권위 보존에 대해 진지한 관심을 갖고 있었다.

　사실 독일의 조선에 대한 근본적인 관심은 교역에 있었다. 조선에 주재하던 독일 영사관의 가장 중요한 임무 역시도 조선에서 독일의 통상을 보호하고 지원하는 것이었다. 이는 비스마르크의 식민지 확장 정책과 그 맥을 같이 하는 것이었다. 이런 연유에서 독일 영사관은 독일 기업들의 조선 시장 침투를 지원하는 임무에 최선을 다하고 있었다. 독일 영사관은 동북아시아 지역에서 중국을 중심으로 활발한 활동을 전개하던 세창양행(世昌洋行 : Heinrich Constantin Edward Meyer and Company)과 조선 조정과의 교역 지원에 최선을 다했고, 이 회사가 조선 조정에 차관을 제공하는 데도 깊이 간여했다. 뒷장에서 보게 될 것처럼 세창양행의 활동을 통한 조선과 독일간의 통

---

82) ARC, vol. 15, no.39, p.26.

상 발전은 독일제국이 당시 조선에서 가장 왕성한 경제활동을 하는 서양 국가로 발전하는 계기가 된다.

갑신정변이 발발한 3일 간 독일 영사관은 조선 조정과의 관계에서 아주 조심스런 입장을 취했다. 1884년 12월 6일 외아문의 김홍집은 독일 외교관에게 정변 발생에 대해 통보했다. 이 서한에서 김홍집은 서울에 주재하던 외국 외교대표의 소집을 요청했다. 김홍집은 김옥균의 행위는 적법성이 결여되어 있음을 강조해 한양의 외교 사절들은 쿠데타 정부를 인정하지 말아 줄 것을 요청했다. 그는 6조 판서 모두가 생존해 있고, 단지 문제는 일본 군대가 왕궁을 봉쇄하고 있는 것뿐임을 강조했다.[83] 독일 부영사 허만 부들러는 조선에서 진행 중인 정치적 위기 상황에 신중한 태도를 보이고 있었고, 사태에 대한 정보가 불충분해 독일 영사관으로서는 공식적인 입장을 밝힐 수 없다고 외아문에 통보했다.[84] 부들러는 독일, 영국, 미국 외교 대표들이 일본 공사와 회동을 가질 예정이고 그 결과에 따라 입장을 정리하겠다는 조심스런 입장을 취했다. 다시 말해 아직도 정황에 대한 선명한 분석이 안되어 정보를 더 접수하기 전에는 독일 총영사관이 아무런 공식 입장을 표명할 수 없다는 종전의 태도를 유지하고 있었던 것이다.[85] 12월 30일에 가서야 부들러는 김옥균과 개화파가 서울에서 벌어진 정치적 혼란에 책임이 있다는 공식 입장을 외아문에 통보했다. 그러나 부들러는 개화파의 행동에 대해 조선 내부의 정치적 사건이기에 독일이 간섭할 수는 없다면서 일단 조선 외아문의 중재 요청을 조심스럽게 거절했으며 사태를 관망하는 자세를 유지했다.[86]

갑신정변의 실패로 인해 조선 내 사태가 국제 문제화하며 청일간의 군사

---

83) *Ibid.*, no.51, pp.33~34.
84) *Ibid.*, no.53, p.34.
85) *Ibid.*, no.56, pp.35~36.
86) *Ibid.*, no.71, pp.40~41.

적 충돌 가능성으로 발전하는 상황에 이르면서 제물포의 독일 영사관은 조선 조정에 중립을 선포할 것을 조언하던 태도와는 달리 조심스럽게 사태에 관여하기 시작했다. 1885년 3월 부들러는 외아문에 서한을 보내 조선 같은 약소국이 중립국 선포로 얻을 수 있는 이익에 대해 설명했다. 1914년 독일이 부르셀(Brussel)의 중립선포를 무시하고 침략했던 것을 볼 때 조금은 아이러니칼하지만, 부들러는 1870년 보불전쟁(Franco-Prussian War) 당시 벨기에가 중립을 선포해 위기를 모면했던 역사적 사례를 들어 조선의 중립국 선언을 조언했다. 그는 당시 조선의 국제적 상황을 상당히 잘 파악하고 있었다. 부들러는 청이 조선을 보호하겠다는 의도와 능력에 의심을 품었고, 일본과 러시아가 조선을 장악하기 위해 호시탐탐 기회를 노리고 있다고 분석했다. 부들러의 주장에 의하면 열강과 중립국 대우 조약을 맺는 것이 조선의 독립을 유지하는 최선의 현실적 방책이라고 주장했다. 이런 부들러의 주장은 1885년 말 유길준(俞吉濬)의 『中立論』 연구에 영향을 주기도 했다.[87]

동시에 부들러는 이미 일본도 조선의 중립국화를 지지하고 있다고 조선 정부에 전해 주었다. 그러나 이런 충고에도 불구하고 조선 조정은 아무런 조치도 취하지 않았다. 그 이유는 당시 청에 의지했던 보수 세력이 재집권에 성공해 사실상 청으로부터의 독립을 의미하는 중립국 선언은 불가능한 상태였다. 그럼에도 불구하고 부들러의 조언은 계속됐다. 그는 조선에서 군사적 충돌의 가능성을 줄이기 위해 일본군이 서울에서 인천으로 철수하고, 청국군은 마산포로 이동할 것을 조선이 요청하라고 건의했다.[88] 이 건의는 외교적으로 민감한 사항도 아니었고, 서울에 주둔한 청일 양국군 사이에 예기치 못한 사소한 사건으로 상황이 악화되는 것을 방지할 수 있는 좋은 방법이었다. 조선 조정은 이런 부들러의 조언에 깊은 감사의 뜻을 전했고, 청

---

87) Hwang In-kwan, "A Translation and Critical Reviews of Yu Kil-chun's On Neutrality," *Korean Studies,* 9(1985): 1~5.

88) ARC, vol. 15, no.95, pp.49~50.

일간의 대치 상황에 철저한 중립을 지킬 것을 강조하며, 그 내용을 인쇄해 조정 대신들에게 돌려보게 하겠다는 통보를 독일 영사관에 보냈다.[89]

　1885년 3월 17일 조선 외아문은 부들러로부터 또 다른 편지를 받았다. 이 서한에서 부들러는 일본은 조선 영토를 점령하려는 어떤 의도도 없고, 만일 청과 문제를 평화적으로 해결하지 못한다면 조선 영토가 아닌 중국 텐진에서 전쟁을 치르겠다는 일본 측 의사를 전했다.[90] 비록 부들러가 일본의 의도를 지나치게 있는 그대로 받아들인 단순한 면은 인정되나 그는 이런 일본의 의사를 전해 조선이 청에 의존하기보다는 이 상황을 이용해 조선이 철저한 중립으로 사태를 극복하기 바란 것으로 사려된다. 외아문 독판 김윤식(金允植)은 부들러의 현실적인 상황 분석과 조언에 다시 한번 감사의 뜻을 전하며 부들러에게 어떤 경우라도 청국에 더 이상의 파병을 요청하지 않겠다는 약조를 했다. 김윤식은 이 회답에서 부들러의 편지 내용을 조정의 대신들과 돌려보겠다고 말해 부들러의 상황 분석과 조언이 조선 조정의 정책에 적지 않은 영향을 주었을 것임을 짐작케 한다.

　앞에서 이미 본 것처럼 일본과 청 양국은 1885년 7월 조선에서 군대를 철수하기 시작했다. 부들러가 조선 내에서의 전쟁이 방지된 것에 대한 어떤 공을 인정받을 수는 없으나, 그의 중립국 건의는 구한말 조선의 외교 정책 중 하나로 자리잡아 아주 중요한 의미를 갖고 있다. 이런 독일 외교관의 진실한 태도는 1885년 또 다른 외교적 위기를 맞는 조선에 한번 더 도움을 주며 조선과 독일간의 "특별한 관계"는 더욱 발전하는 계기를 갖게 됐다.

　그 해 4월 15일 4척의 영국 전함이 아무런 사전통보 없이 러시아의 극동 진출 견제의 일환으로 거문도를 점령했다. 당시 러시아와 영국간의 식민지 경쟁은 이미 아프가니스탄(Afganistan) 내에서의 각축으로 첨예화하고 있었다. 1885년 3월 31일 러시아 군대가 아프간군과 판제(Pendjdeh)에서 충돌하면

---

89) *Ibid.*, no.97, p.50.
90) *Ibid.*, no.98, p.51.

서 아프가니스탄을 중심으로 러시아와 영국 간에 중앙 아시아를 점령키 위한 제국주의적 경쟁은 표면화되었다.[91] 영국의 불법적인 거문도 점령에 대해 당시 조선 조정은 거문도의 위치도 제대로 파악하고 있지 못했다. 그러나 조선은 이 사건이 국제적 사건으로 발전할 것을 염려해 영국에 즉각적인 철수를 요구했으나, 영국 정부는 이 점령이 한시적인 주둔이라 발표하며 조선의 요구를 거부했다. 이런 상황 진전에도 불구하고 청은 영국의 거문도 불법 점령을 은근히 환영하고 있었다. 청은 영국의 거문도 점령이 러시아 세력이 한반도로 침투하는 것을 견제할 수 있다는 계산에서 청에 이득이 되리라 보고 내심 환영하는 입장을 취한 것이었다. 영국의 거문도 불법 점령이 단순히 조선에 대한 영국의 식민지 활동이 아니라 영국과 러시아 양국간의 세계적 경쟁 구도의 일환이었기에 조선 정부의 항의는 실효를 거두지 못했을 뿐만 아니라 청의 지원 없이 당시 조선이 외교적으로 영국에 효과적인 대응을 하기란 역부족이었다. 결국 영국군은 거문도에 1887년까지 주둔했고, 뒤에 상세히 서술하겠지만, 러시아가 원산 지역을 조차하려 했던 노력은 실패로 돌아갔다.[92]

이런 외교적 위기를 맞은 조선은 또 한번 독일인들에게 조언을 구하게 된다. 1885년 5월 20일 김윤식은 젬부슈 총영사에게 영국의 거문도 철수를 종용할 수 있는 방법에 대한 외교적 조언을 요청했다. 김윤식은 이미 조선 조정이 항의의 뜻을 조선 주재 영국 공사관, 북경 주재 영국 공사관, 그리고 런던의 영국 정부에 전달했다고 설명했다. 이런 조치 후 김윤식은 젬부슈를 포함한 조선 내 외교 대표들에게 보충 조언을 요청했던 것이다.[93] 젬부슈는 이 사건에 대해 상당한 관심을 보였다. 거문도 점령이라는 불법적 사건의

91) David Gillard, *The Struggle for Asia, 1828~1914: A Study in British and Russian Imperialism*, (New York: Holme & Meher Publishers, 1977), p.144.

92) George Alexander Lensen, *Balance of Intrigue: International Rivalry in Korea and Manchuria, 1884~1889*, vol. 1, (Tallahassee: University of Florida Press, 1982), p.68.

93) ARC, vol. 15, no.116, p.58.

심각성은 물론 영국의 움직임에 대해 사전 지식이 전혀 없었던 독일 외교관들은 당혹감을 감추지 못하고 있었다. 동시에 베를린으로부터 아무런 공식적 태도 표명을 접하지 못한 젬부슈는 오직 개인적 차원의 조언만을 해줄 수 있다는 전갈을 김윤식에게 보냈다.

젬부슈가 조선 조정에 조언하기를, 조선은 외아문을 통해 영국 정부는 물론 조약을 체결한 모든 국가들을 대상으로 공식적인 항의문서를 보내야 한다고 했다. 젬부슈에 의하면 이런 방법을 통해 조선이 영국에게 한반도에서 치외법권적 권리 즉 영토 임대를 허락했다는 의혹을 벗을 수 있을 것이라 했다. 다시 말해 조선 조정은 거문도 점령이 결코 조선 조정이 영국에 부여한 특권에 의한 행위가 아님은 물론 조선 조정이 아무런 사전 지식이 없었던 불법적 행위라는 것을 국제법상 선명하게 표명하라는 것이었다. 젬부슈는 영국의 행위가 조선 뿐 아니라 모든 조약체결 국가의 외교적 문제도 된다는 점을 인식해 조선 정부가 적법한 외교 관행을 통해 문제를 해결해야 한다고 강조했다. 같은 맥락에서 젬부슈는 전신의 사용을 자제하고 공식 외교문서로 이런 뜻을 통보해 조선 조정의 입장을 선명하게 전하라는 방법론까지도 조언했다.94) 김윤식은 젬부슈의 조언을 받아들여 공식적인 항의문서를 독일 총영사관에 전달했고, 조정이 엄세영(嚴世永)과 묄렌도르프를 일본 주재 영국 공사관에 항의 사절로 파견했다고 통보했다.95)

그러나 젬부슈는 조선 주재 영국 총영사대리 칼스(William R. Carles)를 만난 이후 종전의 입장을 바꾸었다. 젬부슈는 영국과 직접 협상할 필요가 있다고 조선 조정에 건의하며 중립적인 자세를 취했다. 그는 김윤식에게 사태 해결을 위해서는 인내를 가져야 한다며 영국과 좀 더 협의한 후에 조선 외아문과 다시 접촉하겠다는 다소 미온적인 태도를 보였다.96) 이런 예기치 못

---

94) *Ibid.,* no.117, pp.58~59.

95) *Ibid.,* no.147, p.73.

96) *Ibid.,* no.116, pp.78~79.

한 태도 변화에 대한 선명한 이유는 찾기 어려우나 이 사건이 영국과 러시아 사이의 세계적 대결 구도 중 일환이라는 심각성을 인지했기 때문이 아닌가 하는 추측이 가능하다. 동시에 청이 거문도 점령을 지지하는 상황에서 독일이 나서 조선 조정을 돕는다는 것이 당시 극동 정세 구도 상 적절치 않았을 것이다. 또한 독일 역시도 러시아가 극동 지역에서 영향력을 한반도까지 확대하는 것은 바람직하지 않다고 보았을 것이었고 비스마르크의 독일이 추진하던 친영정책의 구도를 흠집 내지 말라는 베를린의 입장을 통보 받았을 가능성도 배제할 수는 없다.

물론 독일 외교관들의 조선활동은 독일의 이익을 극대화하는 것임에 틀림없고 또 이는 극히 당연한 일이라고 할 수 있다. 그러나 부들러가 조선 정부에 중립정책을 제의하고 또 이를 성사시키기 위해 일본을 포함한 외교 대표들을 만나 동의를 구한 것은 조선의 장래에 대한 그의 심증을 짐작케 한다. 물론 조선이 극심한 변화를 겪어 독일의 조선활동에 큰 장애가 될 것이라는 판단에서 부들러는 조선 안정책을 제시했을 것이다. 그러나 독일의 목적이야 어찌 되었건 당시 조선의 상황과 장래에 대한 분석과 제안은 조선이 국제화되는 과정에서 상황을 인식하고 외교적 대안을 갖게 해주었다는 점은 의미가 크다 하겠다. 젬부슈 역시 국제적 마찰을 해결하는 외교적 방안을 조선에 가르쳐 주었다는 것도 적지만 의미 있는 사건이었다. 물론 후에 입장을 바꾸었지만 조선으로서는 처음으로 국제적 문제를 합법적으로 해결하는 방법을 배운 계기가 되었다. 순수하게 독일의 외교관들이 조선을 위해 무엇을 했느냐를 묻는 것은 어리석은 일이다. 물론 그들은 자국의 이익을 위해 일한다. 한국의 외교관이 한국정부와 국민을 위해 일하는 것처럼. 그러나 독일 외교관들의 행동에서 우리에게 무엇을 주었는가를 생각해 본다면 그들의 행위로 인해 조선은 중립이라는 근대적 외교 정책은 물론 새로운 시대의 외교적 문제 해결 방법론을 조선에게 소개해 주었다. 이 것 만으로도 갑신정변과 영국의 거문도 불법 점령사건으로 점철된 1880년대 초기

독일 외교관들의 조선활동은 타국가 외교관들에 비해 조선에 긍정적인 영
향을 상대적으로 크게 미쳤다고 말할 수 있다.

3. 묄렌도르프와 인아책(引俄策)

조선이 개국 후 심각한 외교적 난국을 몇 번 경험하는 동안 묄렌도르프는
추후 외부의 위협으로부터 조선의 독립을 유지할 수 있는 새로운 정책을 제
시했다. 갑신정변 후 조선의 평화와 질서를 어느 정도 회복시킨 민씨 일파
중심의 보수파들은 여전히 일본의 지원을 받은 개화파의 반격과 청의 후원
하에 대원군의 재집권이라는 정치적 변화 가능성에 대한 두려움을 떨쳐 버
리지 못하고 있었다.[97] 개화파와 마찬가지로 국내 지지 기반이 약했고 갑신
정변 당시 속수무책으로 당했던 보수파들로서는 당연한 우려였다. 그러나
이런 염려는 기우에 그쳤고, 이홍장이 예견했던 것처럼 조선의 안정은 조선
내정에 청의 보다 강력한 영향력 행사라는 형태로 발전되어 갔다. 이 시점
에서 묄렌도르프는 고종에게 청과 일본을 견제하는 방편으로 러시아의 영
향력을 조선에 끌어들여야 한다는 자신의 지론을 피력했다.[98] 조선 도착 직
후부터 친청 세력인 보수파를 지지하던 묄렌도르프였지만 근대화 전개과정
에서의 연합이었지 외교적인 면에서는 다른 생각을 하고 있었다. 독일 부영
사 부들러와 마찬가지로 묄렌도르프 역시 청과의 전통적 관계에 대한 청산
이 조선 독립에 가장 중요한 과제라는 개화파의 입장에 근본적으로는 동의
하고 있었다. 그러나 그는 부들러와 달리 중립국 선포라는 소극적 외교 자
세를 취하는 것보다는 청과 일본을 실질적으로 견제하기 위해 강력한 러시
아의 도움을 받는 쪽으로 보다 능동적인 정책 노선을 제시했다.

---

97) Kim and Kim, p.61.
98) Lee Yur-bok, p.97.

　동북아시아의 전통 체제를 잘 이해하고 있던 묄렌도르프는 러시아와 조선을 전통적 테두리 안에서 근대적 요소를 접목시키는 관계로 발전시켜 한반도에서 청과 일본을 견제하려 했다. 묄렌도르프가 인아책 발전에 절대적인 공헌을 했다고 하기는 어렵지만 그의 구상은 여러 사건을 겪으며 조선 왕실의 주요 외교 노선으로 왕조가 몰락할 때까지 유지됐다. 이홍장이 그를 조선에 파견했던 이유를 되돌아 볼 때 묄렌도르프의 파격적인 정책 제시는 조선 독립에 대한 그의 애착을 엿볼 수 있게 해준다.

　앞서 거론한 것처럼 묄렌도르프는 이미 고종의 신임을 돈독히 받고 있었다. 갑신정변이 일어나기 전부터 그는 조선의 독립을 유지하기 위해서는 강력한 외교적 파트너가 필요하다는 결론을 내리게 되었다. 특히 조선의 내부적 사건이 청과 일본 사의의 국제적 문제로 발전하는 모습을 보고는 그의 구상을 구체화해야 한다고 믿게 되었던 것으로 사려된다. 특히 청에 절대적으로 의존하고 있던 보수 민씨 일파와 일본의 전례를 따르려 했던 개화파 사이의 갈등이 심화되면서 묄렌도르프는 러시아를 끌어 들여 한반도에서 힘의 균형을 유지하려 했다.

　조선의 독립을 유지하기 위한 새로운 외교 정책노선을 제안하면서 묄렌도르프는 고종에게 청은 후진국이고, 일본은 신뢰할 수 없는 존재라는 의견을 피력해 청에게 더 이상 의존한다는 것은 무리가 있고 일본 역시 조선의 안위보다는 자국의 이익을 따를 것이라 했다. 계속해서 그는 미국은 조선을 돕겠다는 의지가 없고, 영국은 러시아를 견제해 일본을 지지하고 있다고 지적했다. 또한 다른 서구 열강은 지리상 너무 떨어져 있어 실질적으로 조선에 도움을 주기가 어렵다는 점도 강조했다. 그는 독일 역시 너무 멀리 떨어져 있어 다른 나라들이 반대를 하지는 않을 것임에도 불구하고 군사 훈련관 파견조차 힘들 것이라고 말했다.[99] 동시에 비스마르크의 식민지 정책을 재

---

99) *Ibid.*, pp.93~94.

고해 볼 때 조선에 대한 외교적 지원으로 일본을 지원하는 영국과의 마찰을 원하지 않았을 것이다. 이런 연유에서 묄렌도르프의 한반도를 둘러 싼 외교적 상황 판단은 상당히 설득력이 있다. 또한 갑신정변 당시 청과 일본의 대립 상황을 볼 때 묄렌도르프의 예견은 적중했다는 평가를 내릴 수 있다.

결국 묄렌도르프는 고종에게 조선의 독립을 유지하기 위해 러시아와의 협조가 가장 현실적이고 효과적이라고 결론을 제안했다. 그는 우선 지리적으로 볼 때 서양 열강 중 러시아만이 청과 일본을 효과적으로 견제할 수 있다고 고종을 설득해 고종의 마음을 움직였다. 묄렌도르프는 자신의 구상을 실현하기 위한 첫 번째 과정으로 1884년 여름에 시작된 러시아와의 조약을 조속히 인준해 마무리하려 했다.[100] 1884년 6월 22일 북경 주재 러시아 공사 칼 웨베르(Karl Waeber)는 전권대사의 자격으로 묄렌도르프의 조속한 조약 인준 요구에 동의했다. 조선 전권대사 김병시(金炳始)와 묄렌도르프는 웨베르와 협상을 벌였고, 7월 7일 조선과 러시아는 조약을 인준했다. 조약 협상 중 묄렌도르프는 러시아의 협상 자세로 미루어 보아 친러시아 정책에 대한 자신의 견해가 적절했음을 확신했고, 비밀리에 자신의 의숭을 내비겼고 웨베르 역시 필요한 협조를 제공하겠다고 동의했다.[101] 1884년에 서명된 조러조약(朝俄條約)의 내용은 조선이 당시 조약관계를 맺고 있던 다른 서방국가와의 조약과 흡사하나 몇 가지 특징이 있다. 조약 8장을 보면 양국의 전함은 언제든지 상대국의 모든 항구를 방문할 수 있다고 되어 있다. 조선이 러시아에 이런 권리를 제공한 배경에는 러시아와 조선간의 군사적 관계를 돈독히 하겠다는 묄렌도르프의 의도가 숨어 있었다.[102] 이 조항은 결국 청으로부터 강력한 항의를 받는 원인이 되었고, 묄렌도르프 자신도 외아문 참판직에서 잠시 면직을 당해야 했었다. 조선의 독립 유지를 위해 묄렌도르프가

---

100) Deuchler, p.163.
101) 노계현, p.22.
102) Lee Yur-bok, p.64.

감수했던 희생이었다.

갑신정변이 실패로 끝나고, 일본과 청국 군대가 한반도로 몰려들자 묄렌도르프는 조선을 대표해 일본과 청 사이의 군사 대립 상황을 조율하기 위해 재임명되었다. 그는 이 기회를 다시 한번 자신의 인아책을 구체화하는 기회로 삼았다.[103] 갑신정변 후 묄렌도르프는 조선군대의 능력에 의문을 제기했고, 외국의 비호 하에 군대를 개혁해야만 조선에서 더 심각한 규모의 청과 일본의 경쟁을 저지할 수 있다고 결론지었다.[104] 그는 러시아를 조선의 선배 위치의 연합국으로 끌어들여 자신의 계획을 성취하려 했으나, 이 계획은 다른 나라들로부터의 강력한 반대에 직면했고, 결국 조선에서 그의 경력을 매듭짓는 결과를 초래했다.

묄렌도르프는 조선 조정을 국내외로부터의 위협에서 지키기 위해서 반드시 강력한 군대가 필요하다고 강조했다. 그리고 이 목표를 달성하기 위해 조선에 강력한 보호를 제공해 줄 동맹국이 필요하다고 주장했다. 이런 주장은 이미 조선의 독립 유지를 위해 인아책이 필요하다고 결론을 내린 묄렌도르프로서는 당연한 주장이었다. 더구나 갑신정변으로 인해 조선의 정세에 청과 일본의 영향력이 너무 거세다고 느낀 그는 자신의 결론을 다시 한번 확인했다.

묄렌도르프의 인아책에 대한 고종의 윤허는 조선의 외교 노선에 분수령이 되는 사건이었다. 이전까지 조선은 청의 의도를 따라 반러시아 정책을 유지하고 있었다. 대원군이 쇄국정책을 펼 당시 러시아는 이미 여러 번에 걸쳐 국경교역 정상화를 위한 협상을 요구했으나 번번이 거절당했다. 특히 조선 조정은 외부에서 유입된 서적들을 통해 러시아는 침략적이고 신뢰성 없는 나라라는 선입관도 갖고 있었다.[105] 이런 러시아에 대한 부정적인 전

---

103) *Ibid.,* p.65.
104) Kim and Kim, p.61.
105) 노계현, p.12.

통적 입장에서 정책상 극적인 전환이 이루어졌다. 일본과 청의 심각한 영향력을 견제하기 위해 외교정책의 전환이 묄렌도르프의 긴 노력으로 인해 이루어졌다. 청의 강력한 반대입장에도 불구하고 러시아는 더 이상 적대국이 아니라 조선의 새로운 외교 파트너로 받아들여지기 시작했다는 점에서 조선 후기 외교사에서 묄렌도르프의 영향은 무시할 수 없게 되었다.

1884년 12월 고종은 묄렌도르프의 건의를 받아 김용원(金鏞元), 권동수(權東壽) 등을 블라디보스톡(Vladivostok)에 파견해 자신의 비밀친서를 흑룡강 지역 러시아 총독 안드레이 니콜라에비치 코프 경(Baron Andrei Nichilaevich Korf)에게 전하도록 했다. 당시 조선 조정이 묄렌도르프의 건의에 반대하고 있었기 때문에 이 밀사 파견은 비밀리에 진행되었다. 고종과 묄렌도르프는 청과 일본의 반응에 대해서도 걱정하고 있었기에 러시아와의 접촉을 극비리에 진행했다.106)

이 밀서에서 고종은 조선을 일본과 청으로부터의 침략 가능성에서 러시아가 군대를 파견해 보호해 줄 것을 요청했다. 그 대가로 고종은 러시아에게 원산 지역 라자레프 항(Port Lazareff)의 장기 임내를 약속했다. 묄렌도르프는 이 항구를 러시아에 대여함으로써 청과 일본의 위협에서 러시아가 조선을 더욱 적극적으로 보호해 줄 것이라는 계산을 했다. 코프 경은 이 밀서를 러시아 짜르(Tzar)에게 보냈고, 러시아 정부는 고종의 제의에 긍정적인 반응을 보였다.107)

이 당시 묄렌도르프 자신도 일본을 방문해 동경 주재 러시아 공사 알랙산더 페트로비치 다비도프(Aleksander Petrovich Davydov)와 비밀리에 접촉을 갖고 유사한 요청을 하고 있었다. 1885년 2월 15일 묄렌돌프는 다비도프와 러시아 일본 공사관 일등 서기관 알렉시스 드 스페이어(Alexis de Speyer)를 만나 조선에 러시아 군사 훈련관 파견을 요청했고, 다비도프는 4명의 장교와 16

---

106) *Ibid.*, 24쪽.
107) *Ibid.*, p.24.

명의 사관생도를 파견해 주기로 약조했다. 1885년 4월 영국이 거문도를 점
령하자, 묄렌도르프는 러시아만이 조선을 보호해 줄 조선의 유일한 동맹국
이라는 자신의 견해를 재확인했다.[108] 고종도 러시아의 외교적 보호와 러시
아 군사 훈련관의 조선 파견 방법을 강구해야 한다는 그의 견해에 동의했
다.[109] 3개월 후 거문도 사건에 대한 항의 사절로 다시 일본을 방문한 묄렌
도르프는 다비도프, 스페이어와 다시 한번 비밀리에 회동해 러시아 군사 고
문관 파견을 구체화해 줄 것을 요청했다.

그러나 이 계획이 비밀리에 진행되었다는 점에서 인아책은 스페이어가
협의서를 인준하기 위해 조선을 방문하자 커다란 저항에 직면하게 된다. 우
선 외아문 수장 김윤식이 협정을 정면으로 반대하고 나섰다. 김윤식은 묄렌
도르프가 조선 조정을 공식적으로 대표하지 않았기 때문에 그와 러시아 사
이의 합의는 합법성이 결여되어 있다고 주장했다. 김윤식은 스페이어의 방
문에 대해 동경의 러시아 외교 대표부는 물론 러시아 외무성으로부터 아무
런 공식적 언급이 없었다는 점도 지적했다. 그 외에도 김윤식은 이미 미국
과 군사고문단 초빙에 대한 협의를 마쳤다고 말했다. 청과 일본의 지지에
힘입어 김윤식은 러시아와의 협정에 대한 인준을 강력히 거부했다.[110]

스페이어가 아무런 소득 없이 조선을 떠나자 고종은 자신의 관료들로부
터는 물론 청, 일본, 영국을 위시한 열강들로부터도 강한 압력을 받았다. 그
결과 고종은 묄렌도르프의 친러시아 정책에 대한 지지에서 전면 후퇴함은
물론 새 정책 자체를 포기하고 말았다. 뿐만 아니라 고종은 묄렌도르프를
파면할 수밖에 없을 정도로 외부의 압력은 거셌고 조선의 독자적 외교 노선
추구는 물거품이 되었다. 일본과 영국의 강력한 항의를 빌미 삼아 이홍장은
조선 조정에 묄렌도르프의 파면과 청국으로의 소환을 요청했다.[111] 결국 묄

---

108) Lee Yur-bok, p.123.
109) Kim and Kim, p.61.
110) Lensen, pp.38~39.

렌도르프는 관직에서 파면되기 시작했다. 1885년 7월 27일 묄렌도르프는 외아문 참판직에서 물러났고, 9월 4일에는 조선 해관에서도 파면됐다. 다음달 17일에는 전환국 일마저도 그만두게 되었다. 이홍장은 그를 청국으로 귀환시킬 것을 조선에 강력히 요구했고, 1885년 11월 25일 묄렌도르프는 서울을 떠나 텐진으로 향했다. 고종은 묄렌도르프에게 상황이 바뀌면 그를 다시 부르겠다는 약조를 했음에도 불구하고 이 사건의 심각성은 그를 다시는 조선 땅에 돌아오지 못하게 만들었다. 이로서 묄렌도르프가 열정을 갖고 2년 간 조선의 독립과 근대화를 위해 노력했던 조선에서의 경력은 끝나고 말았다. 고종의 약조를 믿고 조선으로의 환국을 기대했던 묄렌도르프는 다시는 한반도로 돌아오지 못하고 중국에서 병사했다.

묄렌도르프의 조선 근대화와 독립 유지 계획들은 현실로 나타나지 못하고 실패했지만, 조선이 서양과 교류를 시작했던 이 시기에 그가 조선에 끼친 영향은 상당한 것이었다. 독일 측에서 보면 묄렌도르프의 인아책은 러시아의 이목을 극동에 집중시키려 했던 독일제국의 전반적인 대러시아 정책과 그 맥을 같이하고 있었다. 묄렌도르프가 조선에 더 있을 수 있었다면 러시아의 관심을 조선을 초점으로 극동에 집중시켜 유럽 내에서 독일의 안보를 더욱 강화할 수도 있었을 것이다. 동시에 독일은 조선에서 외교적, 통상적 입지를 더욱 확고히 할 수도 있었다. 전술한 것처럼 묄렌도르프는 조선의 근대화 작업 과정에서 독일 회사를 끌어 들였고, 상당수의 독일인 전문가들도 조선으로 초빙해 왔다. 이런 면에서 조선에서 독일 교역이 성공한데 대해서 묄렌도르프의 역할을 과소평가 할 수는 없다. 묄렌도르프가 조선에서 밀려나면서 독일은 조선에서 경쟁력을 잃어가기 시작했다. 특히 베를린은 조선의 상황에 적극적으로 간여하지 않아 독일의 입지는 약화되기 시작했다. 만일 몇몇 학자들의 주장처럼 묄렌도르프가 독일의 이익을 대표했

---

111) Lee Yur-bok, p.133.

던 '고문관'에 지나지 않았다면 베를린은 그를 조선에 있게 하기 위해 강한 외교적 압력을 행사했을 것이다.

장기적인 안목에서 볼 때 조러 비밀 접촉은 묄렌도르프의 제거보다도 극동의 상황에 더 심각한 결과를 초래했다. 1885년 가을 청은 고종을 견제하기 위해 왕비와 민씨 일파의 강력한 반대에도 불구하고 대원군을 조선으로 귀국시켰다. 반면 일본은 아주 조심스런 자세를 취하고 있었다. 이노우에는 이런 최근의 조선을 둘러싼 상황 전개가 영국과 러시아의 경쟁이 극동지역으로 확산되는 계기라는 점을 간파하고 있었다.[112] 이노우에가 예상한 대로 영국은 러시아의 한반도 진출을 견제하기 위해 거문도 불법 점령을 지속했다. 결국 조선의 안보는 러시아를 끌어들이면서 영국도 적극 가세하는 복잡한 형태의 위협을 받게 되었다.

4. 독일 총영사관의 조선 내 활동, 1884~1894

1884년과 1894년 사이 조선 주재 독일 영사관은 조선 조정과 흥미롭고 "특별한 관계"를 발전시킨다. 독일은 조선의 주요 외교 대상국으로 발전하며 독일 외교관들은 조선이 위기를 만날 때마다 조정에 적지 않은 도움을 주었다. 오랫동안 정체현상을 겪어온 은자의 나라 조선은 이 당시 급속한 정치, 산업, 통상 발전을 이룩한 외국을 상대로 만족할 만한 수준의 중앙 권력을 창출해 내지 못하고 있었다. 1648년 베스트팔렌 조약(Westphalia Treaty)에서 규정된 서구 근대 개념의 외교에 대한 지식을 갖지 못했음은 물론 통상도 유교적 관념에 의한 수동적인 태도로 기술적인 문제까지도 야기하고 있었다. 지방관료의 기강해이로 인한 문제들처럼 중앙 정부의 효율적인 통제가 미흡해 독일인이 사업을 확장시키려 할 때 장애요인이 되어 독일 영사

---

112) Kim and Kim, p.63.

관이 수시로 간여하는 결과도 낳았다. 이렇듯 겉으로 나타난 문제점들도 많았지만 문화적 이질감으로 인한 문제도 적지 않았다.

1886년 1월 23일 부영사 부들러는 독일에 조선 영사관을 설립할 것을 제의했다. 독일 주재 조선 영사의 임명이 조선에 정치 외교적, 통상적 이득을 줄 것이라는 점을 들어 부들러는 조선 조정을 종용했다. 부들러는 조선 영사관 직원들의 월급은 물론 공관 유지비도 독일이 지불하겠다는 파격적인 지원책도 제시했다.[113] 조선 외아문이 이 제의에 긍정적인 반응을 보이자 부들러는 함브르크 조선 총영사로 세창양행(Heinrich Constantin Edward Meyer and Company)의 책임자 에드워드 마이어(Edward H. Meyer)를 추천했다. 부들러는 조독 조약에서 상인의 영사 취임을 금지하고 있다는 것을 알고 있었지만, 그는 양국 정부 모두가 예외를 인정할 수 있을 것이라며 결과를 낙관하고 있었다.[114] 결국 마이어는 1886년 3월 함브르크에서 조선을 대표하는 직책에 임명되었다.

그러나 마이어 임명건이 순조롭게 진행된 것은 아니었다. 1886년 2월 11일 김윤식은 총영사로 상인을 임명하는 데 대해 난색을 표했다. 김윤식은 마이어에게 세창양행의 활동를 최대한 보장해 주겠다고 약속하며 그에게 공식 직위를 주는 것은 거절했다.[115] 다음 날 부들러는 외아문의 이런 조치에 난감을 표하고 나섰다. 그러나 조선 사회를 생각해 볼 때, 상인 계급은 전통적 사회 계급 중 가장 낮은 위치였기 때문에 상인 특히 외국인 상인이 외국에서 공직을 갖고 조선을 대표한다는 것은 선뜻 동의하기가 어려웠을 것으로 짐작된다.

그럼에도 불구하고 문서상에 의하면 갑작스럽게 1886년 3월 부들러는 외아문의 김윤식에게 마이어 임명건에 대해 감사의 서한을 보냈다. 김윤식도

---

113) ARC, vol. 15, no.380, pp.145~146.
114) *Ibid.*, no.389, p.148.
115) *Ibid.*, no.391, p.149.

조선 정부를 대표한다는 공식 임명장을 발행하는 데 필요하다며 마이어의
법적 성명과 주소를 통보해 달라고 요청했다.116) 그러나 이 협상과정에서
문서상 적지 않은 변화가 보여 난항을 겪었을 것으로 짐작된다.『舊韓國外交
文書』영인본 문서 번호 389를 보면 부들러는 마이어를 代理 朝鮮 總領事官
으로 추천했으나 임명에 관한 문서 410, 411, 412를 보면, 마이어의 직명이
在德國 代理 朝鮮 通商事務로 바뀌어 있다. 마이어 직함에서 '官' 자를 제거
함과 동시에 통상만을 담당케 하는 직함으로 바꾸어 마이어의 정치 외교에
대한 대표성을 제한해 조선 조정이 이 민감한 문제를 해결한 것으로 보인다.

　마이어의 통상사무 임명건 후에 다른 독일인들도 조선 영사직을 맡고 싶
다며 조선 조정의 허락을 직접 요청해 왔다. 상인이며 보험 관리인, 에밀 벨
니츠(Emil Wellnitz)라는 독일인이 1886년 9월 조선 외아문에 서한을 보내 함
브르크에서 조선 영사직을 희망한다며 정부의 의사를 타진해 왔다.117) 이
뿐만이 아니라 다음해 2월 19일에도 조선 외아문에 자칭 프러시아 저당, 보
험 및 공증 협회(Pressischen Hypotheken-Versicherungs-Aktien-Gesellschaft)의 관
리인, 다넨바움(Dannenbaum)이라는 사람도 유사한 의사를 타진해 왔다. 그는
조선과 독일 간 통상의 중요성을 강조하며 자신을 베를린 지역 조선 통상
담당 영사로 임명해 줄 것을 요청했다.118)　아마도 조선 조정은 이런 사태를
우려해 주저했을지도 모른다. 하지만 마이어 임명에서 보이듯 조선은 아직
소극적인 태도를 보이고 있음에도 불구하고 독일인들의 조선에 대한 관심
은 상당했음을 짐작할 수 있다.

　이 시기 서울과 제물포에 위치한 독일 영사관은 제물포 개항 지역 내에서
토지 분양 문제로 어려움을 겪고 있었다. 1876년 조선이 일본과 조약을 맺은
후, 조선 조정은 본토는 외국인의 통상에서 제외된다는 이유로 제물포에 외

---

116) *Ibid.,* nos. 410, 411, 412, pp.154~155.
117) *Ibid.,* no.518, p.191.
118) *Ibid.,* no.555, pp.203~204.

국인 거주 및 상업 지역을 설정, 유지해 오고 있었다. 1883년 11월 독일은 제물포 외국인 거주 지역의 사용에 대해 조선과 협상을 시작했다. 외국인에게 토지를 대여하거나 매매하는 데 대한 경험은 물론 의지도 없었던 조선 중앙 정부와 지방관료들은 독일인이 이 지역 내에 거주할 목적으로 토지를 구입하려는 과정에서 독일인 개인은 물론 독일 영사관 측의 저의에 대해 의심을 떨치지 못했다. '濟物浦租界章程'이 체결된 후에도 문제는 지속됐다. 토지 매매나 임대 문제 뿐 아니라 조계 내에서의 조선인 활동을 통해 보아도 당시 조선 조정의 경험과 자신감 부족은 여실히 드러났다.

1885년 5월 독일 총영사 젬부슈는 조계 내의 조선 교역회사 순신창(順信昌)이 소유한 가옥에 대해 의문을 제기했다. 젬부슈는 조약상 조선인이 조계 내에서 부동산을 구입하거나 임대하는 것이 금지되어 있다는 점을 상기시키며 이 가옥이 조선 세관의 소유인지에 대해 문의했다. 그는 이에 대한 답변을 듣고 향후 독일 영사관의 입장을 정리하겠다는 의사를 외아문에 전달했다.119) 젬부슈는 1885년 6월 6일 '제물포조계장정'의 인준을 위한 모임을 요청하는 과정에서 이 건불에 대한 조선 성부측의 공식 해닝을 재차 요구했다.120)

제물포 조계 내의 가옥에 대한 분쟁이 완전히 해결되지 않은 상태에서 조독 조약이 체결되면서 많은 독일인들이 제물포 지역의 땅을 임대하려 모여들었다. 두 독일 상인이 제물포 내의 토지를 영구 임대하려 했고, 또 다른 독일인은 조계 밖에서 농사를 짓기 위해 토지를 매입하고자 했다.121) 그러나 독일인들에 의한 토지 매입 및 임대 열기는 인천 지역 통상을 주관하던 홍순학(洪淳學)과의 마찰을 야기했다. 1885년 6월 26일 젬부슈는 토지 경매가 무산된 것에 대해 외아문에 항의 서한을 보내 독일 영사가 참석하지 않

---

119) *Ibid.*, no.115, pp.57~58.
120) *Ibid.*, no.124, p.62.
121) *Ibid.*, nos. 126, 131, 137, pp.63, 67, 70.

아 경매를 무산 시켰다는 홍순학의 해명은 받아들일 수 없다는 입장을 밝혔
다. 젬부슈는 '제물포조계장정'에 의거해 조선 조정이 토지 경매에 대한 새
로운 일정을 통보해 달라고 요구했다.[122] 전통적으로 토지에 대한 애착이
강했던 조선으로서는 십분 이해가 가는 행동이지만 국제법적 관례를 무시
하는 것은 조선이 그만큼 국제화에 준비가 되어 있지 않다는 것을 반증해
준다. 문제는 형식적이나 감정적인 문제보다도 문화적 틀이 양국관계에 걸
림돌이 되고 있었기에 이런 마찰은 많은 곳에서 지속적으로 일어났다.

이 기간 동안 상업적 교류에 대한 외아문의 이해 부족은 토지 가격과 매
매 수수료에 대한 혼동을 불러오기도 했다. 조선 정부는 매매가 이루어지기
이전에 토지가격의 1/3을 수수료로 원천 징수했다. 독일 부영사 부들러는 토
지가와 세금을 정확히 계산하기 위해 경매 이전에 수수료를 징수하는 것은
불합리하다는 입장을 표했다. 그러나 조선 관료들은 토지문서나 임대문서
를 압류하는 등 매매가 법적으로 완결되기 전에 세금 징수를 하겠다는 입장
을 강경하게 유지했다. 이 뿐만 아니라 조선 관료들과 감독관들은 조계 내
의 공공 사업을 위한 예치금에 대해서도 그 개념을 정확히 이해하지 못하고
있었다. 모든 토지 매매에 대해 일정한 비율의 돈을 예치해 조계 내의 발전
을 위한 공공 사업을 추진하기 위한 기부금 형식의 공동 예치금을 적립하는
데 조선을 포함한 각 조약국들간에 합의가 이루어 졌었다. 그러나 조선 지
방관료들은 이 예치금을 강제적으로 모으기 위해 토지문서를 압류하기도
했다.[123] 이런 예치금의 개념을 이해하지 못한 관료들의 지나친 공권력 행
사로 인해 외국 외교 대표들과의 마찰은 지속됐다. 1888년까지도 토지 가격
과 예치금에 대한 문제는 해결을 보지 못하고 있었다.[124]

결국 1890년 1월 10일 이런 문제들을 종결하기 위해 제물포 주재 외국 영

---

122) *Ibid.*, no.146, pp.72~73.

123) *Ibid.*, no.469, p.174.

124) *Ibid.*, no.708, pp.257~258.

사들이 한 자리에 모였다. 이 회동에서 외국 영사들은 지역에 따라 일괄적인 토지가격을 정했고, 세금도 고정세율을 적용할 것에 합의했다. 이들은 이 합의사항을 조선 관료나 조정이 변경할 수 없다는 조항도 마련했다.125) 결과적으로 조선 관료들의 새로운 국제관례에 대한 무지와 조계 내에서 외국인 접촉에 대한 수동적 태도는 경험이 부족했던 조선 정부가 스스로의 권리를 상실하는 심각한 사태로 발전하고 말았다. 조선 관리의 참석이 배제된 상태에서 조선의 경제 및 조세에 대한 결정을 외국 영사들이 모여 결정하고 통보했던 것이다. 이 회동의 결정 사항은 같은 날 외아문에 통보되었고, 그해 3월 제국주의 열강의 단합된 압력에 의해 조선 조정은 이 결정에 동의했다.126) 관료들의 수동적 태도와 국제 관례에 대한 무지로 인한 태만이 가져온 이 합의는 국가 위신을 결정적으로 추락시켜 우리에게 시사하는 점이 적지 않다. 과연 무엇이 진정한 애국인가를 새삼 생각해 해주는 사건임에 틀림없다. 이 외압과 무능의 결과로 이루어진 합의문으로 조계 내에서 조선 관리와 외국공관 사이의 토지 분쟁은 일단락 되었다.

조선 정부와의 관계에서 독일 영사관이 겪던 어려움은 또 있었다. 독일 영사관은 제물포에서 사업을 하던 조선회사 경기회(京畿會)에 대해 의문점을 거론하고 나섰다. 1889년 젬부슈의 뒤를 이어 총영사로 발령 받은 페르디난드 크리엔(Ferdinand Krien)은 조계 내에서 경기회의 독점과 공권력까지 갖는 규제들에 대해 의문을 제기했다. 크리엔은 이 회사 직원 중에는 조선 조정이 발행한 공식문서까지 지니고 다니는 등 명백하게 조독 통상조약을 위배한 사실이 있다고 지적했다.127)

새로이 외아문 수장이 된 민종묵(閔種默)은 크리엔의 문의 서한에 대한 회답에서 조선 조정은 경기회의 균평회사(均平會社)에게 조계 내에 질서 유지

---

125) *Ibid.,* nos. 946, 947, pp.343~345.

126) *Ibid.,* no.981, pp.358~359.

127) *Ibid.,* no.980, pp.357~358.

와 법 집행 권리를 부여했다고 말했고,[128] 균평회사의 행위가 조약에 위반된다는 크리엔의 법적 지적에 대해 강력히 항의했다.[129] 그러나 민종묵의 회답은 외교상 섬세함은 물론 합법성을 잃고 있다. 그 예로 민종묵은 균평회사 직원들에게 조정에서 법적 권리를 부여했다고 밝혀 사실상 조약을 위배한 것을 인정한 셈이 되고 말았다. 조계 내에서 이런 정부의 비호를 받는 독점적 영업행위는 국제관례상 금지되어 있음은 물론 조독조약에도 위배되기 때문이다. 이런 조선관료의 서양 개념적 국제 관행에 대한 무지로 인해 조계 내에서 조선 조정과 외국간의 마찰은 지속됐다. 정부가 독점, 관리하는 유교적 상업체제에서 아직 벗어나지 못한 조선의 상황을 잘 반영해 주는 경우로 조선의 국제화는 아직 묘연하다는 것을 보여 준다.

조선과 오스트리아(Austria) 사이의 조약이 체결된 1893년 10월까지 조선 주재 독일 총영사관의 주요 업무 중 하나는 조선에서 오스트리아-헝가리 (Austro-Hungary) 제국의 이익을 대변하고 보호하는 것이었다. 독일 영사관을 통해 많은 오스트리아인들이 개항지 이외 지역을 여행하고자 외아문에 허가를 요청했다. 1886년 4월 15일 부영사 허만 부들러는 김윤식에게 한 오스트리아인 사업가가 서울에 호텔을 개관하고 싶다는 의사가 있음을 통보했다.[130] 1883년 3월 크리엔은 또 다른 오스트리아인이 제물포 조계 내에서 매입한 토지문서 소유권 발급을 요청했다. 크리엔은 오스트리아-헝가리가 독일의 동맹국이기 때문에 조선에서 독일 영사관이 그들에 대한 대표성과 보호를 담당하고 있다고 밝혔다. 이런 이유로 조선이 오스트리아-헝가리와 조약을 체결하지는 않았지만 조선 내 오스트리아인의 토지문서를 발급해 주어야 한다고 요구했다.[131] 외아문은 크리엔의 요구를 긍정적으로 수용해 조

---

128) *Ibid.*, no.990, pp.362~363.

129) *Ibid.*, no.1005, p.370.

130) *Ibid.*, no.439, p.164; 이 오스트리아인의 이름은 문서에 한자로 표기되어 Steinbeck 이라는 것 외에는 더 이상 알 수가 없음.

131) *Ibid.*, no.658, p.238.

선에서 독일이 오스트리아-헝가리를 대표한다는 공식 입장을 밝혔다.[132]

이런 외아문의 공식 입장 표명에도 불구하고, 1888년 4월 11일 크리엔이 보낸 서한에 의하면, 조선의 지방관료들은 오스트리아-헝가리는 조선과 조약을 맺지 않았기 때문에 그들에게 토지문서를 발행할 수 없다는 입장을 취했다.[133] 이 항의성 서한을 접한 조선 정부는 종전 입장을 바꾸어 지방 관리의 결정을 옹호하고 나섰다. 결국 외아문의 입장 변화로 일어난 이 문제를 해결하기 위해 크리엔의 요청으로 외국 영사들이 모두 회동하는 결과를 초래했다.[134] 1888년 12월 크리엔은 회동 결과 독일이 오스트리아-헝가리를 대표한다는 것을 반대하는 국가가 없다며 토지문서의 발급을 다시 한번 요구했다. 크리엔은 외아문이 인천 감리 박제순(朴齊純)에게 명령해 토지문서를 발행하라고 강력하게 요구했다.[135] 다음 해 2월 9일 외아문은 크리엔의 요구를 받아들여 박제순에게 토지문서를 즉시 발행하라는 명령을 시달했다고 독일 영사관에 통보했다.[136] 이런 외아문의 통보에도 불구하고 중앙정부와 지방관료 사이의 원활치 못한 통제 체제는 오스트리아인들의 토지소유권 문제와 독일의 오스트리아-헝가리 대표성 문제를 지속시켰다. '애국적'이라는 평가를 받았던 교역과 외국인에 대한 토지 임대에 대한 조선 지방관료들의 수동적 태도로 인해 독일이 조선에서 오스트리아-헝가리를 대표하는 문제에 대해 조정은 적극적이고 일관성 있는 태도를 유지하지 못했고 이로 인해 장기적으로는 국가의 위신이 추락했음은 의심할 여지가 없다.

1889년 3월 15일 독일 영사관에서 보내온 서한에 의해 외아문은 다시 한번 박제순에게 조정의 결정을 이행하라는 전보를 보내기에 이른다.[137] 그러

---

132) *Ibid.*, no.659, pp.238~239.

133) *Ibid.*, no.673, pp.244~245.

134) *Ibid.*, no.690, p.250.

135) *Ibid.*, no.770, p.276.

136) *Ibid.*, no.801, pp.289~290.

137) *Ibid.*, no.826, p.297.

나 일관성 없는 정책과 중앙 정부와 지방 관료간의 원활치 못한 통제체제는 전혀 달라지지 않았다. 1889년 3월 31일 외아문은 인천에 다시 전보를 발송했다고 전하며 독일 영사관에게 독일이 오스트리아-헝가리를 보호하고 대표한다는 것을 문서상으로 전달해 달라고 요구했다.138) 크리엔은 조계장정에 특별문구를 삽입할 필요성까지는 없다며 토지문서를 가능한 한 빠른 시일 내에 발급해 줄 것을 요구했다.139) 그 해 5월 조계장정에 특별 문구를 삽입하지 않은 상태에서 오스트리아인에게 토지문서가 발부되었다. 결국 조선은 시간 낭비는 물론 국가의 위신을 잃은 결과만을 초래했을 뿐이었다.

독일 영사관은 이런 독일의 오스트리아-헝가리 대표성이란 통례에 의거해 조선과 오스트리아-헝가리 사이의 조약협정에 중재 역할을 맡았다. 1890년 9월 크리엔은 오스트리아 전함이 조선과의 조약협상을 위해 오고 있다고 외아문에 통보했다. 1893년 10월 크리엔은 다시 한번 조선과 통상우호조약을 인준하기 위해 오스트리아 해군 대령 세발리에 폰 베커(Chevalier von Becker)가 오스트리아-헝가리 전함 황후 엘리자베스(*Kaiserin Elisabeth*)를 몰고 일본 나가사키 항을 출발했다고 전했다. 이 방문으로 조선과 오스트리아-헝가리간의 조약이 인준되면서 문제가 많았던 독일의 오스트리아-헝가리 대표 관례는 끝났지만 조선 정부의 국제화에 대한 미준비를 여실히 들어내 국제적 위상에 손상을 입혔음을 부인할 수는 없다.

이런 문제점들이 있었으나 조선 주재 독일 영사관과 조선 외아문 사이의 관계는 전반적으로 원만한 편이었다고 평가를 내릴 수 있다. 특히 갑신정변 이후와 1885년 영국의 거문도 점령 사건 당시 조선에 대한 독일 외교관들의 조언은 이 원만한 관계를 대변하고 있다. 그러나 앞에서 본 것처럼 새로운 경험을 하는 조선 조정은 독일 외교관과 적지 않은 문제를 일으켰다. 우선 1884~1894년 사이 조선은 통상과 국제법에 대한 이해 및 경험 부족으로 독

---

138) *Ibid.*, no.287, pp.289~290.
139) *Ibid.*, no.829, pp.298~299.

일 영사관과 잦은 마찰을 겪었다. 두 번째로 긴 세월 동안 정치, 경제, 사회적 정체현상(Stagnation)을 보이던 조선은 중앙 권력의 지방 관료에 대한 관리 능력 약화로 독일과 불편한 관계를 만들기도 했다. 특히 조계 내 토지 임대나 오스트리아-헝가리 제국과 조선이 조약을 맺기 전까지 독일의 오스트리아-헝가리에 대한 대표성 문제로 불편한 상태는 한동안 지속되었다. 근본적으로 유교문화의 조선이 새로운 서구적 가치를 받아들이는 데 문화적 한계점을 여실히 드러내고 있어 글로벌화하는 국제 경제체제에서 조선의 장래를 불투명하게 만들었다. 그럼에도 불구하고 독일과 조선은 심각한 분쟁 없이 전반적으로 원만한 관계를 발전시켜 가고 있었다. 이런 원만한 관계에도 불구하고 독일의 조선 활동은 한계를 갖고 있었다. 갑신정변 이후 청은 조선에 대한 영향력을 더욱 확보하려고 나섰고 일본 역시 조선에서의 일본의 입지를 확장 보존하려 최선을 다했다. 청과 일본의 경쟁은 서양 어느 국가와도 비교가 안될 정도의 심각한 수준이었다.

5. 청의 신제국주의(新帝國主義)와 조선에 대한 영향력 확장

일본을 포함한 서양 열강과의 관계 정상화를 통해 조선에서 청의 영향력이 더욱 확대되는 아이러니칼한 결과가 초래됐다. 이홍장과 텐진조약을 체결한 후 일본은 종전의 대조선 불간섭 정책으로 일단 복귀했다. 동시에 영국의 거문도 점령은 러시아의 한반도 진출을 한동안 저지했다. 이런 상황에서 1885년 청은 원세개(遠世凱)를 외교와 통상을 관장하는 감독관으로 파견해 조선의 외교와 내정을 재장악하려 했다. 원세개는 이홍장의 주요 정보원이 되어 조선에서 청의 영향력을 강화시켰다. 이홍장은 이런 조치가 장래 있을지도 모를 일본의 침략으로부터 만주를 포함한 중국 동북부 지역을 보호하고자 함이라는 궁색한 변명으로 다른 나라의 비방을 무마시켰다.[140]

　청의 이러한 제국주의적 행위는 전통의 조공관계 틀을 벗어난 서구 제국주의의 모방으로 조선인들 사이에 반청 감정이 확산되는 계기를 제공했다. 고종과 민비도 오직 청으로부터 독립하고, 친러시아 외교노선을 발전시키는 것만이 조선의 독립을 보장받을 수 있는 최선책이라는 견해를 굳히기에 이르렀다.141) 여기에는 이홍장에 의한 대원군의 귀국 조치도 일조를 했다. 묄렌도르프가 조선을 떠난 지 오래됐으나 그가 주장한 유일한 조선 외교의 새 노선은 일종의 유산이 되어 고종의 마음 속 깊이 자리잡고 있었다. 1886년 8월 9일 고종은 러시아어를 잘 구사하던 하급 관료 채현식(蔡賢植)에게 서울에 있던 러시아 공사 칼 웨버(Karl Waeber)를 만나 조선은 자국의 권위와 독립을 유지하기 위해 러시아의 원조를 희망하고 있다는 의사를 전하도록 명했다.142) 양국이 이런 고종의 제의에 합의했음에도 불구하고 이 두 번째 조러 밀약은 청의 간섭으로 또 다시 실패하고 말았다. 이 밀약을 알아차린 원세개는 고종과 조정 대신들에게 군사적 응징 가능성을 거론하며 협박했고, 이홍장에게 고종을 폐위하라는 건의까지 하는 등 오만불손한 언행을 서슴지 않았다. 원세개는 조선 조정이 웨버에게 공문을 보내 이 비밀협정은 효력이 없다고 서둘러 통보해 비극적인 결과를 초래하지 말라고 협박했다.143) 동시에 이홍장은 러시아 외무성에 웨버의 제안을 거부하라고 요구했다. 러시아 외무장관은 결국 웨버의 서한이 조선 왕실에서 직접 보낸 공식 문서가 아니라는 이유를 들어 거부한다는 입장을 취했다.144) 러시아로서는 조선보다는 청이 자국의 전반적인 이익에 더 중요하다는 결론을 내린 것이다. 당시 만주지역에 대한 러시아의 관심은 조선을 희생시킬 정도로 중요한

---

140) Frederic H. Dustin, "Li Hung-chang and His Policies in Korea," 『중앙대학교 논문집』, 4(1969): 153~154.
141) 노계현, p.32.
142) *Ibid.*.
143) *Ibid.*, pp.34~35.
144) *Ibid.*, p.35.

것이었기 때문이다. 결국 고종의 두 번째 러시아 비밀접촉은 실패로 돌아갔다. 그러나 묄렌도르프가 남긴 새로운 조선의 외교 노선은 위기 때마다 고종에 의해 계속됐고, 국제 정세의 흐름 역시 조선으로 하여금 꾸준한 인아책을 추진하게 만들었다.

이렇게 청은 조선을 협박해 러시아의 영향력 확산을 봉쇄했고, 조선의 정사를 더욱 장악했다. 특히 청은 조선의 외교를 통제하기 위해 모든 수단과 방법을 동원했다. 1887년 7월 민영준(閔泳駿)이 일본 공사로 임명되자 조선 조정은 민영준의 출국을 청국 예부와 쩡글라이예멘(總理衙門)에 공식 통보했다. 이 통보를 받은 이홍장은 민영준은 출국 전에 청의 황제로부터 윤허를 받지 않았다며 분노감을 표했다. 원세개도 모든 외교상 주요 안건을 이홍장과 먼저 협의하라고 경고했고, 박정양(朴定陽)이 전권공사로 미국에 가는 것을 저지했다.[145]

결국 조선 조정이 박정양의 미국 파견과 유럽 전권 공사 파견 건에 대해 청에 허락을 요청하자, 이홍장은 조건부로 이를 승낙했다. 이홍장은 이들은 도착과 함께 청국 공사에게 도착 보고를 하고 모든 공식 회동에 청국 공사를 반드시 대동해야 한다는 조건을 달아 허락했다. 또한 조선 공사는 모든 주요 결정들도 반드시 청국 외교관과 상의한 후 결정해야 한다고 압력을 가했다.[146] 조선 조정은 이런 조건에 강력히 항의했으나 청의 지속적인 협박에 굴복하고 말았다. 그럼에도 불구하고 통리기무아문의 고위 관리이자 미국 주재 조선 전권공사 박정양은 청의 태도에 분개해 이 조건들을 따르지 않기로 결정하여 미 국무장관과의 회동을 단독으로 강행했다. 이에 비해 유럽에서는 순탄하지 못한 상황이 전개되었다. 1885년 1차 조러 비밀 협상을 위해 홍콩에 머물다가 이홍장을 만났던 박제순은 유럽 5개국 조선 공사 조신희(趙臣熙)가 건강 악화로 귀국해 그 후임으로 유럽을 향해 떠나려 했으나

---

145) Kim and Kim, p.66.
146) *Ibid.*.

결국 청의 방해로 부임하지 못했다. 조선은 1895년 청이 일본에 무릎을 꿇고 난 후에야 비로소 새 외교관을 유럽에 파견할 수 있을 정도로 청의 외교적 간섭은 극에 달했다. 결과적으로 조선 조정이 청의 간섭으로부터 벗어나려고 노력은 했지만 조선은 서구적 개념의 반속국(半屬國)으로 전락하는 처지가 되었다. 동시에 청에 대한 조선인의 반감은 더욱 심화되었다.

청의 도발적 행태는 단지 정치나 외교에 극한 된 것만은 아니었다. 이 당시 조선의 경제도 청에 의해 어려움을 겪고 있었다. 청이 앞장 서 조선으로 수입한 고품질의 외국 물품이 물밀 듯이 몰려 들어와 열악한 자본과 후진 기술에서 벗어나지 못한 조선 상인들은 엄청난 타격을 받았다. 1890년 서울의 시전상인들은 서울에서 모든 외국 상인을 철수시키라고 조정에 요구하고 나설 정도로 상황은 심각했다. 이 요구를 관철시키기 위해서 전면 철시도 불사하겠다는 압력에 직면해 조정은 외국 대표들과의 협상을 시작하겠다며 상인들을 일단 무마시켰다.147) 그러나 당시 서울의 외국 상인 중 거의 대부분이 청국 상인이었기에 청과의 협상이 우선되어야 했다. 그러나 예상대로 청은 이에 대한 의견 교환조차도 거부함으로써 조선 경제에 대해 조금도 배려하지 않았다. 이는 조공관계의 틀에서 재고해 볼 때 있을 수 없는 일이었고 청은 더 이상 조선의 보호자가 아님을 증명해 주었다. 이러한 청의 태도 즉, 조공관계의 틀에서 중심국의 위치와 영향력은 유지하면서 서구적 제국주의의 찬탈을 서슴치 않는 모순된 태도는 조선에서 청으로부터 독립해야 한다는 공감대가 형성되기에 충분했다.

이 당시 조선 조정의 공공 재정 역시 최악의 상태였다. 1880년대 지속된 심각한 무역 역조의 영향뿐만 아니라 엄청난 규모의 국제적 채무는 더욱 불어나고 있던 상태였다. 그 예로 갑신정변으로 인해 조선은 일본에게 110,000엔의 배상금을 지불해야 했고, 파견 외교관에 대한 급료는 물론 공관 유지

---

147) Kim and Kim, p.67.

비도 조선 조정으로서는 큰 부담이 아닐 수 없었다. 다양한 분야에서 시행되던 근대화 작업도 조선 조정으로는 거의 자체 조달이 어려운 정도의 예산과 예치금을 필요로 했다.[148] 1895년까지 조선은 시장 경제에 필수 조건인 조세제도와 중앙화폐는 물론 재무부 같은 근대 재정 담당 부서조차 설립하지 못하고 있던 형편으로 비추어 그 심각성은 가히 짐작할 수가 있다.

전통적으로 토지에 기초한 조세제도는 더 이상 불어나는 지출을 감당할 수가 없었다. 오직 현실성 있고 단기적인 대안이라고는 외국 차관을 끌어들이는 방법 밖에 없었다. 경부 전신선 건설을 위해 조선은 중국 상선회사로부터 210,000냥을 확보했다. 후에 당시 상하이에 본사를 둔 독일회사 세창양행으로부터 100,000 멕시코 달라 차관을 도입하게 된다. 1889년 중반 조선은 이미 1.3~1.5백만 엔의 부채를 독일, 미국, 일본, 청에 지고 있었다.[149]

청은 이제 부채를 이용해 조선을 정치적으로 더욱 종속시키려고 혈안이 되었다. 1892년 이홍장은 조선이 프랑스와 미국으로부터 막대한 차관을 들여오려는 계획을 방해하고는 200,000 냥의 차관을 제의했다. 청으로부터의 또 다른 차관은 조선을 새정적으로도 청에 종속시키는 결과를 초대해 청은 영향력을 증가시킬 수 있었다. 물론 이 당시 규모 면에서 대일본 차관도 심각한 문제였지만 차관을 정치적 영향력 확대와 연계시키려 했던 청의 의도 때문에 청의 제의는 위험부담이 컸다.

1884년에서 1894년 사이 조선은 외부로부터의 위협에서 독립을 유지하는 방법을 찾고 있었다. 1884년에 일어난 갑신정변의 실패는 일본과 유사한 방법인 위로부터 개혁 가능성을 조선에서 종식시키는 결과를 가져왔다. 다음해 영국에 의한 거문도 점령 사건도 러시아의 원조로 청과 일본의 야욕을 제거하려던 조선의 의도를 물거품으로 만들었다. 텐진조약 후 청의 정치 외교적, 재정적 간섭은 더욱 강화됐다. 열악한 경제환경은 조선인의 일상까지

---

148) *Ibid.*, p.68.
149) *Ibid.*, p.69.

영향을 미쳐 궁핍은 생활의 일부분이 되었다. 이렇게 산적한 문제들은 해결되지 못함으로써 봇물이 터지듯 결국 1890년대에 민중 봉기라는 극단적인 모습으로 변화에 대한 요구는 표출되었고, 이에 따라 조선의 운명은 더욱 험난한 길을 걷게 되었다. 청의 신제국주의는 조선을 위기로 몰고 가는 중요한 요인이 되었고 결국 중국도 조선에서의 외교 실패로 몰락해 몇 천년을 이어온 중국과 한반도 관계는 종지부를 찍게 되었다.

제 4 장

1. 독일제국의 식민지 활동, 1884~1894

조선이 갑신정변이라는 내환과 영국, 일본, 청의 각축으로 외환을 겪으며 근대화 작업에도 이렇다 할 실적을 올리지 못하고 있던 반면 독일제국은 열강의 식민지 경쟁에 끼어 들며 서서히 자신의 영역을 성공적으로 확장하고 있었다. 이런 독일의 변화는 이 시기 독일의 조선 내 활동을 보기 전에 전반적인 독일의 식민지 제국 정책을 분석할 필요성을 제시한다. 조선에서 독일의 활동이 독립적이고 파견된 외교관들의 독자적 행동에 의해서 진행된 것이 아니기 때문에 전반적인 독일의 외교 특히 식민지 정책은 독일의 조선활동을 이해하는데 반드시 필요하다. 물론 조선에 파견된 독일 외교관들의 개인적 특성도 전혀 무시할 수는 없지만 전반적인 국가 정책의 틀을 벗어나지는 못했다. 동시에 조선에서의 독일 활동은 독일의 전반적 외교적 틀을 잘 반영하는 케이스이기에 독일의 외교와 국내 정치 분위기에 대한 이해의 중요성은 아무리 강조해도 지나치지 않다. 특히 조선도 이미 국제화과정을 걷고 있었기에 국제적 상황에 대한 이해는 조선을 이해하는데 중요하다고 할 수 있다. 다시 말해 조선에서 일어난 사건은 더 이상 조선만의 국내적 사건에 머물지 않고 국제적인 의미로 발전했고 유럽이나 미국에서의 국내적 변화가 곧잘 조선의 상황에 영향을 미치게 되는 국제화가 조선이 원하던 원치 않던 이미 진행되고 있었다.

전술한 비스마르크의 식민지 정책은 당시 독일 내에서 전개됐던 중요한 정치적 변화의 영향을 받았다. 동시에 공인회사를 주역으로 한 비스마르크의 식민지 제국정책은 시작부터 문제점을 표출하고 있었다. 더군다나 비스마르크의 몰락은 독일의 내부 정치는 물론 외교의 미래를 불투명하게 해 안정되고 지속적인 정책 수행은 어려움을 겪기 시작했다. 이런 변화는 독일의 식민지 정책 전반에 대한 변화를 예고했고 독일의 조선 활동에도 심각한 영향을 미치게 된다.

1884년, 진보민족주의세력(進步民族主義勢力: National Liberals)이 관세제도 문제로 분열을 시작했다. 그 결과 분리주의자(分離主義者: Separationists)는 진보주의 세력과 합세해 독일 자유주의당(自由主義黨: Deutsch-freisinnige-Partie)을 결성했고, 지속적으로 정부와 사회주의자(社會主義者: Socialists) 진영의 정책에 대처했다. 반면에 중도주의당(中途主義黨: Center Party)은 교회탄압(Kulturkampf)이후 당의 세력을 다시 정비하고 확장해 나갔다. 제국 정부의 사회보장법(社會保障法: Social Insurance Laws)과 반사회주의 법령(反社會主義法令: Anti-Socialist Legislation)에는 협조하면서 중도주의당은 제국의회(帝國議會: Reichstag)내에서 케스팅 보드의 자리를 굳히며 교묘히 정치적 균형을 유지하는 열쇠를 쥐고 있었다.150)

1884년에서 1889년 사이 독일의 정치는 혼란스러워 보이기는 했으나 다양한 세력이 교묘한 균형과 견제를 유지하고 있었다. 비스마르크가 통일 이후 안정을 유지하기 위해 만들어 논 체제가 부메랑이 되어 비스마르크 정부의 활동을 조심스럽게 만들었던 것이다. 이런 상황에서는 정책의 변화는 물론 유지도 결코 쉬운 일은 아니다. 식민지 정책 또한 예외가 아니었다. 비스마르크의 식민지 정책은 정치적으로는 보수세력과 대다수 자유진보세력의

---

150) Townsend, p.96.

지지에 의존했고, 재계 및 상인층으로부터 많은 지원을 받고 있었다. 반면에 사회주의자 진영을 중심으로 한 반비스마르크 세력은 식민지 정책의 본질 중 하나인 자본주의적 색채 때문에 비스마르크의 정책을 원천적으로 반대하고 있었다. 이런 상황에서 보수주의자들은 식민지 경쟁으로 인해 야기될 수 있는 다른 열강과의 마찰을 우려해 제국 정부 차원의 직접적이고 능동적인 정책 수립에는 조심스런 자세를 취해 보다 강력한 식민지정책 채택에는 어려움이 많았다. 특히 보수파들 중에 해외 식민지 보유에 대한 전반적인 우매함과 무의미함을 강조하면서 정부의 적극적 참여 가능성을 비판하고 견제하는 인사들도 적지 않았다. 중도주의당은 이념적으로나 현실적으로나 비스마르크의 점진적인 식민지 정책을 반대하고 있지는 않았으나 비스마르크의 교회 탄압에 대한 감정과 식민지 정책이 요구하는 엄청난 비용 때문에 반대 세력의 주장을 전적으로 반대하지는 않았다. 앞에서 거론한 것처럼 중도주의당이 제국의회 내에서 세력 균형, 즉 캐스팅 보드의 위치를 확보하고 있었기 때문에 비스마르크는 자신이 하야하는 1889년까지 계속해서 이들 국내 반대 세력과 식민지 문제로 힘든 정치적 싸움을 지속해야 했다.

이런 독일 내부의 정치적 반대 세력들과 맞서면서도 정치외교의 귀재인 비스마르크는 기회가 있을 때마다 세계 곳곳에서 벌어지고 있던 독일의 식민지 활동을 지원했다. 비스마르크는 당시 함브르크(Hamberg)에 위치한 회사들의 요청을 받아 탐험가 구스타프 나흐티갈(Gustav Nachtigal)을 서아프리카 지역 전권 영사로 임명해 이 지역 몇몇 곳을 독일제국의 보호령으로 지정하도록 공식 명령했다.[151] 나흐티갈은 세네갈(Senegal)의 루스 군도(Loos Islands), 두브레카(Dubreka)를 비롯해 토고랜드(Togoland) 내의 리틀 포포(Little Popo)는 물론 비아프라 만(Biafra Bay)에 위치한 페르난도 포(Fernand Po)섬 반대 쪽 연안에 들어가 이 지역을 독일 보호령으로 흡수하는데 성공했다.[152]

---

151) Imanuel Geiss, *German Foreign Policy, 1871~1914*, (London: Routledge & Kegan Paul, 1976), p.48.

1884년 10월 13일 비스마르크는 루스 군도와 두브레카를 영국과 프랑스에 되돌려 줘 반발을 무마하면서 나머지 지역들은 독일의 보호령이라고 공식 발표했다. 비스마르크는 또 게하드 롤프스(Gerhard Rohlfs)를 동아프리카 지역 영사로 임명해 독일 식민지협회가 1885년 2월 7일 인수한 모든 지역을 독일의 보호령으로 만들도록 했다. 이로써 아프리카 대륙에서 독일의 보호령은 남서부 아프리카에 이어 카메룬(Cameroon), 토고랜드를 비롯한 동아프리카까지 확대되었다.

남태평양 지역에서는 은행가 한스만(Hansemann)과 블레이흐뢰더(Bleichrö- der)의 노력으로 1884년 5월 13일 독일 뉴기니아 회사(German New Guinea Company)가 설립됐고, 비스마르크는 이 지역에서 독일 상인들의 활동을 재정적으로 지원하기 위해 해외은행을 설립했다. 또한 순수한 과학적 목적이라고 오토 핀슈(Otto Finsch)를 북 뉴기니아로 파견했으나 진정한 그의 목적은 이 지역을 독일 보호령으로 흡수하려는 것이었다. 1884년 12월 23일에는 비스마르크에 의해 신영국 아치펠라고(New Britain Archipelago) 북쪽 연안까지 독일의 보호령 확대안이 인준되었다.[153] 이로 인해 1885년 영국과의 합의를 거친 후 솔로몬 군도와 뉴기니아 북쪽 군도를 포함해 뉴기니아의 1/4이 독일 보호령으로 확정됐다. 이후 독일은 이 지역 지명을 비스마르크 아치펠라고(Bismarck Archipelago), 마샬 군도(Marshall Islands)로 개칭해 독일의 존재를 상징적으로 나타냈다. 이렇듯 비스마르크가 조심스럽고 점진적인 식민지 정책을 공식 채택한 후 독일의 식민지는 빠르게 확산되기 시작했다. 이는 독일 통일 후 빠른 산업화 정책의 성공에 기인한 것이었고 전술한 바와 같이 이미 많은 독일 회사들이 독자적으로 활발한 활동을 벌이고 있었기 때문이다. 정부의 공식적 지원은 비록 타 열강들에 비해 다소 적극적이지는 않더라도 독일의 빠른 식민지 확산에 계기가 되었다.

---

152) Townsend, p.99.
153) *Ibid.*, pp.99~100.

비스마르크가 식민지 정책을 자신의 외교와 경제 정책에 종속시키고 있었음에도 불구하고, 그는 독일의 다른 이해 관계를 크게 손상시키지 않는 범위 내에서 타 열강들의 약점을 이용해 식민지를 확장하려 노력했다. 그러나 뒤늦게 식민지 경쟁에 참여한 독일로서 기존 국제체제의 변화 없이는 목적을 달성할 수는 없었고 결국 타 식민지 열강들과 서서히 갈등을 쌓아가기 시작했다. 이는 기존의 힘의 균형체제를 흔들어 독일이 그 틈새를 파고들려 했다는 점에서 장기적으로는 유럽의 안보에 적신호가 들어오기 시작했음을 의미한다. 독일의 식민지 경쟁 참여가 아무리 비스마르크의 뛰어난 외교술로 점진적이고 조심스럽게 진행된다 하더라도 이미 대부분 지역이 열강들의 영향권 밑에 있었기에 갈등 없이 독일제국의 식민지를 확산한다는 것은 불가능한 일이었다. 특히 당시 최대의 식민지 보유국이었던 영국과의 외교적 갈등은 피할 수 없었다.

1884년 8월 비스마르크는 유럽 열강들에게 서한을 보내 영국의 식민지 패권을 견제하기 위한 모임이 필요하지 않겠냐는 의견을 제시했다. 그 해 10월 2일 프랑스는 이런 비스마르크의 의견에 전적으로 동의한다는 전문을 보내 식민지 문제를 평화적으로 해결할 국제적인 협의체제가 필요하다는 회답을 보냈다. 프랑스의 반응에 고무된 비스마르크는 4일 후 자신을 회장으로 하는 콩고 회의(Congo Congress)를 소집하기에 이르렀다. 이는 제국주의 열강간에 아프리카 분할을 결정하고, 이를 합법화하려는 최초의 국제적 제국주의 식민지 회의였다.[154] 프랑스와 함께 비스마르크는 콩고 지역에 자유교역 지대를 설정한다는 것을 골자로 하는 콩고 결의문(Congo Act) 채택을 주도했다. 이 결의문은 영국을 고립시켜 독일의 외교적 위상을 한층 높였지만, 당연히 영국과 독일 사이의 거리가 더욱 벌어지는 결과를 초래했다. 독일은 이 결의문을 통해 이미 프랑스와 협조해 1883년 2월 영국과 포르투갈이 합

---

154) Geiss, p.48.

의한 이 지역 관할권 이전 협정을 무효화해 영국의 국제적 위상에 타격을 주었던 것이다. 동시에 이 결의문은 서아프리카 지역 대부분에서 열강간에 야기될 통상 마찰과 이를 해결할 법적 근거를 제공했고 동시에 아프리카 지역에서 독일의 광범위한 침투를 합법화해 주는 결과도 초래했다.[155) 이 당시 영국은 각지에서 어려움을 겪고 있었다. 이집트에서 친영 세도가 카토움(Khartoum)의 실권과 1885년 2월 영국 보수주의 지도자 고든(Gordon)의 사망은 이 지역에서 영국의 영향력을 약화시키는 동시에 프랑스의 적대감을 증대시켰고, 러시아 군대도 인도 접경까지 세력을 확장해 영국과의 충돌을 예고했다. 결과적으로 영국은 국익에 치명적이지 않은 문제로 독일을 자극해 완전한 외교적 고립이라는 위기를 맞을 수는 없었다.[156) 비스마르크는 이런 영국의 입장을 교묘히 이용해 독일의 식민지를 확산하려 했던 것이다.

그러나 1885년부터 유럽의 정세가 서서히 변하면서 비스마르크는 공격적인 식민지 정책보다는 새로이 전개되는 외교적 상황에 대처해야 했다. 변화는 독일 동서 양쪽으로부터 동시에 왔다. 그 해 9월 불가리아(Bulgaria)와 세르비아(Serbia)간에 전쟁이 발발해 결과적으로 발칸 지역을 장악하려는 두 국가간의 세력경쟁 양상으로 발전했다. 러시아가 불가리아를 지원하고 나서자, 오스트리아-헝가리도 세르비아에 대한 지원을 공식 발표했다. 발칸 반도에서의 이런 대립은 독일, 러시아, 오스트리아-헝가리 세 보수주의 제국간의 결속을 약화시켜 1887년 삼황연맹(Three Emperor's League)의 재인준이 무산되었다.[157) 그 동안 '통킨(Tongkin) 스켄달'로 프랑스에서 독일과 유화정책을 유지했던 페리(Ferry) 정권이 무너졌고, 1871년 보불 전쟁 패배에 대한 복수의 분위기를 선동했던 반동적 세력이 죠르지 클라망소(George Cleamenceau)

---

155) William H. Dawson, *The German Empire, 1867~1914 and the Unity Movement*, vol. 2, (Hamden, Connecticut: Archon Books, 1966), pp.197~198.
156) Townsend, pp.108~109.
157) Geiss, p.53.

를 중심으로 정권을 인수하는데 성공했다. 1886년에서 1887년 사이 프랑스 국방 장관 불랑거 장군(General Boulanger)은 사임 때까지 이런 반독일 분위기를 조장해 1884년 말 콩고회의로 시작했던 독불간의 일시적 밀월 관계는 난관에 봉착하게 되었다.

이런 유럽 대륙 내에서의 새로운 국제적 상황 변화는 독일에게 양 국경 동시전쟁에 대한 우려를 재현시켰고, 비스마르크로서도 영국과 불편한 관계를 지속한다는 것이 전처럼 수월할 수는 없게 되었다. 비스마르크는 영국과의 관계를 원만히 하는 것만이 영국과 프랑스 새 정권 사이의 화해 분위기를 견제할 수 있다고 믿었다. 그러면서도 여전히 그는 1887년 봄 이집트 문제가 제기될 때까지 프랑스와의 외교창구를 열어 놓아 어떠한 가능성도 배제하지 않고 있었다.158) 여기서도 외교의 귀재였던 비스마르크 특유의 복잡하고 다양한 외교적 지략이 잘 나타나고 있다.

1887년 새로운 외교적 합의가 이루어져 유럽 대륙 내에서 독일의 입장을 어느 정도 유리하게 해 주는 듯이 보였다. 2월 12일 이탈리아와 영국간의 문서 교환으로 시작되어 3월 24일 오스트리아-헝가리가 합의한 지중해 협정 (Mediterranean Entente)이 결성됐다. 이 세 열강은 지중해 지역뿐만 아니라 에게해(Aegean Sea)와 흑해 지역에서의 현상 유지에 뜻을 함께 한다고 합의를 했다. 이 협정은 근본적으로 러시아의 이 지역 진출을 견제하려는 목적을 가졌으나 프랑스에 대한 견제도 상당 부분 포함되어 있었다.159) 러시아와 프랑스를 견제하려는 이 협정은 독일의 적대 가능국을 이들 삼국이 견제해 독일에 유리한 점도 있었지만 이들 양국 즉 러시아와 프랑스가 외교적인 결속을 다져 독일을 위협할 수 있는 가능성도 높여 놓았다.

이런 부정적인 면을 간파한 비스마르크는 러시아와 프랑스사이의 밀착 가능성을 최대한 막기 위해 러시아와의 외교관계를 원활히 유지하는 정책

---

158) Townsend, p.113.
159) Geiss, p.55.

을 채택했다. 비스마르크는 1887년 6월 18일 러시아와 재보장 조약(Rein-
surance Treaty) 연장에 성공했다. 그러나 국내 사정으로 인해 비스마르크는
친러시아 정책을 유지하지 못하고 말았다. 독일이 농산물에 대한 고관세 정
책을 채택함으로 말미암아 러시아의 잉여 농산물이 서유럽으로 수출되는
것을 어렵게 만들었고, 1887년 11월에는 비스마르크가 베를린 금융 시장으
로부터의 러시아에 대한 차관을 금지할 것을 명령했다. 결국 1888년부터는
러시아가 필요한 차관을 파리로부터 충당했고, 이런 러시아와 프랑스 사이
의 재정적 연합은 후에 정치 외교적 연합으로 이어져 독일의 안보에 치명적
인 결과를 초래하게 됐다.

이런 복잡한 유럽 정세의 변화로 인해 비스마르크는 사임할 때까지 점진
적이고 조심스런 식민지 정책을 유지할 수밖에 없게 됐다. 비스마르크는 독
일의 유럽 내 안보를 위해 영국과의 친선관계는 동아프리카 전체를 준다해
도 포기할 수 없는 중요한 것이라고 간주했다. 1889년 그는 영국과 동맹을
제의하면서 아프리카 지역과 헬리고랜드(Heligoland)를 교환할 것도 고려했
다.[160] 이 당시 비스마르크가 제시한 공인회사를 주역으로 한 식민지 활동
도 어려움에 직면해 오히려 영국과의 관계 발전이 더 효과적이라 간주하고
있었다. 영독간의 연맹 가능성은 대단한 의미를 갖고 있었다. 당시 세계 최
강의 해군과 육군의 연합은 유럽에서 전쟁 가능성을 잠식시키기에 충분한
것이었다. 그러나 국가 민족주의, 실리적 계산을 포함해 양국에 팽배했던 편
협한 언론(yellow journalism)의 상대 흠집내기로 영독간의 동맹은 실패하고
말았다.

재차 강조하지만 비스마르크는 1884년 콩고회의를 제외하고는 식민지 관
리에 대한 정부의 책임을 최소화하려 노력했다. 그는 정부의 직접적인 개입
은 자신이 구상한 외교체제를 붕괴로 몰아갈 수도 있고 비용 또한 많이 들

---

160) Townsend, p.115.

어간다는 우려는 물론 독일제국의 해군력을 증강시켜야 하는 어려움이 있다고 생각했다. 특히 해군력의 증강은 영국의 견제를 더욱 강하게 만드는 민감한 문제였다. 그래서 비스마르크는 공인회사들에게 행정, 조세권은 물론 원주민과의 협상권, 지역 복지 등 많은 권한을 넘겨주었다. 독일 정부는 식민지를 관장하는 관료는 물론 군대도 갖지 않았다. 그는 오직 독일의 이익을 타 열강으로부터 외교적으로 보호하겠다는 약속만 했다.161)

현실적으로 이런 비스마르크의 계획은 실패하고 말았다. 동아프리카 회사, 뉴기니아 회사, 남서아프리카 회사, 얄루이트(Jaluit)회사가 설립됐으나 단지 첫 번째 두 회사만이 공인회사로 주권 행사를 했다. 나머지는 주권 행사를 하기에는 너무 취약했다. 더군다나 1890년까지 살아 남은 회사는 뉴기니아 회사와 얄루이트 회사뿐이었고, 뉴기니아 회사도 1898년에 주권 행사 권한을 그만두었고 5년 후 파산했다.162)

이렇게 비스마르크의 식민지 정책이 실패를 거듭하자, 베를린은 1891년 외무성 아래 식민지 담당 특별 부서를 창설해 식민지 관리 및 확장에 정부가 좀더 적극적으로 참여하기 시작했다. 식민지 정책 담당자는 재상 산하에 직접 두면서 독일도 정부가 주관하는 식민지 정책으로 변화하게 되었다. 이 새 부서는 식민지 개척자, 선교단체, 식민지 전문가들로 광범위하게 이루어진 일종의 전문 고문기구인 '식민지협의회'(Kolonialrat)를 구성했다.163) 9명으로 구성된 이 고문기관을 통해 식민지 담당 부서는 외무성 내에서 가장 독립적인 성격을 띠게 되었다. 이 기관의 기능은 전적으로 고문기관의 성격을 유지했지만, 그 존재 자체로도 식민지 문제에 대해 내외적으로 안정된 인상을 주기에 충분했다. 1895년 이 기구의 구성원이 25명으로 늘어났고, 1906년 식민지 담당 부서장의 위치도 내각 각료로 격상되었다.

---

161) *Ibid.,* p.125.
162) Dawson, pp.212~213.
163) *Ibid.,* p.214.

초대 식민지 부서 수장이었던 폴 카이서(Paul Kayser)는 식민지를 통한 군사적 과시보다는 오로지 군대는 독일 상인들의 권익을 보호하는 역할만으로도 충분하다는 비스마르크식 식민 정책을 믿고 유지하려고 애썼다. 그러나 그 역시도 비스마르크와 같이 많은 어려움에 직면해 있었다. 우선 비스마르크의 대를 이은 카프리비(General von Caprivi) 재상은 식민지에 대해 큰 관심을 가졌던 인물이 아니었다. 군인이자 정치가였던 카프리비는 제국의 확장보다는 안보 유지에 관심의 초점을 두고 있었다. 근본적으로 그는 비스마르크의 노선을 유지하는 것으로 보였으나, 능력의 한계로 비스마르크가 추구했던 것들을 유지하지 못했다. 그럼에도 불구하고 카프리비는 이런 정책 노선에 기조해 군사력을 외국에 파견하는 것보다는 중앙 유럽에 집중 배치했다. 동시에 그는 영국인은 식민지 투자에 익숙한 반면 독일은 해외 식민지 문제에 대해 그다지 자신감이나 역량을 갖고 있지 못하다고 생각해 소극적일 수밖에 없었다.164) 결국 카프리비는 식민지 정책을 독일 안보정책의 일부로 진행했던 비스마르크의 노선을 유지하고 있는 것 같지만, 비스마르크가 이런 정책노선을 표명하게 된 숨은 뜻과 목적은 완전히 이해하지 못하고 있었던 것으로 보인다. 그 예로 식민지 정책을 통한 영국, 프랑스, 러시아에 대한 복잡 미묘한 견제책에 대해 이해하지 못했다. 다시 말해 카프리비 재상은 다양한 외교 관계로 독일의 안보를 견고히 하고, 국내 정치를 견제, 장악하려던 비스마르크를 이해하고 계승하기에는 역부족이었다.

1890년 독일과 영국간의 협정에서 카프리비의 외교정책 노선이 엿보인다. 그 해 카프리비는 러시아와 재보장 조약을 재인준하는 데 실패했다. 이는 프랑스를 고립시키려 했던 비스마르크의 정책에서 명백히 벗어나고 있음을 의미했다. 빌헬름 2세(Wihelm II)와 카프리비의 소위 '새 노선'(Der neue Kurs)이 여기서부터 시작되고 있었다. 영국과의 협상 과정에서 독일은 헬리고랜

---

164) Townsend, p.161.

드(Heligoland)를 영국으로부터 이양 받았다. 그 대가로 독일은 동아프리카의 위투(Witu)와 소말리 해안(Somali coast)에 대한 영국의 보호령을 인정했고, 우간다(Uganda)를 영국의 영향권으로 인정했다. 이 뿐만 아니라 독일은 독일 동아프리카 회사가 임대한 연안을 제외한 잔지바(Zanzibar) 전역을 영국의 보호령으로 인정했고, 나일강 상류부터 이집트 국경 사이지역도 영국에게 넘겨 주었다. 카이저 빌헬름 2세는 이 협정 결과에 만족감을 표했다. 그의 회고록을 보면 그는 이런 만족감을 다음과 같이 서술하고 있다.

> "이 지역(헬리고랜드)이 영국의 손에 있어 함브르크와 부레멘(Bremen)에 지속적인 골치 거리로 작용했고, 해군 증강 계획도 불가능하게 했다. 이런 문제를 나는 확실히 해결해 과거 독일의 영토였던 이 곳을 조국에 복귀시켰다."[165]

그는 전반적으로 독일은 이 협정을 통해 여러 방면으로 실리를 얻었다고 믿었고, 영국과의 이해를 통해 식민지로 인한 마찰을 제거한 좋은 결과로 간주했다.[166] 이 결과에 대해 당시 해군력을 강화하려던 빌헬름 2세로서의 만족을 이해할 수 있다. 그러나 더 이상 이 지역을 볼모로 프랑스와의 밀월은 불가능해졌고, 영국을 외교적으로 견제하기도 어려워졌다. 특히 프랑스와의 밀월 관계 청산은 당시 상황으로 확실한 적을 만드는 결과였다.

이 협상은 헬리고랜드의 회복이라는 점에서 많은 독일인들의 지지를 받았던 것은 사실이지만, 식민지 관련자들에게는 불편한 심경을 갖게 했다. 이 협상으로 인해 동아프리카에서뿐만 아니라 그들의 기대와 국내 입지에도 심각한 타격을 주었다. 이 협정을 정당화하고 반대 여론을 무마하려는 목적에서 카프리비는 자신은 비스마르크의 친영 노선을 충실히 계승하고 있다

---

165) Wilhelm II, *The Kaiser's Memoirs,* trans. Thomas R. Ybarra, (New York: Harper and Brothers Publishers), p.55.
166) *Ibid.,* p.56.

고 강조했다. 그는 헬리고랜드를 두고 이미 비스마르크가 협상의 문을 열어 놓았다는 점을 지적했다. 그러나 이런 그의 제국의회(Reichstag)연설 내용은 오히려 반대 세력으로부터 비판의 목소리를 높이는 결과를 가져 왔다. 사실 1889년 비스마르크는 영국 주재 독일 대사였던 자신의 아들 허버트 비스마르크(Herbert Bismarck)에게 영국이 이런 협상을 원하기 전에는 절대로 먼저 제의하지 말라는 지시를 내렸다.[167] 다시 말해 비스마르크는 헬리고랜드를 위기 상황에 대처하는 마지막 외교 카드로 사용하려 했지 그 자체를 목표로 하고 있지는 않았다.

카프리비의 '새 노선'에 대한 반발로 식민지 지지자들은 1890년 7월 1일 범독일 연맹(Alldeutschen Verband; PanGerman League)를 결성했다. 이 연맹은 독일 내에서 애국적 자긍심을 높이는 데 목적을 두고 있었지만, 무엇보다도 식민지 사업에서 피부로 느낄 수 있는 결과를 보이려 국가민족주의에 호소하고 있었다.[168] 이런 움직임에도 불구하고 식민지 확장은 앞에서 거론한 것처럼 카프리비의 의지 결여와 사케즘으로 여전히 어려움을 겪었다.

식민지 지지 세력의 어려움은 여러 곳에서 표출되었다. 1890년 선거 이후 식민지 확장을 지지하던 카르텔 연합(Cartel parties)이 제국의회 내에서 소수파로 전락했다. 더구나 사회주의자들의 공격도 만만치 않았다. 그 예로 사회주의자들은 정부에 압력을 가해 동아프리카에서 칼 페터스(Karl Peters)가 자행한 불법적 행위에 대해 정부가 조사에 착수할 것을 요구했다. 수사 결과 페터스는 유죄 판결과 함께 면직되었다.[169] 페터스에 대한 유죄 판결은 식민지 확장에 대한 대중적 열의가 식어 가는 데 일조를 했다. 1890년대 초반 식민지는 매년 국가적 손실의 원인이 되었고, 대중들 사이에서 식민지는 관

---

167) Townsend, p.164.

168) Mildred S. Wertheimer, *The Pan-German League: Studies in History, Economics and Public Laws,* no.251, (New York: Columbia University Press, 1924), p.37.

169) Smith, pp.155~156.

료들의 놀이터나 군국주의자들의 전쟁 연습터로 인식되어 갔다.[170] 다시 말해 독일 대중들 사이에서 식민지를 유지할 필요조차 없다는 의견이 공론화되어가고 있었다. 설상가상으로 공인회사들도 재정적 어려움을 겪고 있었고, 경제 불황은 개인 투자자들이 수익성 없는 해외 통상회사들에 대한 투자를 꺼리는 결과를 가져왔다.

이런 정치적, 경제적 어려움에도 불구하고 식민지협의회는 확장되었고, 식민지 부서 내에 식민지 보호군(Schutztruppe)이 창설되었다. 동시에 식민지 내에서 백인 정착인의 숫자도 늘어났고, 개인 업체도 꾸준히 늘어나고 있었다. 대규모 농장과 선교 단체의 수도 증가했고, 식민지와 모국 사이를 잇는 통신 교통시설도 꾸준히 늘고 있었다. 이런 변화는 카이서가 정부 차원의 지원이 힘들자 개인을 통해 식민지 내의 활동을 활성화하는 과정에서 비롯되었다. 개인이나 회사에 이권을 나누어주는 형태로 식민지 활동을 활성화하려 했으나 카이서의 이런 노력은 식민지를 장기적인 이익을 위한 경제적 발전보다는 단기적인 이익만을 추구하는 투기 대상으로 전락시키는 결과를 초래했다. 또한 이는 카이저와 카프리비의 '새 노선'과 일관성을 잃은 저사로 국가의 외교가 전반적인 목표를 잃어가고 있었음을 대변해 주고 있다.

동시에 카이서가 초기부터 강조한 식민지의 경제적 관점에도 불구하고 그는 식민지 행정에 공적, 관료적 요소를 지나치게 강조했다. 보수파와 민족 진보 진영이 식민지 내의 행정직을 독식했고, 관료층은 장교 출신과 대기업 임원들에 의해 장악되었다. 그 결과 식민지는 경제적 발전은 뒷전으로 밀리고 군사주의와 관료주의에 시달렸고, 재정 관계 인사들의 횡포로 영국의 경우와 비교해 독일에 장기적인 안목에서 도움이 되는 방향으로 발전하는 데 실패하고 말았다. 이런 행정적 초구조(Superstructure)는 지나치게 비대해졌고, 고비용 문제도 야기했고, 위압적인 태도로 경제적 이익을 이루기는 불가능

---

170) Townsend, p.167.

하게 보였다. 이런 상황에서 카프리비의 영독 협상은 식민지 정책의 일관성을 상실하는 결과를 초래했고, 결국 독일의 식민지 정책은 총체적인 문제로 간주되어 해결점을 찾기 힘들게 되었다.

1889년 사임할 때까지 비스마르크의 식민지 정책은 외교안보 정책의 일환으로 진행되었지만, 국제정세를 적절히 이용해 독일의 식민지를 넓히는 데 성공했다. 그가 식민지 관리에 공인회사를 이용한 정책은 기대만큼의 성공을 거두지는 못했으나, 독일은 식민지 제국으로 국제 사회에서 단단한 기반을 구축했다. 그러나 10년이라는 세월은 독일이 비스마르크 같은 외교의 귀재도 없이 내외적으로 견실한 식민지 정책을 창출하고 유지하기에는 너무 짧은 시간이었다. 빌헬름 2세의 '세계정책'(Weltpolitik)이 식민지 정책까지 포함하는 독일의 새 외교정책으로 받아들여지나 일관된 정책 목표도 없었고, 비스마르크가 추진했던 외교의 틀을 이해하지 못한 상태에서 성공을 장담할 수 없었다. 결국 카이저의 '세계정책'은 열강간의 힘의 균형을 깨뜨려 유럽이 20세기를 피의 제전으로 시작하는 데 가장 큰 영향을 미치게 된다.

1884년에서 1894년 사이 독일은 비스마르크의 실각을 위시해 많은 정치적, 외교적 변화를 겪었다. 초기 비스마르크 아래서 빠르게 성장하던 독일의 식민지 사업은 독일 제국을 수년만에 강력한 식민지 보유국 서열에 서게 했다. 그러나 비스마르크 실각 후의 독일은 장래를 보장하기 힘든 상황으로 가고 있었다. 비스마르크의 정책이 갖고 있던 융통성과 민첩성은 자취를 감추게 되었고, 빌헬름 2세의 독일은 목표의식과 방법론이 결여된 새 정책으로 국제문제에 사사건건 간여하여 타국으로부터 종전보다 심각한 의심과 견제를 받기 시작했다. 독일이 이런 경험을 하고 있는 동안 조선 내에서의 독일의 활동도 비슷한 영향을 받아 변화하는 과정을 밟게 된다. 조선 내에서 독일 활동을 보기 전에 개항 후 조선의 경제 상황에 대해 알아보기로 하자.

2. 조선 경제와 청일 각축의 재현

1876년 일본에 의해 조선의 문이 외부에 열릴 때까지는 조선은 자립 경제 체제를 유지하고 있었다. 청나라와 사무역(私貿易)-국경무역(國境貿易), 부산 지역에서 벌어지던 일본과의 교역과 러시아와의 불법적 국경 교역이 소규모로 이루어지고 있던 것 외에는 외국과 어떠한 교역도 존재하지 않았다. 조선 조정은 교역을 국가의 중요한 행위로 간주하지 않았고, 꼭 필요한 행위라고도 보지 않았다.171) 국내 교역도 정부의 관리와 유교적 관념에 의해 정치적, 사회적으로 엄격한 통제를 받고 있었다. 결론적으로 말해 일본이 근대적 자국 상품을 갖고 조선의 문호를 개방하도록 압력을 가한 바로 그 순간까지도 조선은 시장 경제는 물론 완전한 화폐 경제도 갖추지 못했고, 근대적 경제 개념조차도 이해하지 못한 상태였다. 다시 말해 조선의 후진 자립 경제체제는 급속한 속도로 근대화되던 시대에 근본적인 개혁 없이 교역에 참여하기는 부적절한 상태였다.

조선 조정이 개항 이후에도 경제 구조를 근대화하거나 교역을 위한 지원에 소극적인 자세로 일관해 왔지만, 미미한 수준이나 외국 상인들과의 최소한의 통상 활동은 전개되어 갔다. 도매업자 형태를 갖추고 있던 객주(客主)와 여각(旅閣)은 새로이 전개되는 상황에 가장 융통성 있게 대응했다. 이들 상인들은 다양한 상품의 교역을 독점하면서 자본을 축적했다. 조정의 보호와 특혜를 누리던 육의전(六矣廛) 상인들과 비교해 객주와 여각은 외국 상인들을 상대로 새로운 유형의 교역을 시작하기 충분할 정도로 진취적이고 규모가 작아 융통성이 있었다. 동시에 여각과 객주는 지역적으로 상업 활동을 제한 받고 있던 외국 상인들에게는 대조선 통상에 필수적 요소였다. 조선 조정이 외국 상인들의 활동을 개항지 조계 내로 제한하였기 때문에 객주와

---

171) Bruce Cumings, *The Origins of the Korean War: Liberation and Emergence of Separate Regimes, 1945~1947,* (Princeton: Princeton University Press, 1981), p.17.

여각은 이들 외국 상인들로부터 물건을 사들여 국내 시장에 공급하는 역할
을 독점하게 되었다. 동시에 외국 상인들은 객주와 여각을 통해서만 조선의
물건을 구입해 수출할 수 있었던 공생의 관계로 발전해 나갔다. 이후 조정
에 의해 외국 상인들에 대한 지역적 제한이 사라지자 이들과 새로운 교역형
태를 이어온 객주와 여각들이 교역회사를 만들면서 새로운 경제환경에 적
응해 갔다. 그러나 이렇게 융통성과 진취성을 겸비한 객주와 여각은 규모나
자산 면에서 볼 때 조선의 경제를 자신들의 힘으로 근대화시키기에는 역부
족이었다.

이런 변화 과정에서 조정은 1883년 보부상(褓負商)의 권익을 보호하기 위
해 해상공국(海商公局)을 설립했다. 이 기관은 외국상인들의 불법적, 부도덕
적 상행위로부터 보부상에 대한 특혜와 권익을 유지시키는 방안을 정부차
원에서 모색했다. 반면에 객주, 여각 같은 도매업자들은 자신들의 조합을 만
들어 나갔다. 1883년부터 이들은 원산에 조합을 세웠고, 1885년 인천에 그리
고 몇 년 후 부산에도 이들의 조합이 설립되었다. 보부상들이 조정의 비호
아래 전근대적인 상인 집단의 색채를 버리지 못하고 있던 반면 정부의 통제
는 받았지만 객주와 여각은 자신들의 조합을 통해 새로운 서구식 교역 환경
에 적응해 갔다. 이는 시장 경제에서 정부 주도의 한계점을 보여주는 좋은
예라 할 수 있다.

반면 제조업 분야는 조정이 주도하고 나섰다. 1883년 조정은 근대적 무기
생산을 위해 기기국(機器局)과 근대 화폐제조를 위해 전환국(典圜局)을 설립
했던 것은 물론이고 2년 후 방직공장 설립도 추진했다. 1887년에는 제지 공
장이 세워졌고 새로운 기술을 도입한 광산 담당 부서도 설립됐다. 당시 조
선은 민간 자산이 충분치 못했던 이유로 근대적 제조업은 민간인 층의 참여
없이 조정의 계획에 의해 진행될 수밖에 없던 상태였다. 즉 근대적 개념의
중산층 없이 국가가 기획하고 주도하는 모습으로 발전해 나가 여전히 제조
업 분야에서도 한계를 드러내고 있었다.

결과적으로 조선은 외부로부터 밀려오던 근대 자본주의의 경제적 도전에 적절히 대처할 준비가 되어 있지 않았다. 초기 조선의 국제통상은 일본이 독점했고, 1883년에 이르면서 일본의 독점은 극에 달했다.[172] 1882년 미국이 통상과 관계 정상화를 위한 조약을 조선과 체결하면서 조선 시장에 대한 서양의 침투가 시작되었으나 미미한 수준에 머무르고 있었다. 반면 청은 조선과 '무역장정(貿易章程)'을 체결하면서 조선 내에서 일본의 경쟁국으로 급부상했다. 이런 일본과 청의 독점으로 인해 서양 상인들의 교역은 제한 받을 수밖에 없었다. 결국 청일의 독점은 조선의 개항지가 국제적인 교역지역으로 발전하는 데 장애 요인이 되기도 했다.

1876년 이후 일본 상인들은 조선의 시장을 성공적으로 파고들어 독점했고, 특히 조선(造船)과 금융(金融) 분야에서의 활동은 두드러졌었다. 그러나 1884년 이후 일본의 대조선 교역은 상대적인 하강국면을 맞게 됐다. 갑신정변 후 갑자기 증가된 청의 정치적 영향력은 조선에서 청국 상인들의 경제행위가 활발해지는 결과로 표출되었다. 청의 대조선 수출 점유율은 1885년에서 1892년 사이 19%에서 45%로 급증한 반면 같은 기간농안 일본의 대조선 수출 점유율은 81%에서 약 55%로 급격히 감소했다.[173]

이렇듯 청일간에 조선의 교역을 독점하려는 경쟁이 극심했지만, 조약 체결 후 서구 상인들도 조선과의 교역을 서서히 확장해 갔다. 장기적인 면에서 이들 서구 상인들은 조선의 상업적 잠재력에 대해서는 의문을 갖고 있었기에 그들의 관심은 조선의 광물 자원에 집중되었다.[174] 1883년 여름 영국 이화양행(怡和洋行; Jardine, Matheson and Company)의 대표 클락(B. A. Clarke)이 인천에 도착했다. 이 회사의 궁극적인 관심과 목표는 조선의 금광에 대한 것이었다. 1883년 7월 18일 조선 조정은 이 회사가 9개월 안에 금광으로

---

172) Deuchler, p.81.
173) Kim and Kim, p.70.
174) Deuchler, p.189.

적합한 장소를 선정해 채굴작업에 착수할 것을 허락했다. 이 계약은 조선 조정이 수익의 30%를 차지한다는 조건에서 성립되었다. 1884년 여름 금광은 금성으로 정해졌으나 견본 광물에 대한 분석 결과는 만족할 만한 것이 못되었다. 결국 이화양행은 새로이 금광으로 수익성이 있는 적절한 장소를 찾아 강원도, 황해도, 평안도, 함경도를 두루 탐사하고 다녔다. 그러나 조선 조정이 한양 근처의 금광 채굴에 대한 특혜를 근거로 차관을 요구했을 때 이화양행은 이를 거부했고, 이 회사의 금광 채굴사업을 위한 대조선 투자는 1884년 가을 끝나고 말았다.[175]

1883년 11월 15일 이화양행은 상하이와 조선 개항지 사이를 오가는 정기 증기선 운항에 대해 조선과 계약을 체결했다. 계약 후 난징호(南京號)가 이 지역을 오가기 시작했으나, 승객과 수송물량이 충분치 못해 이 사업도 무산되고 말았다. 결국 1884년 10월 이화양행의 상하이 본점은 인천 지사에 전문을 보내 조선에서의 철수를 명령했고, 조선에서 영국의 통상에 대한 초기 관심도 일단 끝났다.

영국에 비해 미국은 조선과의 초기 통상에서 비교적 원만한 관계를 진행해 나갔다. 1884년 4월 개화파, 김옥균이 근대화 작업을 위한 차관 협상을 위해 일본을 방문했을 때 그는 요코하마에 위치한 미국교역회사(American Trading Company)대표 월터 타운센드(Walter D. Townsend)와 울릉도 벌목사업 계약을 체결했다. 그 해 5월 초순 타운센드는 김옥균과 함께 조선을 방문해 조선 조정의 용역 사업을 맡으며 $ 175,000 규모의 사업을 성사시켰다.

1884년 7월에는 미국 회사 미들톤사(Middleton and Company)의 대표, 미국인 죤 미들톤(John Middleton)과 영국인 헨리 그리블(Henry Gribble)은 상선회사를 설립해 조선으로부터 운항 허가를 받고, 한반도의 연안 지역과 강들은 물론 몇몇 미개항지도 항해하게 되었다. 또 다른 미국인, 뉴엘(W. A. Newell)

---

175) *Ibid.,* pp.189~190.

은 1885년 11월 조정으로부터 조선 연안에서 진주 사업을 위한 굴 채취의 특권을 부여받았다. 서양 상인들의 활동이 실속 있는 수준까지 발전하는 데는 한계가 있었지만, 미국 상인들은 조선에서 규모는 작았지만 사업상 발판을 만드는 데 어느 정도 성공을 이룩했다.

3. 조선 내 독일의 상업활동, 1884~1894

조선에서 서양의 초기 상업활동 시기에 미국보다 성공적인 국가는 놀랍게도 독일이었다. 독일 상인들은 그들의 상업활동을 통해 점진적으로 상업적 발판을 구축하기를 기대했고, 영국에 비해 적은 마진에도 성실한 태도를 보였다. 그들은 이미 견고한 위치를 확보한 영국 회사들이 가치가 없다고 할 정도의 작은 이윤에 대해서도 적극적으로 대처했다. 독일인들은 장기 저리 신용거래를 제시했고, 요즘과 마찬가지로 독일 상인과 제조업자는 구매고객 또는 장래 구매고객에 대한 철저한 연구로 구매자에게 실질적으로 적합한 상품과 거래를 제시했다. 그들은 또 구매자의 언어와 문화를 이해하는 영업사원도 파견하는 번거로움조차도 마다하지 않았다.[176] 이런 공격적인 경영 전술과 조선 고위직 관료였던 독일인 묄렌도르프의 후원에 힘입어 독일은 조선에서 상업적 발판을 구축하는데 크게 성공했다. 1884년 세창양향 (世昌洋行; Heinrich Constantin Edward Meyer & Co.)을 대표해 칼 볼터(Carl Wolter)가 영국 상선 난징호의 마지막 운항 편에 몸을 싣고 인천에 당도했다. 초기에 세창양행은 조선 군대에 상당량의 독일 무기를 판매하려고 했으나, 베를린으로부터 무기 판매에 대한 적절한 지원을 받지 못하면서 다른 사업에 간여하게 되었다.[177]

---

176) Walter C. Langsam, *In Quest of Empire: The Problem of Colonies,* (New York: The Foreign Policy Association, 1939), pp.25~26.

177) Deuchler, 190.

세창양행은 조선 조정으로부터 전환국 설립에 필요한 기기 구입과 운송에 대한 전권을 부여받았다. 조선은 전환국에서 사용할 독일제 화폐주조 기계 수입을 위해 구입비 30,000元과 수수료 3,000元을 세창양행에 제공했다. 세창양행은 차후 전환국 물품구입에도 독점권을 부여받았다.[178] 묄렌도르프의 지원으로 인한 이 계약으로 세창양행은 사업 확장을 위한 첫 발판을 견고히 굳혔다. 이 사업은 원만히 진행되어 1885년 10월 15일 세창양행은 조선 조정에 화폐 주조를 위한 첫 기계가 인천에 도착했다고 통보했다.[179]

조선 조정은 세창양행에 전환국 기계를 운전할 기술자를 초청해 달라는 요청을 했다. 이 요청에 세창양행은 크라우스(F. Kraus), 리에트(C. Riedt), 디에드리히트(C. Diedricht)를 독일로부터 초빙해 전환국에서 일하도록 주선해 줬다.[180] 이때부터 조선 조정은 재정 문제를 해결하고 화폐제도를 근대화하기 위해 새로운 화폐 주조에 착수했다. 전환국에 들어온 독일 기계는 조선에 있어서 최초의 근대 서양 기술 이전이라는 역사적 의미도 갖고 있다.

전환국의 기계와 기기들을 도입해 준 수익성 높은 사업 외에도 조선 조정으로부터 목포에서 인천까지의 세미(稅米) 운송을 위한 증기선의 대여를 요청 받았다, 세창양행은 세미 운송을 위한 증기선을 상하이에서 임대해 총수익의 5%를 보장받게 되었다.[181] 당시 쌀은 조세의 근본을 이루는 상품으로 1885년 세창양행이 확보한 수익은 이 회사가 지속적인 세미 수송에 관심을 갖기에 충분했다. 독일 부영사 부들러는 두서없이 다음 해에도 조선 조정이 증기선을 임차하라고 제의했다. 부들러는 곧 세창양행 대표가 임대 계약의 초안을 마련하기 위해 직접 조선을 방문할 것이라며 조선 조정이 임대 계약을 가능한 한 서둘러 체결해 줄 것을 요청했다.[182] 외아문 독판 김윤식은 부

---

178) ARC, vol. 15, no.247, pp.159~160.
179) *Ibid.,* no.257, p.108.
180) 원유한, "전환국 고" 『역사학보』, 37(1968, 6); 74.
181) ARC, vol. 15, no.84, p.45.
182) *Ibid.,* no.255, p.108.

들러의 요청을 단순히 조정에 건의했다고 전했지만 이는 세창양행의 집요한 세미 수송 참여를 위한 첫 시도였다.

독일 총영사관은 세창양행을 위해 독일 전함을 사용해 조선의 해안을 탐사할 수 있도록 해달라는 요청을 했다. 부들러는 목포 주위의 작은 항구들에 대한 탐사를 독일 전함이 할 수 있도록 요청해 목포 주위에 위치한 작은 항구들이 대형 증기선 운항에 적합하다면 구태여 목포항으로 세미를 수송할 필요 없이 세창양행이 첫 세미 집결지에서 직접 인천으로 운송할 수 있다고 했다. 부들러에 의하면 세미의 직접 수송은 목포로의 수송 과정에서 야기되는 세미의 손실을 줄일 수 있을 뿐만 아니라 수송 경비도 줄일 수 있다고 말했다. 즉 부들러는 조선 조정이 증기선을 임차해 작은 항구들에서 목포로 세미를 수송하는 과정에서 돈과 시간을 낭비하고 있다는 점을 지적해 세미 운송에 대한 세창양행의 지대한 관심을 간접적으로 표시했다.[183] 이는 세창양행이 조선 조정을 돕겠다는 취지보다 근대적 수송체제로 세미 수송을 독점해 자사의 이익을 증대시키겠다는 의도를 보이고 있다고 할 수 있다. 조선 조정으로서는 이 제의를 받아들이기 위해 세미 수송 제도 자제를 고쳐야 한다는 큰 부담이 있었기 때문에 조선의 사정을 고려하지 않았음을 알 수 있다.

결국 조정은 지방 노무자와 관리자들의 기강 해이로 새로운 세미 수송제도를 채택하기는 어렵다는 전갈을 독일 영사관에 보냈다. 이런 문제점을 들어 김윤식은 1885년 남은 기간 동안의 계약에 대해서도 협상에 응할 수 없다고 답변했다.[184] 그러자 부들러는 세미 중 절반은 작은 배로 수송하고 나머지 반은 세창양행의 증기선으로 수송하자는 절충안을 제의를 했다.[185] 김윤식이 이 제안 역시 목포로부터 큰 증기선으로 운송할 만한 양의 쌀이 없

---

183) *Ibid.*, no.163, p.79.
184) *Ibid.*, no.181, p.85.
185) *Ibid.*, no.185, p.87.

다며 증기선 임대료가 조세 수입을 능가해 불가능하다고 지적했고, 다음 해
에 세창양행에게 세미 수송에 참여할 수 있게 해 주겠다는 의사를 전해 문
제를 마무리하려 했다.[186]

이런 외아문의 제의에 대해 세창양행은 한 치도 양보하려 하지 않았다.
1885년 8월 29일 세창양행은 독일 총영사관을 통해 다음 해 세미 수송을 위
한 선박 임대를 자사에 일임할 것을 요청했다. 동시에 세창양행은 자사의
세미 수송을 도운 사람들을 위한 보너스라는 명목으로 조선 조정에 2,500냥
짜리 수표를 보냈다.[187] 이런 파격적인 제스처는 세창양행이 세미 수송에
얼마나 집착하고 있었는지를 잘 보여주고 있다.

1885년 10월 7일 부들러는 조선 외아문에 다음 해 세미 수송을 위한 증기
선의 임대건을 공식 문서로 보내줄 것을 요청했다. 부들러는 사용 일에 임
박해 선박을 임대하기란 어려움이 많이 따르기 때문에 선박 사용 3개월에서
6개월 전에 임대계약에 서명해 줄 것을 요청했다.[188] 일 주일 후 부들러는
같은 요청을 반복해 그가 세창양행을 위해 계약을 확보하려 조바심을 냈던
것을 증명해 주고 있다.

세미 수송으로 세창양행이 얼마나 많은 수익을 올렸는지는 자료가 존재
하지 않아 알 수는 없지만, 이렇듯 독일 영사관과 세창양행이 수송 계약을
확보하려 노력한 점에 비추어 이 사업에서 상당한 수익을 올렸다는 것을 알
수 있고 지속적으로 사업을 진행할 수 있다는 점에서 세창양행과 독일 영사
관의 집착을 이해할 수 있다. 또 다른 예로 조선 조정이 세창양행으로부터
은 100,000냥의 차관 협상을 할 때도 이자율을 낮추는 조건으로 이 회사에게
확실히 정해진 양의 세미를 수송하는 권한을 요구했다. 세창양행은 차관에
대한 이자율을 12%에서 10%로 인하하는 조건으로 1886년에 50,000섬의 세

---

186) *Ibid.*, no.194, p.90; no.199, pp.91~92.
187) *Ibid.*, no.216, p.96.
188) *Ibid.*, no.248, p.106.

미를 수송하게 해달라는 요청을 했다. 결국 조선과 세창양행은 차관 이자율을 10%로 인하하는 조건으로 1886년에 세미 30,000섬을 수송한다는데 합의했다.[189] 수송료는 수송량의 15%로 정해졌다. 즉 1,000섬 당 150섬이 운송료로 세창양행에게 돌아갔던 것이다.[190] 다시 말해 세미 수송으로 인한 이익이 차관이자 2%보다 훨씬 상회하고 있다는 증거라 할 수 있다.

그러나 이렇게 수익성 높고 독점적인 계약이었지마는 조선 조성의 이행의지가 없이는 지켜지기가 쉽지 않았고, 일본의 간여로 적지 않은 어려움을 겪었다. 1886년 3월 31일 부들러는 외국 상인이 목포에서 세미를 수송하고 있다며 항의했다.[191] 조선 외아문도 일본 상인이 세미를 목포에서 인천으로 수송했다고 인정했다.[192] 그러면서 외아문은 일본 상인의 개입이 세창양행에 아무런 영향도 주지 않는다는 견해를 전했다. 부들러는 이에 강력히 항의하면서 조선과 세창양행 사이의 계약을 충실히 이행하라고 강력히 요구했다.[193]

이 논란의 소지가 있는 상황에서 부들러는 조선 조정과의 대화에 어려움을 경험하게 된다. 부들러는 외아분과 내아문이 서로 책임을 회피하고 띠넘기려 해 상황이 진전되는 기미가 보이지 않는다고 어려움을 호소했다. 내아문의 회답에 의하면 세미를 수송했던 일본 배는 세미 수송에 간여하는 조선인 소유로 계약상 아무런 문제도 되지 않는다고 했다. 부들러는 이 문제에 대해 조선 정부내의 입장을 조정할 필요가 있다고 요구하는 동시에 세창양행에게 다음 해에 더 많은 물량의 세미를 운송하게 해야 한다고 주장했다.[194] 외아문의 김윤식은 세미 운송은 조선 조정뿐만 아니라 지방 상인들

189) *Ibid.*, no.355, p.138.
190) 국사편찬위원회, 『고종시대사』, vol. 2, pp.801~802.
191) ARC, vol. 15, no.424, pp.158~159.
192) *Ibid.*, no.425, p.159.
193) *Ibid.*, no.426, p.159.
194) *Ibid.*, no.459, pp.170~171.

에게도 매우 중요한 사업이기 때문에 세창양행의 독점권을 인정할 수는 없다고 회답했다. 또 부들러의 지적에 대해 김윤식은 목포에서 인천으로 세미를 수송한 일본 선박이 조선인 소유라는 이유로 계약을 위반하지 않았다고 재차 강조했다.[195]

1886년 5월에도 유사한 상황이 다시 발생했다. 5월 3일 김윤식은 갑자기 세미 수송 쿼타량을 약속 시간에 정확히 운송하라고 요구하면서 세창양행의 선박이 목포에 정시 도착하지 못해 지방관리가 일본 선박을 이용해 세미를 인천으로 수송했다고 통보했다.[196] 부들러는 아직 계약 날짜가 이틀이나 남아 있다고 지적하며 일본 선박의 세미 수송에 대해 강력히 항의했다. 부들러는 계약을 준수하라는 김윤식의 명령을 위반하고, 일본 선박을 이용해 세미를 수송한 지방관리에 대해 놀라움을 표시하며 상식 외라는 입장을 전했다. 김윤식은 일장기를 게양한 선박의 소유주에 대한 자신의 사전 해명에 대해 회피하려는 목적으로 지방관리에게 책임이 있다고 해명했다.[197] 결국 일본 선박에 대한 조선인 소유권 변명이 어렵게 되자 지방관리에게 책임을 떠넘기려 했던 조선 조정은 더 이상 사태를 무마시킬 수 없었고, 김윤식은 일본의 방해공작이 있었음을 시인하며 부들러에게 정중한 사과의 뜻을 전했다. 김윤식은 일본 선박의 세미 수송을 저지하기 위해 중앙에서 관료를 목포로 급파했으나, 출항을 저지하기에는 역부족이었다고 전했다.[198] 부들러는 이 사건이 김윤식 개인의 책임은 아니라며 이 사안을 조정에 보고하라고 권했다. 부들러는 세창양행 선박이 세미를 수송했건 안 했건 조선은 계약상의 수수료를 지불해야 한다는 점도 강조했다.[199]

그 해 5월 12일 부들러는 조선 조정에 계약된 30,000섬의 세미를 세창양행

---

195) *Ibid.*, no.460, p.171.
196) *Ibid.*, no.463, pp.171~172.
197) *Ibid.*, no.464, p.172.
198) *Ibid.*, no.465, pp.172~173.
199) *Ibid.*, no.466, p.173.

이 그 해 안에 운송할 수 있도록 보장해 달라는 요청을 하면서 이를 공식
문서로 작성해 달라고 요구했다.[200] 3일 후 부들러는 외아문에 세창양행이
결과에 만족하고 있다는 전갈을 보낸 것으로 보아 독일 총영사관의 압력은
결국 세창양행에 만족한 결과를 안겨 주었다는 것을 짐작케 해준다. 그는
또 자신이 일본 외교관과 회동해 더 이상 일본 선박이 목포로부터 쌀을 수
송하지 않겠다는 언약을 받았다고 전했다.[201] 독일 영사관이나 세창양행은
세미 수송 사업을 확보하기 위해 모든 수단과 방법을 동원했던 것이다. 그
들은 조선을 재정적으로 압박했고, 일본의 간여를 막기 위해 외교적 수단도
동원했다.

그럼에도 불구하고 독일의 예상과는 달리 차후 수송사업도 원만히 진행
되지 못했다. 그 예로 조선 중앙권력의 통제 약화로 지방관료들이 세창양행
선박에 화물을 싣는 것을 거부하기도 했다. 부들러는 이 사태로 조선에
5,000元의 손해 배상금을 청구했으나, 조선 조정이 40,000에서 50,000섬의 세
미를 추가 운송하는 권한을 세창양행에 보장한다면 손해 배상금 청구를 철
회하겠다고 통보했다. 조선은 이 후로도 계속 계약을 이행하지 못했다. 부분
적으로 국제 통상에 대한 경험부족도 원인이었고 중앙정부의 비효율적 통
제도 문제 발생의 원인이 되었다. 그러나 이런 상황에서도 독일 영사관의
도움으로 세창양행은 조선에서 꾸준히 수익을 올리고 있었다.

이 기간 동안에 세창양행은 광산에도 투자를 시작했다. 1885년 10월 세창
양행은 광석 견본의 수집에 관심이 있다는 의사를 조선 정부에 비쳤다. 부
들러는 외아문에 광석 견본을 판매하는데 따르는 이득에 대해 설명했으나
조선 조정은 이를 거절했다. 조정은 외국인에 의해 광물 자원이 파헤쳐진다
면 경제적 어려움을 겪고 있던 조선인들의 소요를 유발할 소지가 크다는 이
유로 부들러의 요구를 거절했다.[202] 이유는 국제관례상 충분한 선명성을 갖

---

200) *Ibid.*, no.474, p.176.
201) *Ibid.*, no.476, p.176.

지는 못했지만, 지금까지의 관계를 유지하려는 세창양행으로 하여금 이 계획을 보류시키기에 충분했고 청일 전쟁 후에야 비로소 독일의 조선 내 광물 자원에 대한 관심은 다시 시작되었다.

세창양행의 사업 중 가장 의미있는 분야는 조선 조정을 비롯한 조선 상인들에 대한 대출이었다. 세창양행은 서양의 국가나 기관으로는 최초로 조선 정부에 차관을 제공했다. 1885년 12월 10일 세창양행 사장은 상하이를 거쳐 은 100,000냥의 차관을 조선 조정과 협상하기 위해 한양을 방문했다.[203] 앞에서 서술한 것처럼 이 협상 과정에서 세창양행은 세미 운송의 권한을 향후 5년 간 보장한다는 계약을 조선이 받아들인다면 차관에 대한 이자율을 12%에서 10%로 인하할 용의가 있다는 제의를 했다.[204]

조선 조정은 차관 이자율 인하 조건을 세미 운송건과 결부시킴에 대해 난색을 표했다. 김윤식은 5년 계약은 예상할 수 없는 기후 상황으로 인한 흉년 등 지속적인 보장을 하기에는 어려움이 있다는 입장을 견지했다. 김윤식은 부들러에게 차관 이자율 인하를 조선 조정이 크게 기대하고 있다고 전하며 세미 운송과의 연계에 대해서는 재고해 줄 것을 요청했다.

협상이 이런 난관에 봉착하자 김윤식은 12%의 높은 이자 때문에 세창양행으로부터의 현금 차관을 무효화하겠다는 강경한 입장을 보이고 나섰고 한 중국인 상인이 낮은 이자로 차관을 제공해 주겠다는 의사를 조선에 알려 왔다고 했다.[205] 부들러는 협상 결렬을 통보한 조선 조정을 강력히 힐책했다. 그는 조선 조정이 세창양행과 차관 협상을 진행하는 동안 제 3자와의 동일한 협상을 할 수는 없다고 지적하면서 이런 조선의 행위는 국제 사회에서 조선의 위상을 크게 실추시킬 것이라 경고했다. 부들러는 차관에 대한

---

202) *Ibid.*, no.241 & 242, p.104.
203) *Ibid.*, no.336, p.132.
204) *Ibid.*, no.337, p.132.
205) *Ibid.*, no.339, p.133.

준비 과정이 이미 시작되었다는 점을 들어 조선 조정이 사전 결정, 즉 세창양행으로부터의 차관 도입을 계속 추진해야 한다고 강력히 요구했다.[206]

김윤식은 조선 조정의 근본 입장은 세창양행으로부터의 차관을 들여오는 것이라고 전하며, 다만 이자율의 인하 조건으로 1886년에 30,000섬의 세미 운송 이상은 약속할 수 없다고 했다. 김윤식은 계속 이자율 인하 조건과 세미 운송계약을 분리해 다루기를 기대하고 있다는 조선 정부의 입장을 재확인시켰다. 부들러는 세창양행의 세미 운송에 대한 어떤 종류의 보장이 필요하다는 입장으로 맞섰다. 이 시점에서 김윤식은 당시 조선에 파견되어 있던 원세개에게 중재를 요청했다.[207] 그러나 독일 외교관들은 원세개와 먼저 회동해 청이 조선과 세창양행간에 진행 중인 차관 교섭에 간여하지 않겠다는 보장을 받아냈다.[208]

조선의 반대에도 불구하고 세창양행은 꾸준히 차관과 세미 운송 계약을 결부시키려 했다. 부들러는 이런 요청이 받아들여지지 않는다면 세창양행의 모든 사업을 조선에서 철수시키겠다는 협박성 발언까지 했다.[209] 세창양행의 철수는 영국의 이화양행 철수에 이어 조선의 국제석 위상에 타격을 줄 뿐만 아니라 당시 조선 조정이 세창양행에게 전환국의 기계와 기기를 구입하고, 증기선의 임대도 의뢰한 상태여서 조선은 상당한 피해를 볼 수 있었다. 이런 상황에서 조정은 부들러의 협박성 요구를 심각하게 받아들일 수밖에 없었다. 동시에 조선은 청일의 통상 및 재정적 독점을 피하기 위해 가능한 한 많은 서양국가들과 경제 활동을 벌여 다양화시키려는 의도를 갖고 있었기에 부들러의 요구를 가볍게 생각할 수는 없었다.

동시에 세창양행도 차관 교섭을 무한정 미룰 수는 없었기에 서서히 태도

---

206) *Ibid.*, no.345, p.135.
207) *Ibid.*, no.344, p.134.
208) *Ibid.*, no.345, p.135.
209) *Ibid.*, no.346, p.135.

변화를 시작했다. 부들러는 김윤식에게 세창양행 상하이 지사 지사장이 함브르크 본사와 논의 끝에 이자율을 10%로 인하하고, 조선이 제시한 1886년의 30,000섬의 세미 운송 제의를 받아들이겠다는 회신이 도착했다고 전했다. 1885년 12월 29일 부들러는 10%의 이자에 은 100,000냥 차관 계약과 합의된 세미 운송계약의 준비를 조선 조정에 요청했다. 다음 해 1월 2일 조선 조정과 세창양행은 김윤식이 제시한 조건을 수렴하는 선에서 계약에 합의, 서약했다. 이 계약으로 세창양행은 서양 기관으로는 최초로 조선 조정에 차관을 제공하게 되었다. 동시에 1886년에 상당한 수익성이 보장되는 세미 운송협상을 한정적이지만 일단 성공으로 이끌었다. 반면에 조선은 청의 압력을 빌미로 단 1년 간 한정된 양의 세미 운송을 합의했고, 그 대가로 낮은 이자율을 보장받는데 성공하면서 심각한 규모의 청과 일본에 대한 자본 의존도를 분산시킬 수 있는 길을 열었다.

이 계약서에 의하면 조선은 차관 원금과 이자를 2년 동안 한 해 4회로 분할해 완납하기로 했고, 연 4회의 납입액은 인천 세관의 수입금에서 조달하기로 했다.[210] 그 해 1월 21일 조선 조정은 세창양행으로부터 은 100,000냥을 6개의 수표로 받았다.[211] 이로써 서양 최초의 차관은 이루어졌고, 독일의 대조선 통상은 한 단계 발전하는 계기를 맞게 되었다.

위에서 본 것처럼 차관 협상 과정도 쉽지 않았지만, 조선 조정과 세창양행 간의 합의된 채무 상환과정은 더 많은 어려움을 겪게 된다. 세창양행과 독일 영사관은 조선에 합의된 금액의 상환을 촉구하는 독촉장을 15번이나 보냈다. 조선 조정이 매달 3,000元씩 지불하겠다고 약속했으나 세창양행은 한 번도 이 금액을 받지 못했다. 이런 문제는 정부의 재정 부족이 주원인이었겠지만 문화적인 면도 거론해야 조선 조정의 향후 행동이 이해될 수 있을 것이다. 조선 조정은 근대적 감각의 재정적 의무에 대한 개념을 아직 갖고

---

210) *Ibid.,* no.354, pp.137~138.
211) *Ibid.,* no.376, p.144.

있지 못했던 것으로 보인다. 전통적으로 조선 조정은 조선 외교 사절이 북경을 방문할 때 중국 황제로부터 재정적 지원을 선물의 형태로 받아왔었다. 조공관계에서 볼 때 조선조정은 이 선물에 대해 아무런 재정적 의무를 갖지 않았다. 이런 분위기는 개항 후에도 지속되었다. 물론 조공관계와는 같지 않았으나 청이나 일본은 차관 회수를 서구적 개념에서 적용시키지 않고 있었다. 세창양행의 차관이 서양으로부터의 첫 번째 차관임을 상기해 볼 때 조선 조정은 독일인을 만족시킬 만한 문화적 준비가 완전히 되어 있지 않았던 것으로 보인다. 다시 말해 정서적으로나 의식적으로 조선의 관료들은 새로운 채무관계에 대해 적절하고 능동적으로 대처할 준비가 되어 있지 않다고 말할 수 있다.

1888년 5월 14일 세창양행은 외아문 독판 서리 조병직(趙秉稷)에게 차관 상환금 문제에 대해 서한을 보냈다. 조병직은 인천, 부산, 원산 3개 세관의 관세 수익에서 매달 초 3,000元씩 상환하겠다고 회답했다. 세창양행은 이 제의를 조선 조정이 공증해 주기를 요구했고, 동시에 정확한 입금 날짜를 정해 줄 것도 요구했다.212) 2주 후 세창양행은 조선 조정에 인준을 위해 상환 문서를 독일 총영사관에 제출하라고 요청했고 상환금 납입이 정확히 지켜지지 않을 경우 차관 원금 및 이자를 일시불로 요구하겠다고 덧붙였다.213) 외아문은 이미 상환 문서를 독일 영사관으로 발송했다고 응답해 해결의 기미가 보이는 듯했다.

그러나 불행히도 조선 조정은 스스로 제시한 상환약속을 지키지 못했다. 1888년 10월 9일 세창양행은 외아문에 미납된 상환금 명목서를 보내며 미납금의 조기 상환을 요구했다.214) 원 계약서에 의하면 이 시점에서 조선은 상환금의 3/4을 이미 지불했어야 했다. 이런 심각성을 조선 조정도 인식하기

---

212) *Ibid.*, no.681, pp.247~248.
213) *Ibid.*, no.686, p.249.
214) *Ibid.*, no.747, pp.268~269.

시작했다. 그러나 거의 매달 세창양행은 납부일을 어기거나 3,000元 이하의
납입금에 대한 독촉장을 외아문에 보냈다. 또 1888년 12월 8일 독일 영사관
은 이 해 9월과 10월 분 미납금에 대해 독촉했다.215) 외아문은 이에 대해 부
산 세관의 관세수입이 적어 적절한 납입을 하지 못했다고 해명했다. 1889년
1월 16일 외아문은 다시 한번 해명성 서한을 보냈고, 그 해 3월 17일에도
유사한 내용의 서한을 독일 영사관에 보냈다.216)

1889년 8월 10일 조선 조정은 그 때까지 상환한 납부 목록을 보내 달라고
독일 영사관에 요청했고, 2주 후 목록을 받았다. 이 목록에 의하면 조선은
£ 5,604를 그 해 1월까지 이미 갚았어야 했다.217) 조선 조정은 누적된 상환
금으로 인해 상당한 이자를 내고 있었다는 점을 알고는 아연실색했으나, 여
전히 적절한 조치를 취하지 못하고 있었다. 이런 어려움을 겪으면서도 세창
양행은 조선 조정과 상인에 대한 대출을 지속해 조선과의 통상관계를 확대
하려는 의지를 굽히지는 않았다.

1887년 3월 20일 세창양행은 서울과 부산 사이 전신선 건설을 위한 재료
와 장비 구입비로 조선 조정에 34,150元을 대출해 주었다. 그 대가로 조선은
세창양행에게 자재와 장비 수입에 관한 전권을 부여했다. 이 계약서를 보면
세창양행은 전신선 건설을 위한 자재와 장비를 29,000元에 사들이며, 물량
의 반은 인천으로 나머지 반은 부산으로 5개월 이내에 운송하는 것까지 일
임 받았다. 세창양행도 조선에 좋은 조건을 제시했다. 자재 구입비 29,000원
의 나머지 5,150원에 대해서는 이자를 부과하지 않았다. 조선은 상대적으로
낮은 이자와 원금을 9개월 이내에 상환할 것을 약속했다.218)

불행하게도 자재를 운송하던 세창양행의 선박이 그 해 9월 침몰하는 사건

---

215) *Ibid.*, no.772, pp.276~277.
216) *Ibid.*, no.787, pp.282~283; no.820, p.295.
217) *Ibid.*, no.887, pp.321~322.
218) *Ibid.*, no.558, pp.204~205.

이 발생했다. 이 예기치 못한 사건으로 조선과 세창양행 사이의 계약은 끝나고 말았다. 세창양행은 새로이 자재를 구입해 들여오자고 제의했으나, 조선 조정은 그 해 안에는 다시 추진하기 어렵다며 이 제의를 거절했다. 다음달 조선 조정은 외아문을 통해 다음 해 3월이나 4월경 다시 사업을 시작할 수 있을 것 같다고 세창양행에 통보했고, 구매가격은 기존 계약서와 변동이 없음을 보장받았다.[219]

그러나 그 해 11월 17일 청의 압력을 받은 조선은 세창양행과의 약조를 파기했고, 세창양행은 이를 받아들일 수 없다고 맞섰다.[220] 이틀 후 다시 외아문 독판으로 자리를 옮긴 조병직은 세창양행 측에 약조 파기를 받아 달라는 요청을 다시 했으나, 세창양행은 이를 단호히 거절했다.[221] 다시 한번 독일 외교관들은 원세개를 만나 이 계약은 파기될 수 없다고 종용했다.

외교적인 압력을 사용해 1888년 4월 6일 세창양행은 전신선 건설을 위한 자재 구입 및 운송권을 다시 한번 보장받았고 조선 조정에 운송비로 4,143元을 청구했다.[222] 5일 후 2,300가지 물품을 실은 세창양행 선박이 인천항에 도착했고, 세창양행은 여러 번의 독촉 끝에 소선 조정으로부터 청구한 전액을 수령했다.[223] 지속적인 시비에도 불구하고 세창양행은 독일 총영사관의 도움으로 사업을 완수하는데 성공했다. 저돌적인 사업방식과 독일 외교관들의 도움으로 세창양행은 조선에서 무시할 수 없는 수준의 사업 확장에 성공했다.

1889년 12월 18일 전직 전환국 독일인 직원 크라우스(F. Kraus)의 밀린 임금 지불을 위해 세창양행은 조선에 대출을 해줄 의사가 있음을 전했다. 세창양행은 1% 이자로 1,487.2元을 제공했고, 인천 세관의 관세 수입에서 이

---

219) *Ibid.*, no.621, p.255.
220) *Ibid.*, no.631, p.229; no.633, p.230.
221) *Ibid.*, no.635, pp.230~231.
222) *Ibid.*, no.669, pp.242~244.
223) *Ibid.*, no.679, p.247.

금액을 상환 받기로 했다.224) 이렇듯 대출금 상환에 지속적인 어려움을 겪으면서도 세창양행은 조선 조정에 꾸준히 대출을 해주었다. 그 예로 비단 산업을 근대화하기 위해 뽕나무를 심으려는 조선에 세창양행은 £ 4,000를 대출해 주었다.

세창양행이 조선에 대한 차관과 국책사업 참여로 꾸준히 사세를 확장하고 있었지만, 항상 이익을 남겼다고 말할 수는 없다. 특히 이 회사가 조선을 상대로 독일 무기를 판매하려는 노력은 미미한 결과만을 가져 왔다. 1888년 10월 조선 조정은 독일 병기 구입에 대해 관심을 보였다. 그 해 11월 9일 세창양행은 소총 2박스와 1,200개의 실탄을 견본으로 독일에서 수입해 왔다. 다음 해 조선 조정은 독일 영사관에 조선이 새로 창설된 군대를 훈련시키기 위해 총을 구입하고 싶다고 통보했다. 그러나 세창양행은 단지 한 자루의 총을 판매한 것에 그치고 말았다.

세창양행은 독일 병기를 계속 수입해 무기 대량 판매에 대한 미련을 버리지 못했다. 이런 병기 수입이 조선 세관과 문제를 야기하는 데도 불구하고 세창양행의 무기 샘플 수입은 지속됐다. 1889년 8월 세창양행이 12개의 소총과 검을 들여왔으나, 조선 세관은 이 물품들의 통관을 거부했다. 다음 달 역시 세창양행은 소총 3정과 72발의 탄환을 수입했으나 다시 한번 통관 문제로 마찰을 야기했다. 그러나 세창양행은 1891년 10월 조선 조정에 독일제 대포 6정을 판매하는 데는 성공했다. 군대의 근대화를 위한 조선의 노력으로 계약 성사 시 대량 판매가 가능하다는 계산에서 세창양행은 이 일을 진지하게 진행했으나, 대규모 무기 판매는 외교적으로 민감한 문제였기 때문에 베를린의 적극적인 지원 없이 쉽게 목적을 달성하기는 불가능한 상태였다.

그러나 독일 영사관 측은 조선의 모든 병기 구입에 매우 민감한 반응을

---

224) *Ibid.,* no.940, p.341; no.941, p.342.

보였다. 1892년 독일 총영사 크리엔(F. Krien)은 조선 조정이 영국으로부터 소형 전함을 구입하려 한다는 상하이 지역 소문의 진의를 외아문에 문의해 왔다. 외아문은 이 소문을 강하게 부인했다.225) 세창양행은 소량의 독일 병기를 조선으로 꾸준히 수입했으나 결코 대량의 병기를 판매하지는 못했다. 그 이유는 전술한 것처럼 베를린이 극동 지역에서 아직은 정치적 목표와 통상을 혼용하려는 의도가 없었기 때문으로 보인다.226) 즉 대량의 병기판매에 앞서 독일의 군사 훈련관이나 고문관 파견이 선행되어야 무기 판매는 가능하기 때문이다.

이렇게 무기 판매에는 저조한 상태였지만 세창양행은 조선 조정에 차관을 제공한 것뿐만 아니라 조선 회사와 상인들과도 대출업무를 확대해 갔다. 이 사적인 대출을 상환 받는 과정도 세창양행에게 많은 어려움을 안겨 주었다. 1888년 12월 11일 독일 총영사관은 외아문에 서한을 보내 인천의 대흥상회(大興商會)가 세창양행으로부터 받은 대출에 대한 채무를 이행하도록 조선 조정이 적절한 조치를 취해 달라는 요청을 했다.227) 외아문은 인천 지역 담당자인 박제순에게 서한을 보내 이 문제를 조속히 해결하도록 했다고 통보했다. 크리엔은 이 문제가 원만히 해결되지 않는다면 이 사실을 독일 정부에 통보해 외교적 문제로 발전시키겠다며 조선 조정을 협박했다.228) 1889년 1월 16일 이 사건의 심각성을 인식한 조선 조정은 대흥상회 대표 이병선(李丙善)을 구속했고, 이 사건을 가능한 한 빠른 시일 내에 해결하겠다고 약속했다.229)

1892년 5월 세창양행은 조선 상인 홍종대(洪鍾大)와 대출 상환에 대한 문제를 다시 한번 겪게 됐다. 크리엔은 홍종대가 세창양행으로부터 대출한

---

225) *Ibid.*, no.1199, p.463; no.1202, p.464.

226) Deuchler, p.190.

227) ARC, vol. 15, no.773, p.227.

228) *Ibid.*, no.784, pp.280~281.

229) *Ibid.*, no.791, p.284.

3,072元을 지불하도록 조선 조정이 다시 한번 조치를 취해 달라고 요청했다.230) 외아문은 홍종대가 자신의 가옥과 재산을 처분해 300元을 우선 지불하겠다고 통보했지만, 이 문제는 1893년까지 해결을 보지 못하고 있었다.231) 이렇듯 어려움을 겪고는 있었지만 세창양행은 조선에서 상당한 정도의 대출업무도 벌이고 있었던 것을 알 수 있다.

청일전쟁 이전까지 세창양행과 조선정부는 또 다른 사업을 마무리했다. 조선 내아문은 세창양행을 통해 증기선 두 척을 구입했다. 조선은 소규모 항구에서 주요 항구로 세미를 운송하기 위해 선박을 구입하기로 결정했다. 세창양행이 세미운송에 가담한 초기부터 독일 부영사 부들러는 조선 정부가 선박을 대여하거나 구입할 것을 권고해 왔다. 이 두 척의 선박 구입건에 대한 자료는 『구한국 외교문서』에 존재하지 않으나 다음 사항들을 미루어볼 때 독일의 세창양행이 구입대금을 융자해 준 것으로 사려된다. 『高宗時代史』에서 이 선박들이 1885년 8월 24일 인천에 도착했음을 밝히고 있다.

1887년 12월 3일 외아문 독판 조병직은 이 선박들이 내륙을 항해할 때 독일 상징 대신에 조선 깃발을 게양하게 해줄 것을 독일 영사관에게 요청했다.232) 같은 날 독일 총영사 크리엔은 조선이 선박 대금을 완납할 때까지는 독일 상징을 계속 게양할 수밖에 없다는 해명을 하면서 조병직의 요청을 거절했다.233) 1890년 4월 세창양행은 지난 달 납입금을 납부해 달라는 요청을 해왔고, 크리엔도 조선 조정이 납부해야 할 예치금을 요구했다. 한번 더 이같은 요청을 한 후 5월 9일 조선 조정은 4월 분을 송금했고, 이틀 후 나머지 금액을 청산했다. 외아문 독판 민종묵이 5월 28일 8,000元을 지불했으나, 세창양행에 대한 다른 대출금 상환과 마찬가지로 선박 대금 상환에 대한 문제

---

230) *Ibid.*, no.1200, pp.463~464.
231) *Ibid.*, no.1344, p.526.
232) *Ibid.* 15, no.637, p.231.
233) *Ibid.*, no.638, p.231.

도 계속됐다.[234]

서너 번의 청산 요청 후에 조선 조정은 총액과 다른 누적된 청구액을 상환하겠다고 제의했다. 그러나 어디에서도 조선 조정이 스스로 제시한 상환 계획을 이행했다는 기록을 찾을 수는 없다. 오히려 1891년 3월 7일 크리엔은 세창양행이 요구하는 채무내용을 외아문에 통보했다.[235] 그 해 4월 14일 크리엔은 또 다시 선박 대금을 가능한 한 조속히 상환하라고 외아문에 촉구했다.[236]

1891년 5월 11일 조선 조정은 이선득(李善得: Le Gendre)을 파견해 선박 대금 상환에 대한 새로운 계획을 협상했다.[237] 이선득은 선박 대금을 인천, 부산 원산 세관의 관세 수익에서 지불하겠다는 의사를 전했다. 조선 조정은 인천 세관으로부터 3,000元, 부산 세관에서 3,000元, 그리고 원산 세관으로부터 1,000元을 각각 지불하겠다고 약조했다.[238] 이런 제의와 함께 조선 조정은 선박의 완전한 소유권을 넘겨줄 것도 요청했다.[239]

이런 약속에도 불구하고 조선 조정은 여전히 스스로 제안한 조건을 이행하지 못했다. 1891년 8월 31일 외아문은 단지 1,000元만을 독일 영사관에 보냈다. 그런 상황에서도 독일 총영사관은 조선 조정이 약속한 7,000元을 매달 납입한다면 선박 소유권을 이전할 용의가 있다고 통보했다. 그러나 조선 조정은 부분적인 입금만을 했고 1892년 독일 총영사관이 정상적인 납부 계획 이행을 다시 한번 강력히 요구할 때까지 이런 상황은 이어졌다. 1892년 4월에도 유사한 요구가 있었고, 이런 요구는 그 해 7월까지 계속될 정도로 조선 조정은 재정적 의무를 성실히 이행하지 못하고 있었다.[240]

---

234) *Ibid.*, no.1014, p.373.
235) *Ibid.*, no.1081, p.400.
236) *Ibid.*, no.1094, p.405.
237) *Ibid.*, no.1109, p.434.
238) *Ibid.*, no.1126, p.439.
239) *Ibid.*, no.1127, p.439.

독일 총영사관과 세창양행은 조선 조정은 세미를 판매해 납입금을 충당하라고 요구했으나 단번에 거절당했다. 조선 조정은 이 요구가 외교 관례상 우호적인 태도로 받아들일 수 없다고 거절 사유를 밝혔다.[241] 결국 1892년 7월 19일 독일 영사관은 선박 대금 상환 문제에 대한 세창양행의 실망감을 외아문에 통보했다. 1891년 10월부터 1892년 6월 사이 세창양행은 인천 세관으로부터 24,000元, 부산 세관으로부터 12,000元, 원산 세관으로부터 5,000元 등 합계 41,000元이 납부되지 않았다고 지적했다. 이 시점에서 세창양행은 이 세 세관의 수입을 차압해 세관원 임금과 운영자금을 제외한 세관 수입을 회사가 인수하겠다고 협박했다. 동시에 세창양행은 당사가 목포에서 인천으로 운송하는 세미를 직접 판매해 미상환금을 충당하겠다고 통보했다.[242]

이런 강한 협박성 요구에 직면한 외아문은 서둘러 선박 대금에 대한 부적절한 상환에 대해 사과하고 나섰다. 민종묵은 운영비를 제외하면 각 세관은 남은 비용이 거의 없다고 주장하며 6,000元을 일본 다이이치 은행 제물포 지점에서 대출해 세창양행에 지불했다. 조선은 이를 세창양행이 조선 정부가 문제를 해결하고자 하는 의지가 있음을 보여 주는 신뢰성 있는 자세로 받아주길 원했다.[243] 그러나 조선 조정의 의도와는 다르게 이런 해명과 태도가 신뢰성을 갖고 있다고 받아들이기는 어렵다. 독일이 분석한 각 세관의 수입을 보면 조정의 주장이 무색할 정도로 거짓이었다는 것이 명백해지기 때문이다. 조선의 공식 자료를 분석해 총영사 크리엔은 개항지 세관의 수익이 꾸준히 증가하고 있다는 점을 밝혀냈다. 그는 1892년 수익이 1886년에 비해서는 무려 5배나 증가했고, 1889년에 비해 두 배가 증가한 것을 지적했다.

---

240) *Ibid.*, no.1215, p.471.
241) *Ibid.*, no.1220, p.473.
242) *Ibid.*, no.1224, p.475.
243) *Ibid.*, no.1225, p.475.

크리엔의 분석에 의하면 1890년에서 1891년 사이 세관 운영비는 전혀 증가하지 않았음도 지적했다.

조선세관들의 관세 수입

1886년 1월 - 6월	51,387元
1887년 1월 - 6월	90,078元
1887년 1월 - 6월	126,960元
1889년 1월 - 6월	103,754元
1890년 1월 - 6월	269,444元
1891년 1월 - 6월	275,234元
1892년 1월 - 6월	235,213元

이런 통계 자료를 분석해 크리엔은 조선 정부가 세창양행과의 계약을 성실히 이행하고 있지 않다고 추궁했다. 동시에 그는 조선 조정이 주장하는 일본 다이이치 은행이 세관 수익에서 우선적으로 대출금을 상환해 간다는 것도 받아들일 수 없다고 말했다. 크리엔은 조선과 다이이치 은행 제물포 지점간에 서명된 계약서는 1892년 7월 29일에 작성되었기에 세창양행과의 계약 후임을 지적했다. 이 계약서에 의하면 조선 조정이 이 은행에게 인천 세관 수입금에서 우선적으로 상환금을 가져갈 수 있도록 권한을 주었다.[244] 국제 통례상 이해하기 어려운 점이 많아 보이는 계약임에는 틀림없다. 아직 세창양행에 대한 채무를 이행하지 않은 상태에서 새 계약자에게 우선 상환을 약속할 정도로 조선관료들의 자세는 일관성도 없었고 상식을 넘어서 있었다.

이런 수치스런 사건 후 조선 조정은 결국 세미를 팔아 상환금을 충당하겠다는 입장을 밝혔다. 동시에 고종은 은 100,000냥에 이르는 상환금의 심각성을 인식하기 시작했고, 결국 세창양행의 부채 문제를 해결하기 위해 청으로

---

244) *Ibid.*, no.1237, pp.479~480.

부터 은 100,000냥을 월 6% 이자로 들여오라고 명령했다. 고종은 부채로 인해 독일에 이권이 주어진다면 한반도에서 외국의 이권쟁취 경쟁으로 혼란이 일어날 것을 우려해 청으로부터의 차관이라는 고육지책을 수용했다.245)
1892년 10월 18일 조선 조정은 외아문 참판 그레이트하우스(C. R. Greathouse)를 파견해 세창양행에 대한 부채를 청산하도록 지시했다.246)

이로서 세창양행은 조선 조정에 대출한 금액을 환수했지만, 독일 외교관과 세창양행이 보인 저돌적인 태도는 조선의 재정과 통상에 대한 청일 양국의 영향력은 더욱 증가시키는 결과를 초래했다. 세창양행에 대한 부채를 탕감하기 위한 고육지책으로 도입된 엄청난 규모의 차관은 결국 청의 제국주의적 행태를 더욱 강화시키는 또 한번의 기회를 제공했다. 앞에서 지적한 것처럼 이미 청의 새로운 제국주의적 침투가 미약한 조선의 정치, 외교적 독립을 위협하고 있던 상태에서 차관으로 인한 청의 재정적, 통상적 영향력 확대는 조선을 위기로 몰아 가기에 충분했다. 결국 고종이 기도했던 청으로부터의 독립을 통한 근대화 노력은 실패로 돌아갔다. 하지만 이런 심각한 결과를 초래한 것에는 조선 조정 역시도 책임을 회피할 수 없다. 전반적인 재정 관리의 부실로 부채 상환에 실패해 청과 일본으로부터 또 다시 대출을 받는 방법 외에는 어떤 대책도 세울 수 없는 처지가 되었다. 하지만 조선 조정은 독일의 태도를 비신사적인 압력으로 간주했고, 주된 원인은 아니나 이런 조선 조정의 인식 변화가 청일 전쟁 후 독일의 대조선 통상을 급격히 감소시키는 원인 중의 하나가 되었다. 확실한 것은 세창양행과의 접촉을 통해 구한말 조선 조정 및 관료들의 한계성을 다시 한번 증명해 개항 후 새로이 전개되는 국제 환경에 적절히 적응하지 못했음을 보여주고 있다. 이렇게 조선은 국제화된 경제체제에서 생존하기 힘든 모습을 보이면서 한반도에 불어닥친 최초의 국제화는 실패로 돌아갔다.

---

245) 국사편찬위원회, vol. 3, p.319.
246) ARC, vol. 15, no.1243, p.482.

4. "대차 대조표"

1884년 이후 세창양행(Heinrich Constantin Edward Meyer & Co.)은 조선에서 가장 활동적인 서양 회사 중 하나가 되었다. 초기에는 묄렌도르프가 세창양행을 근대화 작업에 착수한 조선 조정과 계약을 맺게 해 초기 상업적 발판을 견고히 하는데 큰 도움을 주었다. 이 후로 세창양행은 조선 조정과 상인들에게 차관 및 대출도 제공해 사업을 확장해 나갔다. 세창양행이 저돌적으로 사업을 확장하려 할 때 독일 총영사관은 외교 통로를 이용해 청과 일본으로부터 이 회사의 이익을 보호해 주었다. 독일 외교관들은 무산은 됐지만 울릉도 벌채권과 남해에서 진주 채취권까지도 지원해 주었다.

전반적으로 이 시기 세창양행은 조선과의 통상에서 괄목할만한 결과를 성취했다. 1876년 이후 조선 통상은 청과 일본에 의해 독점되어 왔기 때문에 세창양행은 통상 및 재정 면에서 다양화를 추진하던 조선 조정에 대안을 제공했다. 사실 세창양행은 최초로 조선 조정에 차관을 제공한 서양 기관이었고, 묄렌노르프와 독일 외교판들의 지원에 힘입어 이 회사는 은자의 니라에서 사업을 지속할 수 있는 단단한 발판을 마련했다.

세창양행의 통상을 통해 독일은 조선에 상당한 서구 신기술을 소개했다. 세창양행이 도입한 전환국 기계는 조선으로는 최초의 대규모 서양 기술 이전이 되었다. 세창양행이 제공한 차관도 역시 청과 일본에 전적으로 의존하던 당시 조선 조정의 재정 부담을 잠시나마 해소시키는 역할을 했다. 여전히 조선 조정의 경험부족과 문화적 혼동이 뒤섞여 이런 다소 긍적적인 요소들은 혼합된 결과만을 초래하는데 그쳤다. 세창양행으로부터 근대적 사업 방식을 습득하려는 노력 대신에 조선 조정은 세창양행의 지속적인 부채 상환 요구를 비신사적인 압력으로 간주해 조선을 궁지로 몰았다고 생각했다. 더군다나 조선 조정은 국제 통상에 능동적으로 참여하려는 효과적인 정책을 개발하는 데 실패했음은 물론 외부로부터의 압력에 저항할 수 있는 방법

조차도 발전시키지 못했다. 독일로서는 1894년 이후 조선과의 통상이 급격히 감소하는 좌절을 경험해야 했다. 다음 장에서 밝혀지겠지만 이는 독일 사업가나 조선 조정의 책임만은 아니었다. 그 원인의 주체는 도쿄와 베를린 정치인들의 정책변화 때문이었다. 동시에 묄렌도르프의 파면도 큰 비중을 차지했다. 묄렌도르프가 조선 조정에서 물러나 출국한 후부터 세창양행은 조선 조정과의 마찰이 시작되게 된 점도 간과해서는 안될 것이다. 세창양행은 1885년부터 1894년 사이 한반도에서 상당한 수익을 올린 것은 사실이다. 그러나 부채문제로 야기된 갈등과 조선을 둘러싼 국제 환경의 변화는 몇 년 안 남은 19세기말의 대조선 독일 통상의 장래를 상당히 어둡게 했다.

제 5 장

1. 조선의 위기 - 농민봉기, 전쟁 그리고 개혁

세창양행이 조선 시장에서 착실하게 사업을 확장해 나가고 있던 동안 은자의 나라 조선은 내부적으로 심각한 위기에 빠져들고 있었다. 이 위기는 청의 비호만 있을 뿐 정책도 없고 부패했던 보수주의 민씨 일파가 장악한 조정의 능력만으로는 쉽게 해결될 수 있는 상황은 아니었다. 당시 민씨 일파의 정권은 한 마디로 고질적인 행정마비 상태였다. 민씨 일파는 근본적인 개혁을 통해 시급한 문제 해결이 요구되는 상황마다 청에 도움을 요청해 문제를 피해 나가고 있었다. 특히 갑신정변 이후 묄렌도르프도 없는 상황에서 이들에게서 개혁의지는 더 이상 찾아보기 힘들었다. 더구나 민씨 일파 정권 하에서 매관매직이 성행했고, 지방 관료의 부정부패와 횡포도 비일비재했음은 물론 백성들에 대한 터무니 없는 세금도 조선 사회를 위기로 몰아 가고 있었다. 구조적으로도 점점 심각해지는 불평등한 조세 제도와 토지분배로 경제가 파탄에 이르자 조정에 대한 민초들의 반감은 가중되었다. 관직을 사들인 많은 지방관료들은 투자한 돈을 보상받으려는 정도를 넘어 치부까지 하려고 혈안이 되어 있었다. 그들은 과중한 세금뿐만 아니라 개인적인 일로 백성을 징용해 노역시키며 일반 백성의 삶 자체를 심각하게 파괴해 민씨 일파에 대한 백성들의 분노는 극에 달해 있었다.

설상가상으로 외국에 문호를 개방하면서 이미 견디기 힘든 상황을 더욱 비참한 상태로 몰아 갔다. 대규모의 일본 어선은 조선 어민의 삶에 큰 타격을 주었고, 조정이 허락한 일본과 독일 증기선의 세미 운송 참여는 많은 실직자를 만들었다. 여기에 쌀 수출의 증가는 곡물 가격을 급속히 상승시키는 결과를 가져왔다. 마지막으로 1876~77년과 1888~89년 전라도가 겪은 몇 번의 흉년은 농민의 생활을 더욱 열악하게 만들었다. 경제 파탄으로 도적이 극성을 부리는 것은 물론 지역적인 소요가 자주 발발했다. 함경도와 경상도에서 광부들의 소요 사태가 일어났고, 제주도에서는 어민들의 폭동 사태도 일어났다. 국토 대부분 지역에서 농민들의 반란이 줄을 이었음은 물론 몰락한 양반층도 반란에 가담할 정도로 불만은 극에 달하고 있었다. 특히 1888~89년 흉작으로 전라도의 민심은 더욱 악화되었다. 어떤 사회를 막론하고, 가장 보수적인 농민의 동요는 체제의 문제점이 극에 달했음을 의미하는 것처럼 19세기에서 20세기로 넘어서는 길목에 선 조선도 더 이상 근본적인 개혁 없이는 체제를 유지할 수 없었음을 짐작할 수 있다.

1890년대 사회, 경제 위기의 골이 더욱 깊어지자 많은 조선인들은 유일한 구원의 수단으로 동학(東學)이라는 새 종교에서 해답을 찾으려 했다. 동학은 당시 밀려들던 천주교를 포함한 서양적인 것에 대한 반발로 교리는 유교, 불교, 도교는 물론 무속의 전통까지 결합시킨 토속 종교였다. 동학 창시자 최제우(崔濟愚)는 윤택하고 평등한 사회가 조만간 도래할 것이라고 설교했다. 동학의 교리가 조선의 전통적 사회, 정치 체제와 상반되어 있었기 때문에 조정은 이 종교의 활동을 금지시켰고, 교주 최제우는 사형 당했다. 그 후 동학은 지하 종교화됐으나, 일부 양반층을 포함해 고통받던 계층 사이에서 여전히 그 교세를 넓히고 있었다.

최제우의 뒤를 이은 최시형(崔時亨) 교주는 지속적인 포교 활동을 추진하면서 동학을 조직화했다. 그의 지도력 밑에서 동학의 경전인『동국대전』(東國大典)과『용담유사』(龍潭遺詞)가 간행됐고, 교단 조직망은 물론 교단 지도자의 지위체계도 정비되었다. 그러나 동학의 성공적 교세 확장은 동학의 종교적 체제 정비와 조직화라는 내부적 발전보다는 일본을 위시한 외세와 권력층에 대한 뿌리깊은 대중적 적대감에서 비롯된 것이라고 볼 수 있다. 즉 불확실하고 암담한 미래에 대한 조선 민중의 좌절점이 동학의 확산을 부추겼다고 볼 수 있다.

교세의 성공적 확장으로 1892년 종교적 활동 보장과 창시자 최제우의 사후 사면을 요구하는 동학교도들의 소요는 넓게 확산되어 갔다. 수천 명의 동학교도가 전라도 삼례에 운집해 전라목사와 충청목사에게 최제우의 복권과 동학교도에 대한 탄압을 금지하라고 요구했다. 이들 목사들은 지방관리들에게 탄압을 금지하라는 명령을 전하겠다고 약조했으나, 최제우에 대한 복권은 왕만이 할 수 있는 결정이라고 해명해 여전히 불씨를 남겼다.[247]

결국 1893년 4월 40명의 동학 지도자가 서울에 집결해 최제우의 복권을 요청하며 왕궁 앞에서 사흘 간 무릎을 꿇고 앉아 시위를 벌였다. 그러나 이들의 상소는 받아들여지지 않았고, 조정은 이들에게 고향으로 돌아갈 것을 종용했다. 최시형의 지시에 따라 이들 동학 지도자들은 낙향을 결정했으나, 이들의 상경 자체가 서울의 분위기를 공포로 몰기에 충분했다. 누구에 의한 것인지 분명치는 않으나 성벽에 외국인 추방과 천주교에 대한 탄압을 요구하는 방들이 나붙었다. 이를 계기로 수만 명의 동학교도들이 서울로 몰려오고 있다는 소문이 나돌았고, 민심이 술렁이는 정도를 넘어 혼란에 대비해 자국인 보호를 목적으로 외국 전함들이 속속 인천으로 들어 왔다. 이는 당시 동학의 세력이 조선 사회에 얼마나 확산되었는지를 반영해 주는 좋은 예라 볼 수 있다.

동학 지도자들은 대부분 양반들이었다. 이들은 18, 19세기 사회적 혼란과 정치적 세력 싸움의 결과로 몰락한 양반층이었다. 자신들의 상황과 유교적 사회 체제의 붕괴로 혁명적인 동학에 동참했던 것이다. 이들 교육받은 반체

---

247) Han Woo-keun, p.405.

제 엘리트들은 동학을 결속력 있는 조직으로 발전시키는 데 중요한 역할을
해 조선의 정치, 사회적 혼란을 가중시켰다. 동학은 이제 몰락 양반층의 역
할로 종교적 믿음과 정의로 무장했고, 선명하고 견고한 정치적 목적을 가진
진정한 혁명적 운동으로 변했다. 그러나 강한 반외세적 성격으로 지나치게
반동적인 모습도 갖고 있었다.

1893년 5월 2만 명의 동학교도가 한양 상소에 참여했던 강경파 지도자를
중심으로 충청도 보은에 집결했다. 이들은 정부에 전반적인 개혁을 요구했
고, 서양인과 일본인을 조선 땅에서 추방할 것과 외국과의 단교를 요구했다.
이들의 요구가 시대 상황에 비추어 반동적인 색채를 갖고는 있었지만 동학
은 이제 종교적인 운동에서 정치의 주체로 선명하게 변했음을 볼 수 있다.
조정은 보은에 집결한 동학교도들을 당근과 채찍으로 일단 분산시키는 데
는 성공했다. 즉각적인 소요의 위험은 사라졌으나 조정은 부패관리나 외국
인의 문제를 해결할 수 있는 개혁안을 제시하지는 못했다. 결국 조정은 위
기 모면에만 관심이 있었을 뿐 근본적인 문제해결에 대해서는 의지도 능력
도 없었던 것이다.

모든 혁명적 사건들이 그렇듯이 동학 농민봉기 역시 아주 사소한 일로부
터 시작되었다. 1892년 전라도 고부에 새로 부임한 조병갑(趙秉甲)은 포악하
기로 이름 난 탐관오리였다. 그는 사리사욕을 채우기 위해 백성을 혹사시켰
고, 백성들은 조병갑의 횡포를 전라목사에게 상소했다. 그러나 전라목사로
부터 별 반응이 없었고 결국 이 지역 동학 지도자 전봉준(全琫準)은 조병갑
을 물리적으로 몰아낼 수밖에 없다는 결정을 했다. 1894년 2월 전봉준은 농
민들을 이끌고 그들이 강제로 징용되어 부역한 수로를 파괴했다. 전봉준을
위시한 소요 가담자들은 관청으로 난입해 병기를 포획했고, 관청 창고에 쌓
인 곡식을 지역민들에게 나누어주었다.

이 사태를 보고 받은 조정은 특별감사를 파견했고, 전봉준과 농민들은 조
정이 자신들의 행위를 공정하게 판단할 것이라 기대하고 귀가했다. 그러나

특별감사는 이 사건을 동학교도들이 주동한 불법 행위라 규정해 백성들을 몰아 세우고 동학교도를 체포하기 시작했다. 이에 전봉준은 전라도 지역의 다른 동학 지도자들에게 서한을 보내 정부의 보복행위에 적극적으로 대응하자고 제의했고, 동학 지도자들이 전봉준의 의사를 수락하면서 대규모의 소요는 피할 수 없는 상황이 되었다.

수천 명의 동학교도와 농민들이 고부 근처 백산에 집결했고, 그들 중 일부는 막대기와 죽창으로 무장했으나, 일부는 총과 칼을 소지함으로써 탐관오리 조병갑으로 인한 소규모 지역 소요는 대규모 무장 봉기로 발전했다. 그 해 5월 왕실의 유래지이고 전라도의 수도 전주성이 동학교도에 의해 함락될 위기에 직면했다. 지방 관리들은 목숨을 건지기 위해 서울로 도주했고, 5월 27일경에는 동학교도의 소요가 충청도와 경상도까지 확산되어 전국적인 규모로 발전했다. 5월 31일 전주성은 결국 동학도의 손에 함락되어 조정은 위기감을 느끼기 시작했다.

상황이 이렇게 심각해지자 고종은 부정하고 부패한 관리를 면직시킬 것을 약속했고, 전라도 주민들에 대한 어떤 보복 조지노 취하시 않겠다고 발표했다. 그러나 이미 조정에서 파견한 조선 신식군대는 전주성 근처에 도착해 여전히 동학 소요를 무력진압 하겠다는 의지를 보였다. 신식군대는 동학군의 반격을 잘 이겨내고 있었다. 이런 상대적으로 강한 군대를 처음 대적한 농민들은 전의를 상실하기 시작했다. 고종의 약속을 접한 동학군은 신식군대 지휘관이 보복을 않는다는 약조를 하면 자진 해산해 집으로 돌아가겠다는 입장을 표명했고 이 요구는 수락되었다. 동학 반군이 귀향한 후 전라도 53개 지역에 자치기구인 '집강소(執綱所)'가 설치되었다. 전봉준의 관리하에 '집강소'는 동학교도들에 의해 유지되었다. '집강소'는 지방관리들에 대한 자문기관의 성격을 띠고 농민들의 권익을 보호하고 관리들의 실정을 방지하려는 목적을 갖고 있었으나, 동학교도는 '집강소'를 통해 자신들의 교리인 평등 사회를 구현하려 했다.

  조정의 신식군대가 동학군의 반격을 성공적으로 저지하고 있었음에도 불구하고 민씨 세력을 주축으로 한 조정 관료들은 외국 지원군 없이 조선 신식군대만으로는 동학군을 물리칠 수 없다고 우려하였다. 특히 친청 세력의 민씨들은 고종을 종용해 청에 원군을 요청할 것을 건의했고, 고종도 이를 허락했다. 이런 결정은 동학교도와의 약조를 어기는 결과였을 뿐 아니라 더욱 심각한 문제는 국내 소요사태가 다시 한번 국제적 사건으로 발전할 수 있는 상황을 초래했다. 고종과 민씨 일파는 아직도 국제정세를 잘 이해하지 못하여 이런 근시안적인 결정을 내렸다고 볼 수밖에 없다. 즉 텐진조약의 내용상 청국군대가 조선 땅을 밟는다는 것이 어떤 상황을 전개할 것인지를 파악하지 못하고 있었다. 조선 조정은 원세개에게 원군을 요청했고 원세개는 이 요청을 이홍장에게 즉시 전했다. 이홍장 역시 일본의 반응을 고려치 않고, 이 요청을 즉각 수락했다. 1894년 6월 6일 이홍장은 3,000명의 군사를 텐진에서 아산으로 파견했다. 다음날 이홍장은 청의 조선 파병 이유를 일본에 통보했으나 일본은 이홍장의 예상과는 다르게 종전의 불간섭 태도를 취하지 않고, 당연히 일본도 군사를 파견해야 한다고 통보했다. 일본은 우선 청이 조선 파병에 대한 해명을 사전에 하도록 약속된 1885년의 텐진조약을 성실히 이행하지 않았다고 비난해 자신들의 파병 의사를 간접적으로 시사했다.

  결국 일본도 8,000명 규모의 군대를 인천으로 파병했다. 사태의 심각성을 인식한 청이 조선의 재정, 군사, 행정 개혁을 청일 공조로 진행하자는 제안을 했음에도 불구하고 일본군 4,000명은 곧바로 서울로 진군했다.[248] 국제환경에 대한 조선 조정의 무지와 자국 군대에 대한 불신, 그리고 내부 소요에 대한 자체 해결 능력의 부재는 조선 땅에서 청일의 군사적 대립을 자초하는 결과를 초래했고, 청일 양국은 대규모의 병력을 조선으로 파견하기 시작했

---

248) Kim and Kim, p.80.

다. 이런 상황의 전개에 당황한 조선 조정은 이미 소요 사태가 진정되어 외국 군대가 조선에 주둔할 이유가 더 이상 없다며 조속한 철군을 요구했다. 그러나 일본은 이미 이 기회를 이용해 조선에 대한 청의 영향력을 완전히 제거하려는 의도를 굳히고 있었다.[249]

1894년 7월 23일 일본군 2개 대대가 경복궁으로 진입해 고종을 볼모로 잡았다. 일본은 민씨 일파 모두를 조정에서 몰아냈고, 새로운 친일 내각을 창출시켰다. 드디어 일본은 1884년 이전부터 구상했던 일본 주도의 조선 개혁을 시작했고, 일본식 개혁을 통해 조선을 장악하려는 목표를 실행으로 옮겼다. 일본은 조선의 새 내각에 청과의 모든 조약을 무효화하라고 요구했다. 일본측이 제시한 무효화 이유는 이들 조약들이 조선의 독립에 위배되고 있다는 것이었다. 이때 독일 총영사관은 이런 일본의 요구를 외아문으로부터 통보 받았으나, 침묵을 유지하고 있었다. 조선은 1884년 위기 때처럼 독일의 조언을 구하고 있었으나, 총영사 크리엔은 이런 사실을 독일 정부에 통보하겠다는 입장만을 전달했을 뿐 아무런 조치를 취하지 않았다.[250] 7월 25일 고종은 일본의 무력 시위 앞에 그늘의 요구를 수용할 수밖에 없었고, 일본은 청의 전함과 군대에 대해 전면적인 공격을 시작했다. 그 해 8월 1일 일본은 청에 정식으로 선전 포고를 했고, 20일 후 일본은 조선 조정에 압력을 가해 개혁을 시행하겠다는 합의문에 서명토록 했다. 동시에 일본은 자국 군대와 장비의 효율적인 이송을 이유로 경부선과 경인선 철도 건설권을 확보했다. 마지막으로 조선 조정은 전라도의 모든 항구를 일본에 개항한다는 합의를 하고 말았고, 조선은 청에 대한 군사적 견제를 목적으로 하는 조일 동맹에 서명했다.[251]

공식 선전 포고가 있기 전인 7월 29일 이미 일본군은 청의 주력 부대를

---

249) Han Woo-keun, p.410.
250) ARC, vol. 14, no.1428, p.566.
251) Han Woo-keun, p.411.

아산과 공주에서 대파했고, 청군은 지원병력을 기대하며 평양으로 퇴각했다. 일본군이 청군을 서울에서 축출하자 김홍집을 중심으로 한 친일 내각은 일본이 제시한 개혁 강령을 이행하기 시작했다. 김홍집이 관장하는 군국기무처(軍國機務處)가 이 개혁을 주도했으나 실질적으로는 일본 공사 오토리 케이수케(大鳥圭介)가 막후에서 영향력을 행사하고 있었다. 군국기무처는 1894년 7월 26일 갑오개혁을 시작해 6개월도 채 못되어 208개의 개혁안을 통과시켰다. 이런 급속한 입법과정으로 인해 쉽게 상상할 수 있는 것처럼 법령들간에 모순도 많았고, 조잡스런 개혁 조치도 허다했고 특히 일본의 주도로 조선인들은 개혁안을 받아들이기 거부했다. 결국 일본이 주도한 갑오개혁(甲午改革)의 궁극적인 성공은 개혁 자체의 성격상 한계가 있었다.

1894년의 갑오개혁은 일본이 자국의 이익을 위해 구상하여 강요한 개혁이라는 한계성을 갖고 있었지만, 조선의 체제를 전반적으로 변화시켜 어느 정도 근대화했음은 부인할 수 없다. 우선 정치적으로 정부의 체제가 재구성되었다. 왕실의 정치적 권한이 축소되었고, 내각제 형태로 김홍집 내각이 내무, 외무, 재정, 군사, 사법, 교육, 산업 및 농업통상의 8개 부서를 통괄하게 되었다. 동시에 감사, 조언을 담당하는 기구도 만들어졌고, 재정, 경제 관리 기관은 물론 경찰 기구도 창설되었다.

구식 과거제도도 폐지됐고, 조선어, 중국어, 서예, 수학, 정치학, 국제관계, 논술 등의 능력을 요구하는 새 국가시험제도가 만들어졌다. 유교적인 중국 고문에 대한 실력을 주로 평가했던 과거제도로부터 획기적으로 탈피한 새 시험제도는 시대적으로 필요한 인재를 등용하려한 점에서 긍정적인 면을 갖고 있다. 이 새 시험제도는 과거와 달리 양반으로 한정됐던 사회 계층적 제한도 철폐되어 광범위하게 인재를 등용하려 했다. 지방행정도 도 단위보다는 소단위 지방 행정 구역을 근본으로 하게 되었고, 지방관리는 내각의 추천으로 왕이 임명하는 방법을 채택했다. 또 개항지에서 통상을 관장하는 새로운 직책이 만들어졌으며 더 이상 지방 수장이 사법권과 군사권을 독점할 수 없게 되었다.

　재정 면에서는 왕실의 재정이 정부 재정에서 분리되었다. 재정부서가 처음으로 정부의 재정과 지출을 관장하게 되었을 뿐 아니라 정부 대출과 조세권도 관장하게 되었다. 내각은 일관된 세제를 제시해 현금으로 지불할 수 있도록 한 새로운 조세제도도 도입했다. 이런 새 재정제도는 조선으로서는 오래 전부터 필요로 했던 근대적 제도였음에도 불구하고 큰 어려움에 봉착했다. 새로운 화폐를 만들어 유통시키려 했으나, 안정되고 전국적으로 유통되는 화폐로 인정받지 못했다. 이런 안정된 가치를 가진 중앙 화폐는 모든 재정 개혁의 선제 조건이었기에 재정제도 개혁은 실효를 거두지 못했다.

　여하튼 국가 재정체제의 개혁은 가장 중요한 변화 중의 하나였다. 이 새 제도는 재정을 담당하는 관리에 대해 엄격한 규정도 확립했다. 이는 조선의 개혁 의도를 가진 관료들이 개항 후 외국과 통상을 시작하면서부터 그 필요성을 절감하던 제도가 현실화되는 시점이었다. 이 새 제도는 독일의 영향을 받은 일본의 제도를 근거로 한 것이었다. 결국 이 개혁은 간접적이나마 독일 체제의 영향을 받은 신제도였다.[252]

　사회 개혁도 조선 사회 전반에 엄청난 파장을 일으켰다. 노비 해방을 위시해 사회 계급제도 자체가 철폐되었고, 양반도 상업에 종사할 수 있게 되었다. 조혼도 금지됐고, 과부의 재혼이 허락됐으며, 친고죄 역시 폐지되었다. 상류층의 특권도 사라져 근대 사회적인 모습은 갖추었으나, 아직 조선 사회가 이를 적극적으로 받아들이기에는 지나치게 과격하고 급진적인 개혁이었다. 조선은 메이지유신 당시의 일본과 비교해 기득권 층이 넓게 확산되어 있었기 때문에 소수의 희생을 바탕으로 하는 파격적이고 급진적인 일본식 개혁은 성공을 거두기가 불가능한 상태이었다.

　이런 개혁들은 긍정적인 측면도 갖고 있으나 갑오개혁의 근본 목적이 조

---

252) Kim Tae-jun, "The Survey of Government Finances of the Late Yi Dynasty(1895~1910)," *Korea Journal*, (Feb. 1974): 25.

선을 최소한의 독립 상태로 유지시켜 직간접으로 조선을 일본의 영향권 아래 단기적으로 혹은 가능하다면 영원히 귀속시키려 하는 일본의 의도가 깔려 있었다.[253] 즉 일본은 갑오개혁을 통해 조선을 허수아비 국가로 전락시키려는 의도를 갖고 있었기에 조선 민중의 거부감은 거세었고, 개혁에 대한 반대는 일반인들에게 확산되었을 뿐 아니라 개혁에 대한 반대 행위는 애국으로 간주되었다. 이는 갑오개혁의 한계를 보여주어 개혁의 실패를 예견하고 있었다. 많은 개혁 조치들이 조선의 근대화를 위해 필수적인 것이었지만 조선인이 주관하지 못하고 일본의 강압에 의해 진행되었기 때문에 국제정세가 변해 일본의 외교적 입지가 약화되자 여실히 그 한계를 들어내며 실패하고 말았다.

청일 전쟁이 발발한 몇 달 후 동학 지도자 전봉준은 봉기의 깃발을 다시 올렸다. 전라도에서만 수십만 규모의 농민이 참여했고, 최초로 온건 중도적인 정신적 동학 지도자, 최시형도 은거에서 나와 일본에 대한 무력 항쟁을 지지했다. 1894년 10월 전라도, 경상도, 충청도를 포함한 남부 지역 동학 지도자와 농민들이 논산에 집결했고, 다음달 초 동학 주력군이 공주를 향해 이동했다. 여기서 동학군은 조선과 일본 연합군을 맞아 격전을 벌였으나 크게 패하고 남쪽으로 후퇴했다.

일본군은 동학군을 토벌하기 위해 계속 남진했다. 남쪽 해안에 도착할 때까지 일본군의 학살은 계속됐고 전봉준도 체포되어 12월 28일 서울로 압송됐고, 대부분의 동학 지도자들도 곧 비슷한 운명에 처하게 됐다. 서울에서 이들이 처형된 다음해 1월까지도 일본군 주도의 동학교도에 대한 대대적인 학살은 지속됐다. 일본의 조선 침투에 반대한 최대의 국내 무장 세력은 이렇게 사라지고 말았고, 동학 운동은 한국사에서 더 이상 정치적인 색채로 나타나지 않고 종교적인 요소로 남게 되었다.

---

253) Kim and Kim, p.81.

조선 내의 무장 반대세력을 완전히 제거한 후 일본군은 마지막으로 청군을 평양에서 격퇴했다. 청의 해군 역시 해전에서 번번이 패했고, 일본은 랴오퉁반도(遼東半島)와 산퉁반도(山東半島)를 비롯해 타이완(臺灣)까지 점령했다. 1895년 4월 시모노세키 조약으로 전쟁은 막을 내리게 되었고, 결국 일본은 조선에서 청을 완전히 몰아내는 데 성공했다. 동학교도에 대한 대대적인 학살로 일본은 일단 더 이상의 반대 세력 없이 조선을 쉽게 장악했다.

전쟁이 끝나자 이노우에 가오루가 오토리 케이수케를 대신해 공사직을 맡으면서 조선 정부가 갑오개혁을 효율적으로 마무리하도록 전력을 기울였다. 이노우에는 민비(閔妃)와 민씨 일파의 정치적 반격을 사전에 제거하기 위해 오직 왕만이 법과 훈령을 공포할 권한을 갖고 있다는 규정에 고종과 내각이 서약할 것을 요구했다. 과거 조선을 여러모로 돕던 독일 외교관들은 이런 상황에 대해 여전히 함구하고 있었지만, 일본인이 조선 정부의 요직을 장악하려는 데는 항의했다. 갑신정변에서 살아 남은 개화파 지도자 박영효와 서광범은 이노우에와 함께 조선으로 귀국해 내각의 높은 직위에 앉는 등 친일 세력이 내각을 독점하게 되었다. 이노우에는 군국기무처를 해산하도록 요구해 이 초권력 기관을 명실상부한 내각 체제로 전환하려 했다. 즉 이노우에는 군국기무처가 주도했던 개혁을 마무리하고 공식화하려했던 것이다. 일본 군사 고문단을 위시해 일본인 관료들이 새 내각 각 부서의 고문 자리를 장악하기 위해 조선으로 몰려왔다. 1895년 1월 17일 고종은 새로 구성된 내각과 '홍범 14조(洪範十四條)'를 공포했다. 일본은 조선의 갑오개혁의 원만한 진행을 지원하기 위해 3,000,000엔의 차관을 제공해 일본이 주도한 개혁이 재정 문제로 실패하지 않도록 했고, 동시에 조선을 재정적으로 귀속시켜 일본의 영향력을 더욱 강화하려 했다.

1894년과 1895년 사이 친일 내각 각료들은 조선인들에게는 매국노로 여겨졌다. 일본의 군사력을 등에 업고 시행된 극단적인 개혁 역시도 증오의 대상으로 여겨졌다. 앞에서 거론한 것처럼 일본의 메이지유신을 모방한 갑오개혁이 조선의 전통적 가치관에 위배된다는 것은 쉽게 이해할 수 있다. 일본과 조선은 사회구조상 상당한 차이가 있었던 때문이다. 이런 가치관의 문제와 대중적 저항심리는 시작부터 개혁을 정체상태로 몰아갔다. 그럼에도 불구하고 조선 정부는 아직도 독자적인 개혁을 주도하지 못해 조선 반도를 더욱 심각한 정치, 외교적 위기로 몰고 갔다.

2. 독일 제국의 반응과 동북아시아 정책의 형성

국제적으로 큰 의미를 갖는 청일전쟁(淸日戰爭)이 지구 반대쪽에서 일어났을 때 독일제국은 어떤 반응을 보였을까? 1894년 5월 9일 독일 영사관은 외아문으로부터 한반도 남쪽에서 동학교도가 이끄는 소요에 대한 소식을 처음 접했다. 이 서한에서 외아문 독판 서리 김학진(金鶴鎭)은 이 소요가 전라도 지역에 한정된 것이 아니라고 통보했다. 김학진은 서울 이남에 거주하던 모든 독일 상인들을 즉시 철수시킬 것을 통보했다.254) 6월 8일에 외아문 독판 조병직은 전주성이 동학교도에 의해 점령됐지만, 서울은 여전히 안전하다고 독일 영사관에 통보했다.255) 나흘 후 조병직은 정부군이 전주성을 탈환했고, 사태가 진정 국면에 접어들었다고 다시 통보했다. 이 문서에서 조선 조정이 전라도에서의 소요가 끝났다는 통보를 함으로써 서방의 도움으로 청과 일본의 군대가 조선으로 몰려드는 것을 막으려는 노력을 엿볼 수 있다. 유사한 맥락에서 6월 18일 조병직은 독일 총영사 크리엔에게 전문을 보내 전라도 지방의 여행도 이제 안전하다는 점을 통보해 소요가 완전히 진정됐음을 다시 한번 강조했다.

1894년 6월 24일 조병직은 조선의 사태를 베를린에 통보해 달라고 독일

---

254) ARC, vol. 15, no.1398, p.553.
255) *Ibid.,* no.1404, p.557.

영사관에 요청했다. 조병직은 일본이 청이 제의한 청일 양국의 동시 철군을 거부한 데 대한 실망감을 표명했다. 조병직은 사태의 원만한 해결을 위해 독일이 중재에 나설 것을 기대하며 독일 영사관과 베를린의 조언을 요청했다.[256] 하루 전에 발송한 서한에서도 조병직은 일본군이 경복궁을 포위했다고 전하며, 왕의 처소로부터 일본군의 철수를 독일 영사관과 독일 정부가 중재해 줄 것을 애타게 요청했다.[257]

독일 총영사 크리엔은 자신의 회답에서 우선 일본군에 의한 경복궁 점령에 대해 충격을 받았다고 전했다. 그러나 과거와는 달리 이런 놀라움 외에 어떤 조언이나 중재의 뜻을 보이지 않았다. 1880년대 갑신정변과 거문도 점령 사건 당시의 행동에 비해 독일 외교관들은 침묵을 지켰고 그들의 반응은 무관심해 보이기까지 했다. 당시 조선이 인지하지 못하고 있었던 것은 베를린이 전쟁이 발발하면 일본의 승리를 이용해 청으로부터 영토 임대를 확보하려 하고 있었다는 것이다. 조선의 불행에 대한 독일 영사관의 애매한 입장이 독일 외교 정책의 중요한 전환 과정 일부였다는 것이 밝혀지게 되었다.

청일전쟁이 한반도를 놓고 벌인 청일간의 지역전(地域戰)일 뿐 아니라 국제 정세 전반을 바꾸는 세계사에서 중요한 위치를 갖고 있었다는 것은 독일의 경우를 보더라도 입증이 된다. 제 1차 세계대전으로 치닫는 국제 정세의 전개가 청일전쟁으로부터 시작된다. 여기에 청일전쟁의 도화선이 된 동학농민봉기의 세계사적 중요성이 있고, 조선사가 세계사 특히 19세기 말 정치 외교사에서 갖는 중요성을 입증해 주고 있다. 제 1차 세계대전은 식민지 경쟁에 마지막으로 뛰어든 독일로 인해 국제 정세가 급격히 변하면서 시작되었다는 견해가 지배적이다. 극동 지역에서 독일의 식민지 확보 노력은 아프리카에 못지 않게 치열했다. 동시에 동학농민봉기로 시작된 청일전쟁은 독일이 최초로 극동 정책을 수립하는 계기가 되어 치열한 각축을 시작했다는

---

256) *Ibid.,* no.1411, pp.558~559.
257) *Ibid.,* no.1413, pp.559~560.

점에서 조독 관계에 대한 연구는 세계사의 이해에 중요하다고 보겠다.

이전까지 독일은 아시아 지역에 대해 거의 관심을 보이고 있지 않았다. 청일 전쟁 중에도 이 지역에서 독일의 교역은 거의 피해를 보지 않았다. 1894년 8월 8일 독일 총영사관이 전쟁 지역 밖의 조선 연해에서 일본 해군의 독일 상선에 대한 조사를 금지해 달라는 한 번의 요청이 전부였을 정도로 전쟁의 여파를 받지 않고 있었다.[258] 사실 독일 제조업자들과 상인들은 일본이 6.25 전쟁으로 막대한 경제적 이익을 얻은 것처럼 청일전쟁으로 인해 적지 않은 이익을 올리고 있었다.[259] 그러나 베를린은 이 기회를 이용해 '세계정책'(Weltpolitik)의 첫 번째 과제로 독일의 해군 기지를 중국에 만든다는 정책을 추진하게 되었다. 이런 정책적 변화는 극동 지역에서 독일의 입지가 강화되면서 필수적인 과정이라는 독일 정치인들과 상인들의 생각에서 시작됐다. 1895년에 이르면서 청국 내 독일의 교역량은 총 규모 면에서 큰 차이는 있었지만 영국의 뒤를 잇는 2위로 급부상했다.[260] 이런 상황에서 청일전쟁은 독일의 권익을 확대, 유지할 해군 기지를 청의 영토에 만들 수 있는 예기치 못한 기회를 독일에 제공했다. 바다와 육지에서 계속되던 일본의 승전은 청이 나약하고 장래가 없다는 점을 다시 한번 입증해 주었다. 그 결과 독일은 조선과 청의 희생을 바탕으로 독일의 상업적 권익을 증진하기 위해 청의 영토를 점령한다는 계획을 수립하고 추진하게 된다.[261]

1894년 조선에서 문제가 발생했을 때 독일은 영국과 러시아에 비해 그다지 조바심을 내지 않았다. 독일의 이 지역에 대한 관심이 영국과 러시아에 비해 적었던 것도 원인이었지만, 일본과의 우호적 관계를 유지하려는 정책

---

258) *Ibid.*, no.1421, p.563.

259) Lensen, vol. 1, p.269.

260) John E. Schrecker, *Imperialism and Chinese Nationalism: Germany in Shantung*, (Cambridge: Harvard University Press, 1971), p.9.

261) Minge C. Bee, "Origins of German Far Eastern Policy," *Chinese Social and Political Science Review*, 21(1937~1938): 67.

노선도 중요한 원인이었다.262) 이런 연유에서 독일은 1894년 7월 중순 조선 사태의 진정을 위해 청이 요청한 중재요청을 거절했다. 베를린은 조선의 존재 유무는 영국과 러시아에 비해 독일에게는 그다지 심각한 사항이 아니라는 입장을 보였다.263) 같은 맥락에서 독일 정부는 11월 사태 해결을 위해 미국이 제의한 한반도 공동 파병 제의도 거절했다. 독일 외무성은 극동 지역에서의 영토적 변화로 인한 극동 지역 힘의 균형 체제 변화가 오히려 뒤늦게 이 지역에 들어온 독일에 이득이 된다고 믿고 있었고, 청과 조선을 희생시키며 일본을 지지해 승전국으로부터 그 대가를 기대하고 있었다.264) 여전히 독일 정부는 다른 서양 국가들과 마찬가지로 청의 완전한 분해는 이로울 것이 없다는 생각은 갖고 있었다. 그러나 초기 독일 외교관들이 진지하게 노력을 기울였던 조선의 존립은 더 이상 빌헬름 2세의 관료들에게 관심거리가 아니었다.

계속되는 일본의 승리는 이 지역에 자신들의 영향권을 이미 확보한 서구 열강들을 긴장시켰다. 영국은 더욱 이런 상황 전개에 긴장된 시선을 보내고 있었다. 특히 영국은 중국에서 강력한 정치적, 상업적 기반을 확보하고 있었기에 청의 장래에 대해 심각한 우려를 했다. 결국 영국은 극동 지역의 상황에 간여할 것을 진지하게 고려하기 시작했고, 이를 위해 독일과의 공조를 모색했다. 이런 영국의 태도는 독일이 원하던 해군기지를 위한 영토점령을 영국과의 공조로 쉽게 얻을 수 있는 절호의 기회였다. 그럼에도 불구하고 독일은 영국의 외교적 접근을 무시하기로 결정했다. 영국과 공조하는 것보다는 영국과 프랑스 그리고 영국과 러시아간의 마찰을 조장하는 것이 독일로서는 더 이득이 있다는 분석을 했던 것이다. 즉 극동지역에서 기존의 힘

---

262) *Ibid.*, p.71.

263) *Die Grosse Politik der Europäschen Kabinette, 1871~1914*, Sammlung der Diplomatischen Akten des Auswärtigen Amtes, ed. Johannes Lepsius, Albrecht-Mendelssohn-Bartholdy, Friedrich Thimme, (Berlin, 1924), vol. IX, no.2213, p.241.

264) Bee, p.73.

의 균형이 최대한 흔들려 그 과정에서 공백이 생긴다면 독일의 활동범위가 그만큼 더 확대된다는 계산이었다. 이런 정책은 자유롭고 독립적이어야 하기에 독자 노선을 걷겠다는 입장을 밝혀 미국에 이어 영국의 공동 중재 제의를 거절했다.[265]

1895년 3월 청이 일본과 평화조약을 협상할 때 청은 일본의 과중한 요구를 견제하기 위해 서구 열강의 중재를 다시 한번 요청했다. 도쿄는 평화조약의 조건으로 랴오퉁반도, 팽호도, 및 타이완 이양을 요구했고, 조선의 독립과 3억 냥의 전쟁배상금을 요구했다. 대부분 서구 열강들이 일본의 중국 본토 점령을 반대했으나 독일은 불간섭 태도를 취해 일본의 호감을 얻겠다는 결정을 했다. 동시에 카이저 빌헬름 2세는 일본 정부에 청에 대한 요구를 다소 줄이라는 조언을 했다. 카이저는 외무성에 명령해 청이 유럽의 중재를 요청했고, 이미 몇몇 열강은 이런 요청을 수락하려는 움직임을 보이고 있다는 정보를 일본에 제공하도록 했다.[266] 이 명령을 받고 동경 주재 독일 공사 굿슈미트 공(Baron von Gutschmidt)은 일본이 중국 본토를 점유하려는 의도를 버리지 않는다면 유럽의 적대적인 간섭을 초래할 것이라는 카이저의 우호적 충고를 일본 정부에 전했다.[267]

1895년 3월 일본은 이런 독일의 우호적 충고를 무시해 베를린은 기존의 불간섭 노선을 재고해야 했다. 베를린의 근본 목적이 중국의 영토를 점령해 해군 기지를 건설하는 것이었기 때문에 이 목적을 달성하기 위해서는 상황이 완전히 마무리되기 전에 독일의 입지를 세워야 했기에 청일간의 협정에 대한 간섭을 고려했다. 그 결과 독일은 이 지역에서 권익을 보호하고 증대시키기 위해 강력한 간섭도 주저하지 않는다는 외교적 입장 변화를 갖게 됐다. 그러나 독일이 의도했던 영국과의 공조는 이루어지지 않았다. 이미 영국

---

265) *Ibid.,* p.78.
266) *Die Grosse Politik,* vol. IX, no.2226, p.253.
267) Bee, p.80.

은 중국 영토를 얻기 위한 접근이라는 독일의 진의를 어느 정도 간파하고 있었다.268)

영국과의 공동 대처를 거절당한 후 독일은 차선책으로 러시아와의 공조를 모색하기 시작했다. 1895년 3월 23일 독일정부는 극동지역 사태에 대해 러시아와 관심사를 논의할 용의가 있음을 상페테르브르그(St. Petersburg)에 통보했다.269) 동시에 독일은 동학농민 봉기 발발 후 최초로 청의 중재요청에 긍정적인 응답을 보냈다. 3월 27일 청의 중재 요청을 받아들이는 제스처로 베를린은 일본의 평화협정 요구조건을 통보해 달라고 일본 정부에 정식 요청했다.270) 이 때가 독일이 친일에서 반일 입장으로 정책적 수정 작업에 착수한 시점이라고 볼 수 있다.

4월 8일 전직 북경 주재 독일 공사 브란트(Max von Brandt)는 독일이 극동에서 러시아의 정책을 지원해 러독간의 공조체제를 추진해야 한다는 보고서를 작성해 독일의 정책 변화 분위기를 고조시켰다. 브란트는 러시아와의 공조체제는 극동지역에서뿐만 아니라 유럽에서도 독일에 대한 러시아의 태도에 영향을 줄 수 있다고 강조했다. 즉 극동 지역에서의 독일과 러시아의 공조는 독일에 적대적인 프랑스-러시아 동맹을 약화시킬 수 있을 것이라는 분석이었다. 동시에 러시아와의 공조를 통해 일본을 견제한 감사의 표시로 청은 독일에게 영토를 임대해 줄 가능성이 클 것이라고 그는 분석했다.271) 당시 극동지역에서 영국과 외교적 대치상태에 있던 러시아는 독일의 제의에 무척 호의적인 반응을 보였고, 이런 독일의 제의는 후에 프랑스가 동참하는 극동 지역 삼국연합(Dreibund) 결성의 기반이 되었으며, 이 연합은 후에 삼국간섭(Triple Intervention)으로 발전해 일본을 성공적으로 견제하여 독일의

---

268) *Ibid.,* p.84.
269) Lensen, vol. 1, p.271.
270) *Die Grosse Politik,* vol. IX, no.2230, p.260.
271) *Ibid.,* no.2238, pp.256~266.

극동 정책 목표를 달성하는 발판이 되었다.

전술한 것처럼 1895년 3월 시모노세키에서 평화 협상이 시작됐을 때 일본 정부는 상상외로 무거운 요구를 했고 어떤 수정도 거부하자 4월 4일 독일, 러시아, 프랑스 삼국은 일본의 중국 영토 점령을 저지하기 위한 공조를 논의했다. 나흘 후 이들 삼국이 영국에 동참을 제의하자 영국 정부는 일본의 요구 조항이 무력이 동원될지도 모르는 공동 간섭을 정당화할 정도는 아니라며 거절했다.[272]

이로써 영국을 끌어들이려는 독일의 마지막 노력은 무산됐고, 결국 더 이상 영국과의 공조는 가능성이 없다고 결정하고, 극동 지역에서 러시아와의 공조가 최선이라는 결론에 도달했다. 카이저도 브란트의 제안에 동의해 극동지역에서 러시아와의 공조가 독일 양쪽 국경의 긴장을 완화시키고, 중국의 영토도 점유할 수 있다는 결론을 내렸다. 동시에 독일 정부도 러시아와의 공조가 극동지역에서 독일의 권익에 치명적인 결과를 초래할 수 있는 러시아와 일본간의 외교적 밀월 가능성을 사전에 예방할 수 있다는 결론에도 도달했다.[273] 러시아와의 공조를 진행하지 않을 경우 또 다른 가능성은 러시아와 프랑스가 일본을 견제하기 위해 공조하는 것이었다. 이런 공조체제는 동북아시아 지역에서 독일을 고립시킬 뿐만 아니라 독일을 견제하는 두 유럽 강국의 사이가 더욱 긴밀한 관계로 발전해 독일을 동서 양 국경에서 위협하게 될 것이라는 우려도 배제할 수는 없었다. 러시아와의 공조를 진행하지 않을 경우 위에서 거론한 것 같은 상황이 벌어져 동북아시아 지역에서는 물론 유럽에서도 힘의 균형체제가 독일을 견제하는 방향으로 변화해 중국의 영토를 점령하지 못할 것이라는 결론에 도달한 베를린은 더 이상의 주저함 없이 러시아, 프랑스 양국과의 공동간섭 추진을 결정했다.

그 해 4월 17일 이홍장과 이토 히로부미 사이에 시모노세키조약이 조인됐

---

272) Bee, pp.89~90.
273) *Die Grosse Politik*, vol. IX, note, p.267.

다. 이 조약에 의하면 청은 조선의 독립을 인정하고 랴오퉁반도, 타이완 및 펑호열도(澎湖列島)를 일본에 넘겨줌과 동시에 2억 냥의 전쟁 배상금을 지불한다고 되어 있다. 같은 날 러시아는 독일과 프랑스에 일본의 랴오퉁 점령을 항의하기 위해 공동 대표단을 구성할 것을 제안했다. 일주일 후 이 유럽 삼국은 일본의 랴오퉁 반도 점령은 청의 수도 베이징(北京)의 안전에 지속적인 위협요소가 될 것이며, 조선의 독립 또한 유명무실하게 만들 것이라고 일본 정부에 재고할 것을 통보했다.[274] 이런 이유를 들어 유럽 삼국은 일본이 랴오퉁 반도를 청에 반환할 것을 강력히 요구했다. 몇 개월간의 협상 끝에 독일 외무장관 아돌프 마샬(Adolf Marschall)은 일본이 랴오퉁 반도를 추가 전쟁 배상금과 교환하라는 제안을 했다.[275] 결국 일본은 이 제안으로 어느 정도 명분은 세울 수 있다고 보고, 이를 수락해 1895년 11월 8일 랴오퉁 반도를 3천만 냥의 추가 전쟁 배상금을 받고 반환했다.

독일의 극동 정책이 청과 조선에 대한 우려의 마음에서 시작된 것이 아니고 극동에서 영토적 야욕을 달성하려는 목적에서 기인했지만, 독일의 삼국 간섭 참여는 한반도에 대한 일본의 영향력을 급속히 약화시키는 결과를 가져왔다. 초기에 조선을 희생시키며 일본을 지지하던 독일의 입장을 견주어 보면 이런 결과는 아이러니라 할 수 있다. 일본은 한 해 동안 조선에 강요한 개혁을 중단했고, 이노우에도 귀국했다. 독일은 산퉁반도에 해군 기지를 위한 식민지를 확보하는데 성공했고, 극동 지역에서 러시아를 지원해 조선의 상황에 러시아의 입김이 증대되는 결과도 가져왔다.

---

274) *Ibid.*, no.2243, p.269.
275) Lesen, vol. 1, p.276.

3. 조선의 정치 위기와 러시아의 한반도 진출

삼국 간섭의 여파로 조선에서 일본의 영향력이 약화되자 고종은 내각의 동의 없이 왕의 의지로 관료를 임명하고 해임할 수 있는 권한을 부활하며 다시 권력을 재 장악했다.[276] 고종은 사면형식으로 민비와 민씨 일파도 정치 일선에 복귀시켜 내각 내에서 친일인사들로 인한 일본의 영향력을 제거토록 했다. 이제 청은 조선에서 어떤 역할도 할 수 없게 된 상황에서 민씨 일파는 내각을 다시 장악하기 위해 개혁을 통한 강한 정부 창출보다는 러시아 고문관과의 관계를 돈독히 하는 작업에 착수했다. 이 때 내무대신 박영효는 일본 고문관에 의해 훈련받은 장교들을 주축으로 왕실 반란을 계획했으나, 이 계획은 사전에 누설되어 실패하고 말았다. 이를 빌미로 민씨 일파는 조정 내의 친일 세력을 숙청하기 시작했다. 민씨 일파의 반격으로 몇몇 친일 인사들은 해외로 도주했고 일본인 고문들은 모두 추방됐다.

이런 정치적 변화가 일어나고 있는 동안 전직 육군 장성 미우라 코로(三浦梧樓)가 신임 조선 주재 일본 공사로 부임했다. 미우라는 단순한 군인이었다. 그는 조선에서 민씨 세력을 완전히 제거하기 위해 민비를 시해하려는 단순하고 무모한 음모를 꾸몄다. 1895년 10월 7일 병조 판서 안경수(安駉壽)는 고종이 일본 군사고문단에 의해 훈련된 훈련대(訓練隊)의 해산을 명령했다고 미우라에게 전했다. 이 소식을 접한 미우라는 이 때가 민비를 시해할 적기라고 판단했다. 미우라의 계획으로 훈련대 소속 군인들과 일본군 그리고 30여명의 서울에 거주하던 일본 우익 '낭인'들은 경복궁으로 난입했고, 민비를 찾아 왕궁 곳곳을 수색했다. 이들은 고종 면전에서 왕세자를 죽이겠다고 위협하며 민비가 어디에 숨어 있는지를 밝히라고 다그쳤다. 결국 일본 낭인들은 민비를 찾아냈고 일국의 왕비를 살해했다. 이들은 민비의 시신을

---

276) Kim and Kim, p.84.

왕궁 밖으로 들고 나가 아직 완전히 숨이 끊어지지 않은 민비의 몸에 불을 지르는 만행을 자행했다.

미우라는 이 사건에 일본이 가담하지 않았다고 주장했고, 전적으로 조선인에 의한 행위라고 했으나 몇몇 서방 외교관들이 사건 당시 일본군과 우익 낭인들이 가담했던 것을 목격했다. 일본의 외교적 입장이 난처해지자 일본 정부는 이노우에 가오루를 조선에 파견해 진상 규명에 나섰고, 이노우에는 미우라와 '소시'들을 재판에 회부할 것이라며 히로시마로 압송했다. 그러나 이들은 증거 불충분을 이유로 전원 무죄 판결을 받았다. 12월 1일 조선 조정은 민비의 사망을 공식 발표했고, 몇 점의 타고남은 시신 부위만을 갖고 장례식이 거행되었다. 이로서 민비와 민씨 일파의 세도는 수그러들기 시작했고 조선의 자존심은 추락의 끝을 찾아보기 어려운 지경에 처하게 됐다.

이렇게 일본이 조선의 권위를 짓밟고 있던 동안 러시아 정부는 만주와 조선을 초점으로 하는 도전적인 팽창정책을 수립했다. 민비 시해 후 친일 세력이 정권을 재장악하자 조선 주재 러시아 외교부는 미국 외교관들과 공조해 새 내각의 인정 거부했다. 이들은 소수의 러시아와 미국 해병대를 시울로 불러들여 친일 내각의 숙청을 두려워하던 조선인들을 보호하면서 조선 내정에 깊숙이 간여하기 시작했다.

러시아 공관에 피신 중이던 전직 조선 관료들은 고종을 일본과 친일파 내각으로부터 보호하겠다는 미명 아래 왕을 피신시키려는 계획을 세웠다. 1896년 2월 11일 친러파(親露派) 지도자 이범진(李範晋)은 민비 시해 후 공포에 질려 있던 고종과 왕세자를 도피시키는 데 성공했고, 고종과 왕세자는 덕수궁 옆 러시아 공관에 머물며 러시아의 보호를 공식 요청했다. 소위 '아관파천(俄館播遷)'이라 불리는 이 사건은 당시 조선의 내정이 더 이상 외국의 간여 없이는 이끌 수 없는 상태라는 것을 대변해 주고 있는 사건이었다. 러시아 공관으로 피신한 후 고종은 몇몇 친일 내각의 지도자들에게 사형을 선고했다. 고종의 훈령 후 김홍집을 위시한 3명의 내각 수장들이 군중에 의해 처단됐고, 대부분 골수 친일파들은 일본의 도움을 받아 해외로 탈출했다. 외국 공사들과 영사들은 러시아 공관에 있던 고종의 초청을 받았고, 이들은 고종에게 경의를 표했다. 즉, '아관파천'에 대한 묵인과 고종과 새 내각의 정통성에 대해 외국 외교관들이 지지의 뜻을 표한 것이다. 고종은 러시아 공관에서 다음 해까지 기거했고, 이로 인해 한반도 내에서 러시아의 위상이 크게 신장됐음은 말할 나위도 없다. 조선에서 러시아 정부의 지원을 받아 친러시아 내각이 세워졌고, 일본은 한반도에서 새로운 맞수를 맞게 되었다.

민비시해라는 국제적 추태로 인한 외교적 손실을 만회하기 위해 일본은 조선 문제를 평화적으로 해결하자는 구실 아래 러시아에게 몇 번의 협상을 제의했다. 1896년 여름 이런 일본의 요청에 의해 두 번의 회동이 러시아와 일본 사이에서 이루어졌다. 조선 주재 러시아 공사 칼 웨버(Karl Waeber)와 일본 장관 고무라 쥬타로 (小村壽太郎)남작은 양국은 고종의 환궁을 도모하고, 이를 위해 일본은 조선 내 우익 낭인들의 관리를 철저히 한다는 데 합의했다. 러시아는 경부 전신선의 보호를 위해 일본군대의 조선 주둔을 인정했고, 양국은 자신들의 주둔군 수를 200명 이하로 유지한다는 선에서 합의점을 찾았다.

두 번째는 모스코바에서 야마가타 아리모토(山縣有朋) 대장과 로바노프-로스토프스키 왕자(Prince Lobanov-Rostovsky) 사이에 합의된 협정서였다. 이 협정서에 의하면 러시아와 일본 양국은 조선의 독립을 지원하며 치안과 질서 유지를 위한 국민군대와 경찰을 창설 할 수 있도록 조선에 차관을 제공한다고 동의했다. 러시아는 조선 내 전신선에 대한 일본의 소유권을 인정했고, 그 대가로 러시아는 서울과 러시아 변방 사이의 전신선 건설권을 일본으로부터 인정받았다.[277]

조선의 참여 없이 조선의 장래를 논의했던 제국주의 일본과 러시아는 세

---

277) Choi Won-sang, *The Fall of Hermit Kingdom*, (Dobbs Ferry, New York: Oceana Publication, Inc., 1967), pp.40~41.

번째 합의를 러시아 대리 공사 로센 남작(Baron Rosen)과 일본 외무성 장관 니시 도쿠지로(西德二郎) 남작이 조인했다. 이 합의문에서 양국은 원칙적으로 조선의 독립 유지를 지원한다고 서약했다. 또 양국은 상대방의 허락 없이 군사 훈련관이나 재정고문을 조선에 파견할 수 없다고 약속했다. 이 당시 러시아는 청으로부터 랴오퉁 지역을 확보해 만주 지역에서 자국의 이익을 확보하려는 데 정책의 초점을 두었기 때문에 한반도를 놓고 일본과의 마찰을 피하고자 했다. 그러나 러시아는 만주 장악에 어느 정도 성공한 후 곧 조선으로 눈을 돌려 일본과의 각축은 전례 없는 양상을 띠게 되었다.

4. 청일전쟁 후 조선 내 독일의 활동

청일전쟁이후 조선의 위상은 추락했고, 외세로부터 경제적 수탈에 시달리기 시작했다. 독일도 다른 나라와 마찬가지로 조선 조정으로부터 경제적 이익을 극대화하려는 노력을 지속했다. 독일 총영사관의 도움에 힘입어 세창양행(Meyer Company)은 조선 정부로부터 금광 채굴은 물론 전신선 건설과 철로 건설의 특권을 조차 받으려 했다. 그럼에도 불구하고 1894~1895년 독일 정부의 한반도에 대한 무정책으로 인해 세창양행은 조선의 사태에 참여했던 타국에 비해 조선 정부로부터 특권을 보장받는 데 많은 어려움을 겪었다. 더구나 1894년 이후 조선에서 민족의식이 서서히 자라나면서 외국에 의한 이권쟁탈을 반대하는 대중 집회가 빈번히 일어나기 시작했다. 또한 조선 정부 내에서도 외국에 의한 경제적 이권 요구에 저항하기 위해 근대화 작업을 정부 스스로 시행하려 했다. 이 같은 조선 내부의 변화에 대해서는 다음 장에서 상세히 기술할 것이지만 이런 변화는 베를린의 정책적 지원이 없는 세창양행에게 대조선 통상 확대 및 경제 이권 확보에 큰 어려움을 주었다. 동시에 1897년 독일은 산퉁반도의 교주만(膠州灣)을 해군 기지로 확보한 이

후 세창양행의 조선 활동을 지원해주기보다는 이 새로운 기지를 통해 중국에서의 이익을 극대화하려 이 지역에 대한 정부 차원의 막대한 투자를 집중시켰다.

이 시기 조선 정부는 계속되는 정치적, 외교적 혼란에도 불구하고 외국과 통상을 증진시키려는 노력을 계속했다. 즉 조선은 이런 악조건에서도 소극적인 자세를 취하기보다는 통상 확대는 국가를 위기로부터 구출시킬 근대화의 필수 불가결한 행위로 여기기 시작했고, 긍정적인 경제 발전을 위한 자구 노력을 지속했다. 그 예로 조선은 서울의 외교 사절들에게 추가로 통상 확대를 위한 개항을 한다고 통보했다. 1897년 7월 외부 대신 민종묵은 독일 총영사 크리엔에게 전라도 목포와 평안도 진남포를 개항한다고 전했다. 다음 해 5월 외무대신 조병직은 크리엔에게 조선은 3개의 항구를 추가로 개항하고 평양에 시장을 개설한다고 통보했다. 조병직은 함경도 성율과 전라도 군산, 경상도 마산을 외국과의 통상을 위해 추가로 개항한다고 통보해 조선 정부가 통상확대에 진지했음을 보여주었다. 이 결정에서 가장 눈 여겨 볼 것은 평양에 외국 상인을 대상으로 한 시장을 개설한다는 것이다. 그 이유는 내륙 도시인 평양을 모든 외국 상인들에게 공개한다는 점에도 있었지만 독일을 포함한 여러 외국 공관들과 시장의 위치를 놓고 상당한 마찰을 겪었기 때문이다.

1899년 5월 독일 영사관측은 시장 부지로 평양성 외각 석호정 지역을 결정한 조선 정부의 통보에 난색을 표했다. 독일 영사관은 시장은 평양성 안에 위치할 필요가 있다고 주장했다.[278] 이런 요청에 의해 조선 정부는 시장 부지로 새로운 지역을 몇 번 변경했으나 독일 영사관은 여전히 조선의 결정을 받아들이지 않고, 시장 부지를 설정하기 위한 협의회를 구성하자고 제의했다. 결국 그 해 12월 26일 조선 정부는 평양성 내성 안쪽에 시장을 설치하

---

278) ARC vol. 16, no.1857, p.13.

기로 합의했다.[279] 시장 부지에 대한 최종 결정은 조선 정부가 했다고는 하
나 독일 영사관을 비롯한 외국 외교 대표들로부터 많은 시달림을 당한 결과
로 아직 조선의 개념에서 시장을 도시 중심에 설치하는 데는 어려움이 있었
던 것으로 사려된다. 결국 조선은 외세의 압력에 다시 한번 굴복해 정부의
결정을 추진하지 못했다.

이 시기에 조선은 1893년을 기해 세창양행에 대한 모든 부채를 청산했고,
조선 정부와 세창양행간의 교역은 눈에 띄게 감소하기 시작했다. 3~4년 동
안 양자간에 어떤 상업적인 교류가 있었다는 자료가 없다. 청일 전쟁이 끝
난 후에야 비로소 세창양행은 조선에서 경제적 특권, 특히 금광 채굴권을
확보하려 했다. 1895년 12월 17일 독일 총영사 크리엔은 세창양행에게 평안
도 은산에 위치한 금광의 채굴권을 허가해줄 것을 요청했다. 세창양행은 경
비를 제외한 수익의 20%를 조선에 보장하겠다고 제시했다. 크리엔도 독일
의 첨단 채굴 장비와 기술로 조선 정부의 수익을 확실히 보장해줄 수 있다
고 강조했다.[280]

다음해 5월 30일 크리엔은 세창양행에 대한 은산 금광 채굴권을 재자 요
청했다. 그는 조선 정부가 이미 유사한 특권을 러시아, 프랑스, 미국에 부여
했으므로 세창양행에도 이 특권을 인정하는 것이 형평 상 타당하다고 지적
했다.[281] 다음 달 29일 크리엔은 은산 금광 채굴권을 다시 한번 요구했다.
이미 조선 관료와 세창양행 대표 칼 볼터(Carl Wolter)간에 서류 상으로나 구
두 상으로 이 특권을 합의한 상태에서 크리엔은 은산 금광 채굴권을 조선
정부에 대한 25% 수익 배당 선에서 조속히 공식 합의하자고 요청했다.[282]
이렇게 크리엔이 서두르는 데는 이유가 있었다.

---

279) *Ibid.*, no.2173, pp.155~156.
280) *Ibid.*, vol. 15, no.1565, p.615.
281) *Ibid.*, no.1628, p.636.
282) *Ibid.*, no.1637, pp.638~639.

8월 2일 조선은 크리엔의 공식 합의 요청을 거절했다. 다음달 7일 조선 조정은 거절의 사유로 이미 이 금광에서 조선인이 채굴 작업에 착수해 있다고 전했다. 독일 영사관의 항의가 있었지만 조선 정부는 이 결정을 번복하려 하지 않았다. 그 대신 조선은 세창양행에게 은산이 아닌 다른 지역의 금광 채굴권을 주겠다며 크리엔의 항의를 무마시키려 했다.[283] 이같이 수년간 세창양행은 독일 영사관과 합동으로 경제적 특권을 허가 받기 위해 조선 정부를 몰아 붙였음에도 불구하고 은산 금광 채굴권에 대한 한 세창양행은 실패하고 말았다. 이렇게 세창양행의 입지가 약세로 돌아선 데 대해 몇 가지 원인을 들 수 있다. 그 첫 번째는 세창양행이 부채 상환을 위해 조선 정부를, 최소한 조선의 입장에서 볼 때, 지나치게 몰아세웠다는 점을 들 수 있다. 다른 이유는 독일 정부의 외교적인 압력이 청일전쟁 중에 적극적으로 조선 상황에 간여했던 나라들에 비해 충분치 못했다는 점을 들 수 있다. 동시에 앞에서 서술한 것처럼 조선 정부가 수익 사업을 독자적으로 진행하려는 의도를 점점 더 강화하기 시작했던 점도 간과할 수 없다.

세창양행의 칼 볼터가 1897년 3월 평안도 내에서 장래 금광 채굴권에 대한 규정을 조인하기 위해 서울에 입성했으나 조선 정부는 면담을 거부했다. 그 후 몇 달간 혹독하고 뼈를 깎는 협상이 계속됐지만, 조선은 결코 물러서려 하지 않았다. 조선은 평안도 지역의 금광들은 이미 채굴 과정에 있거나 인구가 밀집되어 있는 지역에 위치해 결코 세창양행에게 채굴권을 부여 할 수 없다고 강변했다. 또한 이 지역의 금광들은 상당 부분 왕실 재산권 하에 있기 때문에 외국인의 접근을 허락할 수 없다는 입장을 고수해 세창양행의 요구를 번번이 거절했다.[284]

독일 영사관은 평안도 전체에서 세창양행의 금광 채굴 행위가 금지되어 있다는 조선 정부의 사유에 대해 강력히 비난해 분위기를 조성했고, 크리엔

---

283) *Ibid.,* no.1658, p.649.
284) *Ibid.,* vol. 16, no.1879, p.22.

은 세창양행이 강원도 금성의 당현 금광을 채굴하겠다는 결정을 조선 조정에 일방적으로 통보했다.285) 조선 정부는 당현 금광 역시 왕실 관리하에 있다며 다시 세창양행의 결정에 대한 허가를 거부했다. 또한 당현 금광은 이미 조선인들에 의해 채굴이 진행중이라 곤란하다는 거부 사유를 첨가 통보했다.286) 1898년 7월 13일 크리엔은 조선의 거부와 상관없이 베를린의 독일 정부가 당현 금광을 채굴하기로 결정했다고 외아문에 일방적으로 통보했다.287) 크리엔은 당현 금광의 확보를 위해 독일의 정부 차원 개입을 암시하는 강력한 외교적 협박을 가한 것이다. 이 뿐만 아니라 크리엔은 협상 도중 외아문 독판 서리 유기환(俞箕煥)의 가슴을 밀치며 서류를 던지는 등 오만불손한 행동을 자행했다.288) 이는 독일이 당현 금광 채굴권을 확보하기 위해 얼마나 필사적이었는지를 단적으로 보여주고 있다. 결국 이런 오만불손함과 제국주의적 협박으로 조선을 굴복시켜 세창양행이 당현 금광의 채굴권을 허가 받았으나 이는 장래 독일의 통상과 경제 이권 확보에 커다란 장애 요소로 작용하게 된다. 닷새 후 조선 정부는 특별한 경우라는 짤막한 사유와 함께 금성의 당현 금광 채굴권을 세창양행에 허가했다.289) 1898년 9월 14일 크리엔은 독일 금광 전문가와 보조 기술자들이 도착했음을 조선에 통보했다. 크리엔은 또 9월 30일까지 당현 금광에서 작업중인 조선인들을 모두 철수시켜 달라고 조선 정부에 요청했다.290) 이 서한은 조선의 거부 사유가 사실이었음을 증명하는 동시에 독일의 요구가 성공은 했으나 얼마나 무모해 조선 정부를 곤경에 처하게 했는지를 반영해 주고 있다.

---

285) *Ibid.*, no.1883, pp.25〜26.

286) *Ibid.*, no.1885, p.27.

287) *Ibid.*, no.1891, pp.29〜30.

288) Lee Bae-yong, "The Foreign Power's Disseizin of Concessions After the Opening of Port and Choson's Oppositions," *Journal of Social Sciences and Humanities*, 70 (June 1992) : 19.

289) ARC, vol. 16, no.1892, pp.30〜31.

290) *Ibid.*, no.1936, pp.52〜53.

세창양행과 독일 영사관측이 이렇게 저돌적인 태도로 목적은 달성했지만, 세창양행은 당현 금광 채굴 진행 중 지역민들의 거센 반발을 받았다. 1898년 12월 23일 독일 총영사관은 지역민에 의한 공격으로부터 당현 금광 기술자들을 보호해 달라는 전신을 접수했다.[291] 같은 날 조선 정부는 세창양행의 금광을 보호하고 소요를 진정시키기 위해 군인과 경찰을 파견했고, 1899년 1월 25일 조선 정부는 당현 금광 지역의 소요는 주동자 체포로 일단 진정되었다고 통보했다.[292] 조선 정부가 소요를 진정은 시켰지만 외국인들에 의한 조선의 천연자원 착취에 대한 조선인들의 반감은 심화됐다. 더구나 새로 조직된 '독립협회(獨立協會)'는 정부가 외국인에 대한 경제 이권 허가 행위를 중지하라는 대중 시위를 조직하고 지원했다. 독립협회의 활동에 대해서는 다음 장에서 좀더 상세히 서술하겠지만 외세 침투에 대한 분노의 확산은 세창양행의 경우만 보아도 조선 정부로부터 추가 경제 이권을 인가 받는 데 부정적 요소로 작용했고 이는 이 시기에 조선에서도 근대적 개념의 국가민족주의(nationalism)가 싹트고 있음을 입증해 주고 있다.

어찌 되었건 당현 금광의 채굴권을 확보하면서 세창양행은 이 사업의 일환으로 서울에서 원산 사이에 전신선과 철도를 건설하고자 했다. 1898년 8월 1일 독일 총영사 크리엔은 철도건설 허가를 공식 요청했다. 크리엔은 미국 회사가 서울과 인천간의 철로를 건설 중이고, 프랑스 역시 조선 정부로부터 경의선 철도 건설을 허가 받았다고 지적하며, 세창양행에게도 유사한 특권을 부여해주어야 한다고 했다. 그는 이 요구 역시도 독일 정부의 명령에 의한 것이라는 점을 강조했다.[293]

2주일 후 조선 정부는 크리엔의 요구를 단호히 거절하는 서신을 보냈다. 외아문은 크리엔에게 앞으로 조선 내의 철도건설은 새로 창설된 철도국(鐵

---

291) *Ibid.,* no.1993, p.86.
292) *Ibid.,* no.2012, pp.94~95.
293) *Ibid.,* no.1907, pp.39~40.

道局)에서 외국의 참여 없이 자체 진행한다고 전했다.294) 이런 통보에도 불
구하고 1899년 8월 23일 세창양행은 진남포와 평양간의 철도와 평양과 원산
사이의 철도를 건설할 수 있도록 허가해 달라고 다시 요청했다.295) 세창양
행은 조선 정부의 의지를 과소평가 했고 다시 한 번 이 요청은 거절당하고
말았다.296)

그러자 세창양행은 서울에서 원산까지 철도 건설을 지원하기 위해 대한
회사(大韓會社)에 차관을 제공할 의사가 있음을 조선 정부에 전했다. 조선은
세창양행이 철도 건설 사업에 참여하는 최소한의 가능성조차 제거하기 위
해 이 제의 역시 거절했다. 대신 조선 정부는 대한회사의 재정적 문제는 일
반적으로 사적인 문제로 정부가 개입하지 않으려 한다고 밝히고 다만, 정부
로서는 철도 건설을 원만히 진행할 수 있도록 대한회사에 대해 세창양행이
지원금을 제공할 수는 있다고 통보했다.297) 다시 말해 조선 정부가 세창양
행에 대해 어떤 재정적 부채도 지지 않겠다는 의지를 보이고 있다. 대한회
사와의 관계는 사적인 것이고 조선 정부는 전혀 개입할 의사가 없음을 통보
했던 것이다.

그럼에도 불구하고 이 기간 동안 세창양행과 독일 총영사관은 경제적 이
권을 계속 요구했다. 1899년 1월 14일, 1898년 12월 5일 자로 크리엔의 뒤를
이은 서리 영사 레인스돌프(F. Reinsdorf)는 당현 금광과 제물포에 위치한 세
창양행 지사간의 통신을 원활히 하기 위해 서울과 원산 사이의 전신선 건설
권한을 요청했다.298) 조선 정부는 금광 회사에 전신선 설치권을 부여한 전
례가 없다는 이유로 이 요구 역시 거절했다. 조선 정부는 만일 이를 허가할
경우 다른 나라들로부터 유사한 요구가 봇물처럼 몰려들 것이라는 우려도

---

294) *Ibid.*, no.1914, pp.42~43.

295) *Ibid.*, no.2114, p.133.

296) *Ibid.*, no.2123, pp.136~137.

297) *Ibid.*, no.2114, pp.135~136; no.2121, p.136.

298) *Ibid.*, no.2003, p.89.

전했다.299)

1899년 3월 6일 레인스돌프는 그렇다면 조선 정부가 당현 지역에 추가로 전신선을 건설해 줄 것을 건의했다. 레인스돌프에 의하면 금성 지역을 통과하는 전신선이 하나밖에 없기 때문에 당현 금광이 통신에 어려움을 겪고 있다고 지적했다. 조선 정부가 서울과 원산 사이의 전신선을 건설하자 레인스돌프는 당현 지역의 분선을 회사 경비로 증설하겠다는 제의를 했다.300) 그러나 조선 정부는 이 제안도 거절했고, 당현 금광 회사의 편의를 위해 전신소와 전신망을 정부가 추가로 세워주겠다는 약속을 해 기간 산업을 정부가 주도하겠다는 강한 의지를 보였다.301) 이런 면을 볼 때 조선이 무기력하게 외국에게 특권을 나누어주었다는 것도 사실이 아님을 알 수가 있다. 반면, 독일에 대한 감정이 잘 나타나고 있음도 볼 수 있다.

1899년 6월 카이저 빌헬름 2세의 형제인 독일 황태자 헨리 하인리히(Prince Henry Heinrich)가 당현 금광을 방문했다. 이는 독일 정부가 당현 금광에 대한 특권에 지원을 아끼지 않고 있다는 상징적 방문으로 조선 정부에 이런 독일의 뜻을 암시하기 위한 것으로 사려된다. 세창양행이 확보한 금광 채굴권은 청일전쟁 이후 제국주의 열강들이 자행한 조선에 대한 경제적 착취의 전형적인 모습이었다. 그러나 세창양행의 대조선 통상을 베를린이 적극적으로 지원하지 않아 이 회사의 사세는 조선에서 축소 국면을 면치 못했고, 더 이상 초기의 성공을 유지할 수 없게 되었다. 경제적 이권 확보라는 새로운 제국주의적 경쟁에서 자국 정부의 강력한 지원 없이는 경쟁에서 살아남기 힘들다는 점을 세창양행의 경우를 통해 재조명해 볼 수 있다. 동시에 조선에서 일고 있던 민족의식의 확산과 정부의 재정적 독립 의지는 세창양행에게는 대조선 통상에서 성공에 대한 어려움을 예측하는 상황 전개이었다.

---

299) *Ibid.,* no.2006, p.91.
300) *Ibid.,* no.2020, p.98.
301) *Ibid.,* no.2021, p.98.

청일 전쟁과 삼국간섭의 결과로 독일은 산퉁반도에 위치한 교주만에 해군 기지를 건설한다던 목표는 달성했지만, 이 지역에 대한 베를린의 집중적 투자는 다른 열강들이 조선에서 영향력을 적극적으로 확장해 가는 상황에서 독일의 대조선 통상의 극적인 감소를 불러오는 결과를 가져왔다. 세창양행은 독일 총영사관이 무모할 정도로 적극적인 지원을 했음에도 불구하고 단지 당현 금광만 확보하는데 그쳤다. 여기서 1894년 이후 독일의 대조선 통상 감소 요인을 재고해 보기로 하자. 조선 주재 독일 총영사관이 세창양행을 적극 지원했음에도 불구하고 베를린은 조선 정부에 압력을 가할 수 있는 위치에 있지 못했다. 반면에 미국은 조선 왕실에 고문을 파견했고, 러시아는 민비 시해 후 고종과 왕세자를 보호하기 위해 해군을 파견하기도 했다. 1880년대 상당한 지원을 했던 독일 영사관은 1894~95년 위기 때 조선 조정이 그토록 원했던 조언과 중재를 거절했다. 조선 상황에 대한 독일 정부의 선의나 강압을 막론하고 적극적이고 광범위한 정부 차원의 참여 없이 조선 내에서 독일의 통상은 한계를 맞게 될 수밖에 없었다. 독일의 공인회사들이 아프리카와 남태평양 지역에서 겪은 실패가 증명하듯 회사가 주체가 되는 제국주의는 19세기말 열강의 각축이 극에 달한 상황에서 효율적인 경쟁을 유지할 수 없음을 독일의 조선 활동은 다시 한번 증명해 주고 있다.[302]

두 번째로 1890년 부채 상환요구 당시 세창양행이 취한 저돌적인 태도는 조선 조정으로부터 독일에 대한 불신과 거부감을 불러일으키는 계기가 되었다. 조선 조정은 당시 청과 일본의 재정적 독점을 견제하기 위해 세창양행으로부터 차관을 들여왔다. 이런 목적에도 불구하고 결국 조선은 세창양행에 대한 부채를 탕감하기 위해 청으로부터 막대한 차관을 들여와 목적 자체가 실패로 돌아갔다. 물론 여기에는 조선의 책임이 더 크다는 것에 대해

---

302) 타 지역 독일 식민지 활동의 실패 사례는 Townsend의 Chapter 5, "The Colonial Companies Fail to Function," pp.119~154와 Smith의 Chapter 3, "Colonialism in the Postacqusition Years," pp.40~50 참조.

서 앞장에서 충분히 서술했다. 그러나 당시 조선 조정으로서는 피해자란 느낌을 받은 것은 분명하다. 이런 상황의 전개는 세창양행의 대조선 통상에 해를 주고 결국 실패하는 중요한 요인 중 하나가 되었다.

또한 조선인의 민족의식 확산은 외세의 침투에 어느 정도 제동을 걸었다. 독립협회와 민족 지도자들은 외국에 증여한 이권을 중지시켜 우선 경제적 독립을 성취해야 한다고 민중을 설득하고 정부에 건의했다. 동시에 조선 정부도 공공 사업을 주도해 정부의 재원을 확충하려는 노력을 시작했다. 이런 조선의 분위기 변화는 세창양행이 경제적 특권을 확장하려는 데 큰 장애요인이 됐다. 1900년 이후 러시아와 일본간의 경쟁은 세창양행의 성공 가능성을 더욱 감소시켰고, 독일 정부 또한 극동지역 정책을 교주만 사업에 치중해 조선에서 세창양행으로서는 더욱 어려움을 겪게 되었다. 흥미롭게도 베를린이 극동 정책을 수립했던 것이 독일의 대조선 통상을 감소시켜 실패로까지 이어졌고, 독일 통상의 감소는 조독간에 진행됐던 "특별한 관계"의 막을 내리는 신호가 되었다.

제 6 장

1. 독립 유지를 위한 조선의 마지막 투쟁

1900년에 이르자 조선 민중은 정부에게 자주적이고 근대적인 개혁을 통해 확실한 주권 수호의 실현을 요구하고 있었다. 그럼에도 불구하고 고종과 그의 친러시아 내각은 1884년과 1894~95년의 일본식 개혁에 대한 반동으로 유교적 사회, 정치 전통을 바탕으로 전반적인 전통사회를 재현하려는 데 노력을 기울이고 있었다. 이렇게 상반된 민중의 요구와 정부의 입장은 조선의 권위와 독립을 수호하려는 지식인 중심의 사회정치 모임이 만들어지면서 충돌을 피할 수 없게 되었다. 고종과 그의 내각도 이 새 모임과 근본적으로는 목표를 같이 하고 있었지만, 방법론상에서 큰 차이를 보이고 있었다. 특히 외교적으로 정부가 묄렌도르프의 친러시아 정책을 펼치고 있었다는 데 문제의 근본이 있었다. 앞에서 거론한 것과 같이 묄렌도르프는 조선과 러시아간의 동등한 외교관계가 아닌 동양적 가치관에 바탕을 둔 정책이었다. 반면에 대중적 지지를 받던 지식인들은 정부와 달리 1885년 부들러가 조선에 제안한 벨기에 모델의 중립정책이 조선의 영토 및 국가적 권위를 유지하는 최선의 방법이라고 믿고 있었다. 이런 갈등은 결국 1898년 고종과 그의 내각이 대규모 대중 집회를 막지 못하고 개혁을 추진할 수밖에 없는 상황을 초래했다. 그러나 예상되듯 이 개혁은 표면적이고 상징적인 것을 벗어나지 못했다. 이런 조선 정부의 태도는 결정적인 위기 상황 없이도 조선의 정치, 사회, 경제가 계속 악화되는 것을 가속화했다. 즉 조선은 이미 몰락의 길로 접어들었고, 더욱 심각한 것은 조선은 국가의 운명을 위협하는 결정적인 사건도 없이 서서히 무너져 내려 정치, 사회, 경제적으로 정부 스스로 국가를 유지할 수 없을 정도의 치명적인 상황으로 다가서고 있었다는 점이다.

이 당시 조선 내 독일 통상은 그다지 성공적이지 못한 당현 금광 사업으로 제한되어 있었다. 베를린이 중국 식민지에 적극적인 간여와 투자를 한 것에 비해 조선에서 독일의 존재는 이제 미미한 것에 지나지 않았다. 동시에 제국주의 열강들이 경제적 이권 확보를 위해 치열한 각축을 벌이고 있던 때에 독일 외교관과 사업가들의 부재는 눈에 띄었다. 이는 조선 정부와 지식인들로 인해 계몽되어 가던 조선 대중이 외국의 경제적 특권을 저지해 독립을 추구하던 변화의 영향이라고도 볼 수 있을 것이다. 결국 일본이 러시아를 물리친 1905년 독일 외교 대표는 독일 상인들만 남기고 조선에서 철수하게 된다. 20년간의 '특별했던' 조독 관계는 당사국간에 심각한 충돌도 없이 이렇게 끝이 나고 말았다. 그러나 조선은 일본에 의해 곧 합병되었고, 19세기말 제국주의의 희생자로 36년 간 국제 무대에서 자취를 감추게 된다.

삼국간섭과 민비 시해 사건 이후 조선에 대한 러시아의 적극적인 태도는 한반도에서 일본이 일시 퇴각하는 결과를 가져왔다. 이후로 일본은 조선에서의 영향력을 다시 부활시키기 위해 러시아 정부와 직접 협상을 한다는 결정을 내렸다. 일본은 청일전쟁을 승리한 후 탈진 상태에 있어 또 다시 러시아를 상대로 힘의 대결을 한다는 것은 무모하다는 결론에 도달했던 것이다. 러시아 역시도 자국의 동북아시아 정책 우선 순위를 만주 지역 철도 건설에 두고 있었기 때문에 일본과의 협상을 기대하고 있던 처지였다. 동시에 러시아는 조선 점령은 청은 물론 영국과의 관계를 복잡하게 만들어 만주철도 건설은 물론 러시아의 안보조차도 불투명하게 할 수 있기에 거론조차 불필요하다는 입장이었다.[303] 다시 말해 러시아와 일본 양국은 한반도 문제를 군사적 대치 국면이 아닌 평화적 방법으로 해결하는 가운데 자국들의 영향력을 유지 확산하려고 했다. 그러나 삼국간섭을 감행한 러시아는 초기 일본을 경쟁국으로 간주하고 반일 정책을 유지하면서 한반도에 대한 경제침투를 노리고 있었다. 동시에 베를린도 극동지역에서 일본과 러시아 사이의 재결합은 독일의 이 지역 권익에 치명적인 해가 될 것이라는 생각을 하고 있었다. 그러나 독일의 입장과는 상관없이 러시아와 일본간의 데탕트라는 국제 환경 변화는 조선 정부와 조선인들에게 잠시의 자유시간을 제공하는 결과를 가져왔다. 무라비요프 외상(Muraviyov)이 일본과의 대립 정책은 군사력을 요구하고 이를 강화하기 위해서는 시간이 필요하다는 의견이 상당한 호응을 받으면서 러시아는 삼국간섭 때의 강경론에서 서서히 후퇴하기 시작했다. 특히 일본과의 화해 무드는 영국과 일본의 접근 가능성을 견제할 수 있다는 견해도 상당히 설득력을 갖고 있었다.[304]

앞에서 거론했던 것처럼 청일 전쟁 이후 조선 정부는 호전적인 외국의 경제적 특권 요구를 대처할 방안을 강구하고 있었다. 이런 맥락에서 소선은 근대적 산업발전을 자력으로 이끌어 나가기 위해 이를 담당할 정부 기관들을 설립하기 시작했다. 1897년 조선 전신국(電信局)이 설립됐고, 광산국(鑛山局)도 문을 열었다. 재정을 관할하기 위해 조선 정부는 외국인 기술자를 꾸준히 고용하면서도 추가 외국 자본의 유입을 최대한 막았다. 조선 정부는 외국의 특권에 대한 협상을 내아문에 일임해 광산개발이나 철도 건설 등 외국인의 이권 요구를 효율적으로 대처할 협상창구 일원화를 꾀했다.[305] 동시에 조선은 1900년 정부 보조로 유지되는 기술학교를 설립해 광산 기술 보급

---

303) A. L. Popov and S. R. Diamant (ed.), "First Steps of Russian Imperialism in Far East," *Chinese Social and Political Science Review*, 18(1934/35): 237.

304) 최덕규, "비떼의 대한정책과 한러은행," 『슬라브학보』, 14(1999): 429~430.

305) Lee Bae-yong, "Competitive Mining Survey by Foreign Powers in Korea - With Emphasis om the 1880s," *Journal of Social Sciences and Humanities*, 36(1972): 31.

을 지원했다. 그러나 고종과 조선 정부의 러시아에 대한 의존은 자강책(自强策)의 취지와 상반되어 자주적 경제 발전의 성공을 근본적으로 제한하고 있었다.

이러한 현실에서 1896년 갑신정변의 지도자 중 한 명이었던 서재필은 미국에서 의학 공부 후 의사 생활을 정리하고 귀국했다. 서재필은 조선의 독립을 화립해 보고자 했고, 우선 자신의 서구 자유진보주의(Liberalism) 경험을 바탕으로 조선 대중을 계몽해 목적을 달성하려 했다. 그는 귀국 후 정부가 관직을 제의했을 때 자신의 민주적 신조에 상반된다고 거절했으나 조언은 해 줄 수 있다는 약속을 했다.[306] 서재필은 박영효와 달리 고종과 그의 정부에 대해 도전의사가 없음을 밝혔던 것이지만 근본적으로 마찰을 피할 수는 없었다. 자신의 목표를 실행하기 위해 서재필은 1896년 4월 7일 조선의 최초 근대적 신문으로 간주되는 『독립신문』(獨立新聞)을 발간했다. 『독립신문』은 한글과 영문으로 일 주일에 3번 씩 간행되었다. 서재필은 조선의 독립을 상징하기 위해 독립문(獨立門)의 건립도 제안했고, 이 제안을 현실화하기 위해 며칠 후 독립협회(獨立協會)가 결성되었다. 후에 이 협회는 정치적인 목표를 공표하면서 활동범위를 확대해 나갔다. 독립협회의 정치적 목표는 민주적인 이념에 그 근본을 두고 있었고, 정치에서 민의를 수렴해 외국의 침략으로부터 나라의 주권과 자원을 보호한다는 데 주안점을 두었다. 결국 독립협회는 고종과 그의 내각이 러시아에 의존해 권력을 유지하려 한 반면에 대중의 민의를 바탕으로 주권과 자유를 지키려 했다. 독립이라는 목적은 동일해 보이나 정부와 이 민간 단체간에는 방법론은 물론 근본이념상 뚜렷한 차이를 갖고 있었다.

독립협회 회원들은 유길준이 만든 '건양협회(建陽協會)' 회원들과 1894년 갑오개혁의 지도급 인사들이 주체가 되었다. 또 중견급 관료였던 남궁억(南

---

306) Han Woo-keun, p.439.

宮億) 같은 이들처럼 외교통도 모였고, 윤치호(尹致昊)와 이상재(李商在)가 이끌던 '정동회(貞洞會)'도 독립협회에 가입했다. 이로써 초기 독립협회는 전, 현직 관료를 중심으로 한 지식인들의 모임 성격을 띠었다.[307] 나중에 회원 자격은 어떤 제한도 없이 대중 모두가 참여할 수 있게 되었고, 협회 임원들은 민주적인 절차를 통해 사무를 진행했다. 시간이 지나면서 독립협회의 성격은 서서히 변해 점점 더 서울 시민들이 임원직을 맡게 되었다. 독립협회는 지부 망을 전국적으로 확산했고, 그 첫 번째 지부는 1898년 공주에 설립되었으며, 각 도 주요 도시로 빠르게 확산되어 갔다. 독립협회가 조직적인 정비를 하는 과정에서 정부정책에 대한 비판의 강도를 높이자 고위직 관료들은 회원증을 반납했고, 결국 협회의 지도력은 서구 사상을 접한 서재필, 윤치호, 이상재 같은 지식인들에게 집중됐다. 그러나 협회의 취지에 동참하는 많은 유교적 개혁인사들도 여전히 활동을 같이 했다.

위에서 보이듯 독립협회는 지식인의 지도력을 바탕으로 한 시민단체화했고, 직접적인 사회, 정치적 활동을 시작했다. 이 협회가 우선적으로 추진한 사업은 대중 교육이었다. 이 협회는 도론을 위주로 하는 공청회를 기획하고 지원해 대중을 교육, 계몽시키려 했다. 독립협회는 시간이 지나면서 3가지 주요 사업에 초점을 맞추어 정책을 구체화했다. 첫째, 협회는 외세의 도전으로부터 국가의 독립을 지키기 위해 심혈을 기울였다. 이 협회는 정부의 경제적 이권의 인정이 외세의 강압에서 비롯된 것이라 규정해 외국의 내정간섭을 규탄했다. 독립협회는 정부가 외세의 압력으로부터 벗어나기 위해 독립적이고 중립적인 외교정책을 택해야 한다고 주장해 1885년 독일 부영사 허만 부들러가 제안했던 노선과 맥락을 같이 했다. 중립 외교정책을 건의했던 부들러의 환영이 고종이 묄렌도르프의 인아책 실현시킨 시점에서 다시 나타났다. 즉 독립협회는 중립정책을 주장해 고종과 정부의 외교정책에 정

---

307) Lee Ki-baik, p.302.

면으로 도전했던 것이다.

두 번째로 독립협회는 민권 운동을 통해 폭넓은 계층의 정치참여를 유도하고자 했다. 이 협회는 언론, 결사의 자유, 시민 평등권을 포함한 서구 진보주의적 시민 주권론을 주장했다. 정체적(政體的)으로 독립협회는 의회민주주의를 요구했다. 당시 고종이 러시아의 후원으로 전통적 사회를 재현하려 했었기 때문에 정부로서는 받아들이기 어려운 요구 중 하나였다. 마지막으로, 독립협회는 자강운동(自强運動)에 앞장섰다. 협회는 근대 교육을 위해 마을마다 학교의 설립은 물론 방직 공장, 제지 공장 등의 설립을 지원했다. 이를 통해 독립협회는 조선의 상업 및 산업을 발전시켜 경제적 자립은 물론 안보 능력까지 키워 나갈 수 있기를 원했다.

독립협회는 1897년 고종에게 러시아 공관에서 돌아올 것도 요구하면서 정치적 활동을 시작했다. 고종은 그 해 경운궁으로 환궁해 국호를 대한제국(大韓帝國)으로 바꾸었고, 청과 동등한 위치를 상징적으로 내보여 자주국(自主國)임을 표방하기 위해 황제로 등극했다. 이런 변화에 독립협회의 압력도 일조를 했다는 것은 부인할 수 없다. 그러나 고종은 여전히 민비를 시해했던 일본에 대한 두려움을 떨쳐 버리지 못하고 있었다. 이 때문에 러시아 공관을 나선 고종이 경복궁이 아닌 러시아 공관과 가까운 경운궁으로 간 것이었다. 일본에 대한 고종의 공포는 조선을 더욱 러시아에 의존하는 부분적인 독립 상태로 만들었기 때문에 독립협회의 시정 요구는 지속됐다. 독립협회는 고종이 러시아에 의존하면 할수록 러시아에 대한 경제적 특권을 보장, 확대해 주어야 하며, 이는 형평성을 주장하는 다른 국가들의 특권도 확대해 주는 결과를 초래할 것이라며 고종과 내각의 변화를 요구했다.

1898년 독립협회는 정부가 자주적 주권 수호를 위한 추가 개혁을 시행하지 않는다며 반정부 대중집회를 개최했다. 이로 인해 서재필은 관료들의 압력에 시달렸고, 결국 미국으로 다시 돌아가게 되었다. 그러나 서재필에 대한 추방만으로 반정부 집회를 막을 수는 없었다. 오히려 그의 출국은 대규모 반정부 집회의 확산을 초래했다. 그 해 11월 독립협회는 고종에게 '헌의 6조(獻議六條)'를 올렸다. 이 상소문은 독립협회의 근본 취지와 보수적인 기존 정치체제간의 절충안이었다. 그 예로 이 상소문에서 협회는 고종의 황제권을 유지하는 데 동의하지만, 내각과 중추원(中樞院)에 의한 권한이 제한 받는 체제를 건의했다. 즉 '헌의 6조'는 정부 체제를 입헌군주정(立憲君主政)이라는 보다 근대적이고 민주적인 형태로 재창출할 것을 요구했다. 고종 황제는 이를 수렴하겠다는 입장을 밝혔고, 중추원의 구성원 중 절반은 선거를 통해 선출하겠다고 약속했다.

그러나 고종의 개혁 수용입장 표명은 대중집회를 해산하기 위한 지연책에 불과했다. 정부는 고종의 요구 수용입장 발표 후 소요가 진정되자 독립협회의 해산을 명령했고, 이상재를 비롯한 16명의 협회 지도자를 검거했다. 회원들은 이들의 석방을 요구하는 집회를 다시 가졌고, 서울에서 대중집회는 계속되었다. 이 때 정부는 보부상들을 불러 집회 참석자들을 공격하라고 명령했다. 이 두 집단간의 유혈 충돌은 정부군에 의해 진압됐고 정부는 대중집회를 불법화하였다. 고종과 그의 보수적 관료들이 대중집회를 막는 데는 일단 성공했지만, 이로 인해 조선은 근대화의 마지막 기회를 잃고 말았고, 대중적 지지를 받던 개혁 역시 실패했다. 그 후로 조선의 멸망은 피할 수 없는 운명이 되었다. 개항 후부터 위로부터의 개혁은 물론 동학을 기반으로 한 아래로부터의 개혁도 실패했고, 이제 지식인을 중심으로 한 대중적 개혁 시도도 막을 내려 조선은 스스로 근대화된 체제를 갖고 국제 정세에 동참할 수 있는 능력을 완전히 상실했다.

독립협회는 정부가 정치적 타협에 응할 정도의 대중적 지지를 받고 있었지만, 이 전근대적인 정부를 전복시킬 정도로 혁명적이지 못해 목적을 달성하지 못했다. 독립협회는 외국 공관들의 지지도 받고 있었다. 특히 조선의 근대 교육 발전에 깊숙이 간여하던 미국 선교사들은 협회의 활동을 격려하고 지원했었다. 독립협회는 또 계몽되고 사회적으로 존경받던 지도자들이 중심이 되었다는 장점도 갖고 있었다. 그럼에도 불구하고 외세의 간섭이 전혀 없던 상태에서 독립협회는 개혁에 실패하고 말았다. 이로 인해 세 번에 걸친 주요 개혁이 모두 실패로 끝났다. 일본식 개혁을 원했던 개화파가 주관한 1884년 갑신정변이 실패했고, 1894~5년 동학 봉기와 갑오 개혁도 긍정적이던 부정적이던 일본이 개입해 실패로 돌아갔다. 마지막으로 대중적 지지를 기반으로 하는 지식인 중심의 근대화 노력도 실패로 돌아갔다. 청과 일본의 간섭으로 실패한 두 번의 개혁보다 독립협회의 개혁 실패는 심각한 조선의 상태를 입증해 주고 있다. 이제 민심이 떠난 고종의 정부는 더 이상 기능이 불가능한 상태였고, 조선 사회 역시 자정 기능을 하지 못하는 상태로 들어섰다.[308] 다시 말해 시대에 대처할 수 있는 역동성을 완전히 상실했다. 조선을 장악하기 위해 일본이 러시아와 전쟁을 결정한 1904년 조선은 이를 대처할 아무런 능력도 갖고 있지 못했다. 결국 독립협회 주도의 개혁 실패는 조선 정부가 민심을 외면해 멸망의 길로 접어드는 분수령이 되었다. 즉 협회를 해산시킴으로서 외세의 위협을 받던 정부는 이제 민심으로부터 격리된 소수 정치가들의 집단이 되었고 국가를 이끌기에는 역부족이었다는 것을 의미하고 있다.

2. 러일전쟁(露日戰爭)과 조선의 독립 상실

조선의 운명을 결정지을 사건이 한반도가 아닌 중국에서 일어났다. 1900년 대규모 반외세 운동인 의화단(義和團) 사건이 일어나 북경 주재 독일 공사 케틀러(Baron von Ketteler)를 포함해 많은 외교관들이 목숨을 잃었다. 북경의 외교관들이 외교 특구에 고립되어 있다는 소식을 접하고, 독일 장군 발더세(Field-Marshal Alfred von Waldersee)의 지휘 아래 의화단을 평정하고 외교

---

308) Kim and Kim, p.111.

관들을 구출하기 위한 연합군이 결성됐다. 러시아, 영국, 프랑스, 미국, 오스트리아, 이태리, 일본 모두 이 원정에 참여해 군대를 북경으로 파견했다. 그 와중에 러시아는 자국의 이익을 확대시키기 위해 특별 원정군을 파병해 만주를 장악했다. 러시아는 이 파병이 자국의 철도와 철도 건설을 보호하기 위해 불가피한 조치라는 구실을 내걸었다. 연합군은 의화단을 평정하고 북경을 재탈환했으나 러시아의 만주 파병은 타국으로부터 불쾌감을 일으켰고, 특히 영국과 일본의 반감은 심각할 정도였다. 그러나 조선을 단독 장악하려던 일본으로서는 러시아의 만주 파병이 새로운 기회로 제공되어 러시아와의 협상에서 칼자루를 쥐게 되었다.

1901년 1월 국제적 비난의 대상이 된 러시아는 일본에게 조선을 만국이 보장하는 중립국으로 만들자고 제의했지만 일본은 이 제의를 즉각 거부했다.[309] 러시아가 만주를 장악함으로써 조선의 독립 자체도 현실성이 없는 상태에서 조선의 중립국화를 수용한다는 것은 불가능하다고 통보 했다. 그러면서도 일본은 조선의 중립국화보다는 조선에 대한 일본의 절대적 위치를 보장해 준다면 러시아의 만주 점령을 인정할 수도 있다고 러시아에 제의했다. 그러나 러시아는 만주점령 때문에 조선 내의 러시아 영향력을 완전히 포기할 수 없다는 결정을 내렸다. 당시 러시아는 조선의 마산포를 조차하기 위해 온 정열을 쏟고 있었다. 러시아는 마산포가 러시아 태평양 함대의 장래와 직결된 중요한 지역이라고 생각해 조선 정부와 두 차례에 걸친 협정을 체결하면서 마산포 조차에 강한 의지를 보였던 점을 볼 때 일본이 의도했던 것처럼 러시아가 조선을 완전히 포기할 수는 없었다.[310] 이제 일본과 러시아는 한반도에 대한 야욕을 노골적으로 내보이며 식민지 경쟁 말기의 행태를 여지없이 조선 상황에 적용하기 시작했다.

---

309) *Ibid.*, p.99.

310) 최덕규, "러시아 해군성과 마산포 (1894~1905)," 『한국시베리아학보』, 1(1999): 132~133.

이런 러시아의 태도에 일본은 전쟁을 대비한 외교적 지원을 모색하게 됐다. 1901년 11월과 12월, 동북아시아의 장래를 놓고 일본과 러시아간의 공평한 분할을 토의한 러일 협상이 합의점을 찾지 못하고 있던 상황에서 1902년 1월 30일 일본은 영국과 동맹을 맺는데 성공했다. 영일동맹(英日同盟)은 러시아로 인해 중국에서 영국의 권익이 침해당할 지도 모를 것이라는 영국의 우려와 러시아의 조선 침투에 대한 일본의 우려가 합일점을 찾은 결과였다. 동시에 삼국간섭 이후 외교적 고립을 겪던 영국은 적극적으로 일본의 제의를 받아 들였다. 그 결과 이 동맹을 위한 협의 과정에서 일본은 영국으로부터 일본의 대조선 활동에 대해 어떤 방해도 하지 않는다는 약조를 받아냈다.

조선 정부는 영일동맹에 대해 알고서는 상당히 긴장하기 시작했다. 조선 정부는 이 동맹으로 인해 일본이 러시아와 일전을 벌일 것은 물론 조선 내정에 일본의 간섭이 더욱 심해질 것이라는 우려를 했다.311) 예상되는 일본의 태도와 이로 인해 재현될지도 모르는 외국의 간섭에 대한 두려움으로 고종은 일단 일본을 달래기로 했다. 1902년 3월 2일 고종은 일본 공사 하야시 곤수케(林權助)에게 자신은 개혁을 다시 시작할 준비가 되어 있다고 전했다. 그러나 1903년 5월 조선은 압록강 입구에 위치한 영암포에서 러시아가 경제 특권을 요구하는 것을 무마시키지 못하고 말았다. 러시아는 이 지역에서 토지를 매입하기 시작했고, 전신선과 건물들을 건축하기 시작했다. 일본과 영국이 러시아의 영암포 진출에 대해 강력히 항의하자 조선 정부로부터 공식적인 임대허가를 받지는 못했으나, 러시아는 이 지역을 통상 자유지역으로 만드는 데는 성공했다. 이런 상황 전개에 촉각을 곤두세우고 지켜보던 일본은 러시아를 영암포에서 철수시키든지 아니면 만주에서 전쟁을 하기로 결정했다. 1903년 8월 러시아와 일본간의 전쟁이 피할 수 없는 상황으로 인식되자 조선 정부는 일본과 러시아에 한반도를 중립지역으로 인정해 달라고

---

311) Kim and Kim, p.101.

애타게 요청했다.[312]

　일본은 러시아에 대한 공격 준비를 완료한 후 마지막으로 영암포 문제를 평화적으로 해결해 보겠다는 제스처로 러시아에 협상을 요청했다. 일본은 러시아가 조선에서 일본의 지배적인 특권을 인정할 것과 한반도에서 일본 활동에 대한 완전한 자유를 인정하라고 강력하게 요구했다. 그러나 러시아 짜르(Tsar)는 이 정도까지 러시아가 희생을 감수 할 수는 없다고 보았다. 일본의 요구를 전면 수용하지 않고 러시아는 한반도에 대한 일본의 특권을 조선의 근대화와 건실한 정부를 위해 충고하고 지도하는 정도로 제한할 것을 요구했다. 또한 러시아는 일본이 조선에 파병을 결정할 경우 러시아에 사전 통보를 해야 한다는 것도 상기시켰다. 동시에 러시아는 위도 39도 선부터 압록강-두만강 사이를 비무장 중립지역으로 정하자고 주장했다. 러시아는 어느 정도 조선에서 일본의 우세한 영향력을 인정하고는 있었지만 위에서 말한 중립지역 설정과 한반도 내에서 일본에게 군사적 특권 불인정은 양보할 수 없다는 입장을 고수했다.

　결국 1904년 2월 8일 일본 전함늘이 선전포고도 없이 랴오둥반도의 러시아 기지를 공격했고, 이틀이 지난 후 일본은 공식적으로 러시아에 선전포고를 했다. 조선 정부는 즉각 중립을 선포하고 나섰으나 이는 무의미한 제스처에 지나지 않았다. 일본 전함들이 러시아를 공격하자마자 일본은 인천에 군대를 파견해 서울로 진군시켰다. 무력 앞에 조선 정부는 일본이 요구하는 협정서를 조인할 수밖에 없었다. 이 협정서에 의하면 조선은 일본이 조선의 독립과 영토적 권위를 보장한다는 구실로 일본이 조언하는 개선책을 받아들여야 했다. 또 일본 정부가 고종 황제를 보호한다는 구실로 조선 정부가 일본에 협조한다는 것도 포함되어 있었다. 고종 황제에 대한 보호를 구실로 일본은 조선의 모든 항구를 일본의 군사적 목적을 위해 개방하라고 요구했

---

312) *Ibid..*

다. 무엇보다도 이 불법적인 협정 중 조선에 요구된 가장 중요한 사항은 조
선은 일본의 허락 없이 더 이상 외국과 조약을 맺을 수 없다는 항목이었다.
즉 조선의 외교권을 일본이 강압적으로 빼앗아 조선을 외교적으로 속국화
했던 것이다.

　이 협정서는 제 삼자에 인한 어떤 제한이나 견제도 없는 조선에 대한 일
본의 완전한 점령을 의미하는 첫 신호였다. 무엇보다 심각한 것은 일본이
외교권을 박탈해 조선의 주권을 사실상 중단시킴으로 해서 후에 한반도를
완전히 합병해 버리는 발판을 만들었다는 것이다. 전황이 일본에 유리하게
전개되자 일본은 조선이 러시아와 조인한 모든 협정을 무효화했고, 이전까
치 러시아에 허가한 경제 특권도 모두 몰수했다. 일본은 청일 전쟁 후 청을
조선에서 몰아내던 똑같은 방법으로 러시아를 조선에서 다시 한번 힘으로
철수시켰던 것이다. 1904년 8월 일본은 조선의 내정도 장악하기 위해 일본
인 고문체제를 강화하는 협정서에 조인하라고 요구했다. 이로써 조선은 일
본인 재정 고문을 받아들이도록 강요당했고, 외교 고문으로 전직 일본 외교
고문이었던 미국의 스티븐스(D. W. Stevens)를 받아들였다. 황실과 내각은 물
론 군사, 치안, 교육 부문 등에도 일본인 고문들이 몰려들었다. 조선 정부는
파견 외교관의 소환을 강요당했고 이들의 업무를 일본 공관들에 넘겨주는
수모를 겪었다. 이로써 조선은 외교적 권위를 완전히 잃었고, 결국 독립마저
도 상실하게 되어 1910년 일본은 은자의 나라로 알려졌던 조선을 합병해 식
민지화했다.

　1905년 3월 만주의 무크덴이 일본군에 의해 점령됐다. 러시아는 자국의
발틱(Baltic)함대를 극동으로 파견하려 했으나 일본의 동맹국인 영국은 발틱
함대가 자신들이 관리하던 수에즈운하를 통과하지 못하도록 막았다. 결국
발틱함대는 아프리카를 돌아 목적지에 도착했다. 긴 여정 끝에 목적지 조선
해협에 도착한 발틱함대는 쓰시마 섬 근처에서 일본 해군에 대패했다. 이
해전은 세계 해전사에 남는 일방적인 승리 중에 하나였고 자타가 공인하던

무적 발틱함대를 무찌른 일본은 아시아에서만이 아닌 세계적인 강국으로 자리를 잡았다. 이렇게 승리가 가까워지자 일본은 위에서 말한 것처럼 조선에 대한 압력을 더욱 강화했다. 일본은 조선 정부에게 모든 통신 시설과 내륙 수로에 대한 관리권도 넘길 것을 요구했다.

일본은 조선을 장악하는 과정에서 어떤 서양 열강도 방해를 하지 못하도록 다각적인 외교적 교섭을 펼쳤다. 1905년 7월 일본 수상 가츠라 타로(桂太郎)는 미국 국방 장관 하워드 테프트(William Haward Taft)가 동경을 방문하자 회동을 갖고 '가츠라-테프트 비밀 협정'을 맺었다. 이 비밀 협정에서 미국은 한반도에서 일본의 절대적 권한을 인정했고, 그 대가로 일본은 미국 소유였던 필리핀에 대해 불간섭을 약속했다. 다음 달에는 유사한 비밀 협정이 일본과 영국 사이에서도 이루어 졌다. 여기서 일본은 인디아(India)에서의 영국 식민지 정책을 지원한다는 약조를 했다. 결국 미국과 영국은 자신들의 식민지를 보존하기 위해 조선의 자유와 독립을 팔아 버렸다. 러시아를 지원했던 독일은 어떤 공식 행동도 취하지 못하고 사태 발전을 관망하고 있었다.

보수적이고 열악한 고종의 정부는 일본을 비롯한 서구 열강들이 아시아에서 자국의 몫을 차지하기 위해 혈안이 된 상황에서 독립을 유지하는 데 실패했다. 1905년 11월 이토 히로부미가 서울에 도착해 최고 행정 책임자인 초대 총독이 되었다. 이토는 고종에게 조선에 주재하던 모든 외국공관들이 철수했음을 통보했다. 이로써 조선의 독립은 사실상 끝나고 말았지만 일본은 제반 조치를 서서히 진행해 1910년 공식적으로 조선을 합병했고, 불행히도 한반도는 1945년까지 일본의 지배를 받는 수모를 겪었다.

3. 독일의 '세계정책'(Weltpolitik)과 조선의 독립 상실

조선이 영토적 권위와 독립을 유지하기 위해 어려운 투쟁을 하고 있던 동안 앞에서 본 것처럼 독일은 더욱 강력한 대외정책을 발전시키고 있었다. 베를린의 '세계정책(世界政策)'은 유럽과 아프리카에서 세계사에 암적인 결과를 초래했지만 우선은 동북아시아에서 힘의 균형(Balance of Power)을 변화시켜 혼란을 조장했다. 독일제국의 '세계정책'은 한반도에서 러시아와 일본 사이의 군사적 긴장을 고조시켜 러일전쟁 후 조선이 독립을 상실하는데 독일의 책임을 회피할 수 없게 되었다. 그렇다고 독일이 다른 정책을 폈다면 결과가 달라졌을 것이라는 말은 아니다. 그러나 문제 많은 '세계정책'을 폈던 독일도 조선 멸망에 대해 미국이나 영국처럼 최소한 부분적인 책임을 갖고 있다는 것은 부정할 수 없다는 것이다.

1890년 비스마르크의 몰락과 함께 점진적이고 조심스런 독일의 식민지 정책은 막을 내렸다. 카이저 빌헬름 2세와 독일 정부는 새로운 외교정책으로 '세계정책'(Weltpolitik)을 표방했고, 갑자기 독일은 국제 문제에 수시로 간섭하기 시작했다. 설상가상으로 1897년 이후 새 해군성 비서관 트리피츠(Alfred von Tripitz) 재독과 외무성 비서관 뷸로우(Bernhard von Bülow)는 빌헬름 2세를 종용해 대규모 원양 해군을 창설하도록 했다. 이는 비스마르크의 점진적 식민정책으로부터의 극단적인 전환이었다. 그러나 독일제국의 새 정책은 선명한 목표가 없이 진행되었고, 국제 분쟁에 지속적으로 간여하고 중간에 끼어 타국으로부터 경계심을 불러 일으켰다. 특히 해군력 증강에 대한 영국의 반감은 심각한 수준이었다. 이는 비스마르크가 유럽 내에서 독일의 안보를 우선해 영국과의 친분관계를 유지하려던 정책에서 완전히 벗어난 정책 진행이었다.

앞에서 설명한 것처럼 '세계정책' 의 첫 번째 정책 적용은 1898년 청으로부터 교주만을 점령하려 했던 것이다. 여기서 베를린이 이제 극동 상황에 적극적인 간섭을 하겠다는 의지를 볼 수 있어 그 동안 정부가 직접 개입하지 않는 독일 정책에 큰 변화가 있었음을 알 수 있다. 정부가 직접 주도해 삼국간섭을 진행했고 그 결과 독일은 아시아에 최초의 식민지를 건설하는 데 성공하면서 이제 공인회사를 중심으로 한 비스마르크식의 조심스럽고 점진적인 식민지 정책은 동북아시아에서부터 변화하기 시작했다. 특히 삼국간섭이 독일과 러시아간의 주도로 진행되면서 동북아시아지역에서의 양국 간 준동맹체제는 러시아와 긴장 상태를 유지하던 영국을 자극했고, 이는 비스마르크가 그토록 심혈을 기울였던 친영정책의 붕괴를 의미해 독일의 외교 전망을 예측하기 힘들게 했다. 그러나 러시아와의 밀접한 관계로 동북아시아에서 단기적으로는 독일의 입지를 강화했음에는 이론의 여지가 없다.

독일의 교주만 점령은 러시아의 도움으로 가능했다. 1895년부터 청은 러시아에게 교주만을 러시아 극동 함대가 겨울 정박지로 사용할 것을 허락했었다. 그러나 러시아 함대는 이곳에 그다지 자주 정박하지 않았고, 극동지역에서 보다 정박이 용이하고 정략적 입지가 좋은 한반도의 마산포를 조차하고자 했었다. 이미 1895년 2월, 러시아는 청일전쟁 이후 동북아시아 정세를 분석하면서 거제도에 관심을 갖기 시작했다. 조선에 대한 관심은 러시아의 태평양함대 증강 계획과 맞물려 1895년 11월과 12월 두 번에 걸친 거제도 주변지역 탐사를 통해 태평양함대 사령관 알렉세예프(Admiral Evgenii Alekseev)는 이미 마산포를 러시아의 동북아시아 지역 부동항 해군기지 적합지로 제시하고 있었다.[313] 독일이 교주만을 조차하길 원했고 이를 위해 러시아에 접근했을 때 러시아가 이를 반대하지 않았던 것은 이런 의도가 있었기 때문이었다. 1897년 8월 7일 카이저 빌헬름 2세와 러시아 짜르 니콜라스 2세(Tsar Nicholas II)가 페터호프(Peterhof)에서 만났다. 여기서 짜르는 교주만을 독일이 장기 조차하는 것에 원칙적으로 동의했다. 짜르는 삼국동맹으로 유대가 강화된 독일의 교주만 조차는 영국에 의한 교주만 점령 가능성을 사전에 방지할 수 있다는 생각에서 이런 결정을 내렸다.[314] 만일 러시아가 교

---

313) 최덕규, "러시아 해군성과 마산포 (1894~1905)," p.115.
314) Minge E. Bee, "The Peterhof Agreement," *Chinese Social and Political Science Review*, 20(1937): 246.

주만을 사용하지 않고 있다는 구실을 들어 영국이 교주만을 조차할 경우 여순항은 영국에 의해 무용지물화될 것이고 이로 인해 당시 러시아가 가장 비중을 두고 있던 만주점령을 불가능하게 만들 것이라는 것은 불을 보듯 뻔한 일이었다. 영국과 첨예하게 대립하고 있던 러시아로서는 독일의 관심이 오히려 고민거리를 해결해 주는 전화위복의 기회일 수도 있다는 결론에 도달했음을 어렵지 않게 짐작할 수 있다.

독일이 교주만 조차를 원한 배경에는 경제적인 요인도 있었다. 극동지역 통상에 관련된 집단들은 산퉁반도의 광산에 큰 관심을 갖고 있었고, 인구가 밀집한 이 지역에서 독일 상품을 판매할 시장을 확보할 계획도 갖고 있었다.[315] 그들은 교주만의 독일 해군기지 건설은 이 지역에서 독일의 존재를 알리고 독일 정부가 이 지역의 자국 통상을 지원하고 있다는 상징이 될 것이라고 강하게 주장했다. 산퉁반도가 공자의 고향일 뿐 아니라 베이징과 가까운 인구 밀집 지역이기 때문에 이런 독일인 통상 집단의 주장은 일리가 있었다.

이 지역을 점령하려던 독일에게 1898년 산퉁반도에 군대를 파견할 수 있는 빌미가 주어졌다. 이 지역에서 선교활동을 하던 독일 선교사 두 명이 중국인들에 의해 살해되는 사건이 발생했다. 첫 번째 파견 병력이 상륙한 직후 독일 해군은 교주만 포구에 기지를 건설하기 시작했다. 청은 내키지 않았지만 결국 교주만을 독일이 99년 간 조차하는 것을 허락할 수밖에 없었다. 독일에 의해 교주만은 모범적인 식민지로 발전해 갔고, 산퉁반도에서 수익성 있는 광산과 철도 건설이 진행됐다. 사실 교주만은 독일이 건설한 식민지 중 가장 성공적인 식민지 사업이었다.[316] 그러나 초기에 독일의 조선 진출에도 불구하고 교주만을 점령한 후로 독일은 조선에서 영향력을 넓히려는 아무런 조치도 하지 않았다. 교주만 식민지화 성공은 이 당시 정부지원

---

315) Smith, p.112.
316) Schrecker, p.249.

이 식민지 활동에 얼마나 중요했던지를 입증해 독일의 대조선 통상 실패 원인을 반증해 주는 사례였다.

독일이 교주만을 점령한 것은 당시 상황에서 카이저와 그의 관료들에 의한 외교적 성공이었다. 그러나 독일제국은 이에 만족하지 않고 지속적으로 독일의 입지를 확장시키려 노력했고 이런 노력은 동아시아 정책의 기본 틀마저도 뒤흔드는 결과를 초래했다. 1900년 의화단 사건 당시 카이저는 독일 장군을 연합 원정군의 총지휘자로 세워 이를 독일의 국력과 '세계정책'의 우수성을 과시하는 상징으로 이용하려 했다. 동시에 그는 이 기회를 이용해 중국에서 독일의 영향력을 확장시키는 계기로 삼으려고 했다. 그러나 이를 위해 종전처럼 러시아와 협력해 정책의 일관성을 유지하지 않고 영국 쪽으로 눈을 돌렸다. 러시아의 만주 점령을 틈타 영국에 유혹을 던진 것이었다. 양쯔강 유역에서 독일과 영국의 상업적 영향력을 확대시킨 '양쯔협정(英獨揚子江協定)'은 1900년 10월 18일 조인됐다. 여기서 독일의 '세계정책'이 얼마나 일관성이 없이 진행되었는지 잘 보여주고 있다. 즉 지금까지 중국에서 독일의 영향력 확산을 위해 러시아와 돈독한 관계를 유지하다가 돌연 러시아의 적대국인 영국과 양쯔강 지역에서 상대적으로 적은 이익을 얻기 위해 만주 파병으로 어려움을 겪고 있던 러시아를 소외시켰던 것이다. 그러나 독일과 영국의 관계도 급변해 '세계정책'의 근시안적 색채를 증명했다. 이로 인해 독일은 동북아시아 지역에서 사실상 외교적 고립을 면치 못하게 되었고 교주만에서도 중국인들의 민족주의가 확산되면서 독일의 경제적 발전에도 제동이 걸렸다.

1902년 맺어진 영일동맹은 극동 지역의 외교적 협력 관계를 극적으로 변화시켰다. 이 동맹은 앞에서 서술한 것과 같이 영일 양국이 러시아를 견제하기 위해 이루어진 것이나 동시에 독일의 팽창도 견제 대상 중 하나였다. 특히 이 군사 동맹을 제의한 영국의 의도는 러시아는 물론 독일 해군력의 증강도 견제하는 데 있었다. 당시 삼국간섭의 불참으로 동북아시아에서 외

교적으로 고립되어 있던 영국은 영일 동맹을 통해 적극적인 자세로 태도를
전환했다. 이에 대응해 러시아도 베를린에 프랑스와 함께 중국의 현상 유지
를 공표 하는 데 합류할 것을 제의했다.317) 즉 러시아는 동북아시아에서 힘
의 균형체제를 유지하기 위해 삼국간섭 같은 외교적 공조체제를 요청했던
것이다. 러시아로서는 영국을 견제하는 동시에 일본과의 한반도 경쟁을 자
력으로 진행하기에는 무리가 있었다. 그러나 독일의 새 재상이 된 뷸로우는
러시아의 제의를 거절했다. 그는 이런 공동 발표가 독일에 상당한 불이익을
줄지도 모르는 러시아의 만주 점령을 고착화시킬 것이라고 간주했다.318)

그러나 뷸로우가 진정으로 원했던 것은 만주와 조선을 놓고 일본과 러시
아간에 전쟁을 유발시키는 것이었다. 그는 러시아와 일본간의 전쟁은 영일
동맹에 타격을 주고, 러일간의 화해무드 가능성을 완전히 제거하는 최선의
상황이라고 보았다. 이런 뷸로우의 의도는 러시아 재무 장관 세르게이 비떼
(Sergei Witte)가 1903년 물러나면서 수월해 졌다. 비떼는 외교 문제를 항상
경제에 바탕을 둔 평화적 해결을 선호했던 러시아 온건파 관료 지도자였다.
비떼의 사임 후 조선 정복을 포함해 극동에서 더욱 강력한 정책을 펼쳐야
한다고 주장했던 강경파가 정부 요직을 장악하기 시작했다.319) 전술한 것처
럼 일본은 오랜 기간동안 조선을 정복하려는 목표를 갖고 있었기에 러시아
와 일본사이에 극동지역을 분할하자는 협상은 결렬됐고, 전쟁은 더 이상 피
할 수 없는 상황이 되었다. 독일은 러일 전쟁의 발발에 직접적인 역할은 하
지 않았지만 뷸로우의 건의를 받아들인 카이저는 니콜라스 2세에게 서한을
보내 일본과 전쟁을 벌여 조선을 정복하라고 종용했다.320) 카이저는 러시아

---

317) Geiss, p.96.

318) E. T. S. Dugdale, *German Diplomatic Documents, 1871~1914,* vol. 3, (New York: Harper and
    Brothers, Publishers, 1928), p.158.

319) René Albrecht-Carrié, *A Diplomatic History Scince the Congress of Vienna,* (New York: Harper
    and Brothers, Publishers, 1958), p.3.

320) Kurt Bloch, *German Interests and Policies in the Far East,* (New York: International

가 야만적인 동양국가 일본을 응징 못할 이유가 없다는 인종차별적 언조로 일본과 일전을 치르도록 분위기를 조성했다. 결국 독일은 동북아시아 지역의 긴장감을 해소하려기 보다는 고의적으로 상황을 악화시켜 팽팽히 유지되던 이 지역 힘의 균형체제를 다시 한번 흔들고 그 틈새를 이용해 독일의 영향력을 확장하고자 했던 것이다.

1903년 러일간에 전운이 감돌기 시작하자 독일 정부는 중립이라는 미명 아래 전쟁이 시작되기를 학수고대하고 있었다. 독일은 전쟁이 일어나면 러시아와 일본의 동맹국인 영국사이의 새로운 화해 가능성은 완전히 사라질 것이라고 믿었다. 1904년 2월 전쟁이 발발하자 독일은 극동에서 러시아의 어려움을 이용해 유럽의 프랑스-러시아 동맹(Franco-Russian Dual Alliance)을 와해시키려 했다.[321] 즉 영국과 친분 관계를 모색하던 프랑스는 러시아에 대한 지원을 거부해 러시아와의 관계가 어려워질 것이라는 분석이었다. 독일은 중립을 선포했지만 영국에 의해 수에즈운하 통과를 거부당한 러시아 발틱함대에게 아프리카와 남태평양 독일 식민지에서 연료 및 보급품을 제공해 환심을 사려했다. 이런 독일의 분석과 정책은 러시아의 승리를 전제로 하고 있었고, 독일뿐만 아니라 많은 열강들은 러시아의 승리를 당연시하고 있었다. 독일의 의도가 맞아떨어진다면 상당히 뛰어난 일석삼조의 정책임에는 틀림없었다. 1904년 11월 독일의 러시아 지원정책으로 양국 관계는 군사동맹의 초안을 교환하는 정도로까지 발전했다.[322] 그러나 독일의 예상을 뒤엎고 러시아는 이 동맹 협상을 더 진행하기 위해 우선 프랑스와 협상해야 한다는 입장을 취했다. 이런 러시아의 태도 변화로 인해 양국의 동맹 가능성은 무산되고 말았다. 독일의 최대 적수 중 하나인 프랑스가 이를 용인할 리가 없었기 때문이다. 설상가상으로 전쟁이 일본에 유리한 상황으로 전개

Secretariats, Institute of Pacific Relations, Publishing Office, 1940), p.3.
321) Geiss, p.97.
322) *Ibid.*, p.100.

되자 조선의 희생을 바탕으로 러시아와 프랑스 사이의 동맹 관계를 악화시키려던 독일은 극동에서 고립을 면치 못하는 처지가 되었다. 즉 러시아가 일본에 의해 동북아시아 지역에서의 영향력을 상실하자 독일로서는 이 지역에서 협력 관계를 유지할 나라가 더 이상 남지 않게 되었고, 러시아가 이 지역에서 밀려난 후 정책의 초점을 발칸 지역으로 전환해 독일의 동쪽국경을 위협하게 되었다. 뷜로우의 정책은 우선 러시아가 일본에 승리한다는 전제하에서 성공 가능성을 갖고 있었기 때문에 독일의 '세계정책'은 이미 동북아시아에서부터 무참하게 실패하고 말았다.

극동에서 독일의 '세계정책'은 지나칠 정도로 복잡한 것이었고 선명한 목표의 결여와 지속적 분쟁 유발은 장기적으로 이 지역에서 독일의 완전한 정책적 실패를 가져왔다. 독일 관료들이 예상과는 반대로 일본과 일본의 동맹국 영국의 견제로 인해 이 지역 독일의 영향력은 산퉁반도 교주만 외로는 더 이상 확장될 수 없는 고립상태가 되었다. 동시에 교주만은 전시에 방어가 어려운 지역이다. 러시아의 패배는 극동지역에서 독일의 협력 가능국을 없애 외교적 고립도 면치 못하는 최악의 결과를 초래했다. 독일의 '세계정책'은 러시아에 대한 지속적이고 적극적인 지원으로 극동에서 협력체제를 유지하기보다는 러일전쟁이라는 한 가지 사건으로 지나치게 많은 가능성을 예상했고, 지역 분쟁을 조장했다. 결국 러시아의 패배로 빌헬름 2세의 '세계정책'은 초반부터 실패하고 말았다. 동북아시아지역의 전쟁을 통해 프랑스와 러시아, 영국과 러시아, 러시아와 일본은 물론 영국과 일본 사이의 긴장을 조성해 독일만의 이익을 극대화하려 했던 이 정책은 일본의 군사력과 열강들의 독일에 대한 견제를 과소평가 했던 것이었다.

당시 독일이 동북아시아 지역에서 어떤 목표가 있었던 것도 아니었기에 목표도 없이 긴장만을 고조시킨다는 것은 매우 위험한 발상이라고 볼 수 있다. 러시아가 동북아시아 지역에 외교의 초점을 맞추어 독일로서는 동쪽 국경선 방어의 부담을 줄이는 것이 목적이었다고 보는 견해도 있으나 러시아가 한반도를 확보한 이후에는 다시 유럽으로 눈을 돌릴 것은 당연하다. 동시에 러시아로서는 발칸반도를 완전히 포기하지도 않을 것이었다. 동북아시아 지역에서는 과연 러시아가 승리한 후에 독일이 궁극적으로 무엇을 얻으려고 했는지는 지나치게 막연하고 낙관적이었다. 결국 독일 중심으로 상황이 전개될 것이라는 막연한 기대와 우선 힘의 균형을 흔들고 보자는 독일의 애매하고 책임감 없는 태도는 비난을 받기에 충분했다.

결국 독일은 조선이 독립을 상실할 것이라는 점을 충분히 숙지하고서도 동북아시아에서 전쟁을 종용했음은 물론 전쟁의 직접적인 발발에도 한 몫을 했다. 독일의 이런 태도는 1910년 일본이 조선을 합병하자 한반도에서 독일의 통상과 외교를 끝맺는 바람직하지 못한 결과를 가져왔다. 결국 독일의 '세계정책'은 독일과 조선 양국에 치명적인 타격을 주었다. 조선은 일본에 의해 외교권 박탈을 시작으로 독립을 상실했고, 극동 지역에서 독일의 외교적 고립은 물론 러시아의 유럽 복귀로 유럽이 제1차 세계대전으로 치닫게 하여 독일 제국도 붕괴되었다.

4. 1905년까지의 조선 내 독일 활동

독일이 조선의 희생을 바탕으로 동북아시아 지역에서 긴장을 고조시켰음에도 불구하고 많은 독일인들은 여전히 조선에서 독일의 영향력을 확장하려 노력했다. 세창양행(Meyer Company)도 여전히 사업확장을 기대하며 당현 금광 채굴을 계속했다. 그러나 외지 산간 마을에 위치한 당현 금광사업은 많은 어려움을 겪었다. 또한 독일 외교관들의 "저돌적인" 지원에도 불구하고 세창양행은 더 이상 경제 이권을 확대하지 못했다.

한동안 조선 정부는 세창양행과 소규모이지만 사업관계를 유지했다. 세창양행을 통해 조선 정부는 소량의 독일 소총과 탄환을 구입했다. 세창양행은

1900년 1월 28일과 2월 10일 조선 정부가 요청한 소총과 탄환이 도착했음을 통보했던 것을 볼 때 세창양행의 상업활동은 지속되고 있었음을 알 수 있다.[323] 그러나 이 사업이 조선 정부와 세창양행간의 마지막 교역이 되었다. 이전부터 세창양행은 사업상 우호적인 태도를 취해 조선과의 통상 유지에 필사적인 노력을 기울였다. 그 예로 1899년 8월 세창양행은 회사 상표에 태극기를 사용하고 싶다고 허락 여부를 타진해 오기도 했다.[324]

세창양행은 조선에서의 통상 감소를 만회하기 위해 당현 금광 사업용 다이너마이트를 조선에서 판매하려 했다. 이미 세창양행은 다이너마이트 수입에 대해 조선 정부와 협상을 체결한 상태였다. '제물포 지역 다이너마이트 관리에 관한 협정'은 1898년 10월 22일 조인됐고, 이는 다이너마이트 안전관리에 대한 조선 정부의 우려를 잘 보여주고 있다. 조선 정부는 이 협정에서 제물포에 위치한 다이너마이트 저장창고에 대해 삼엄한 경비를 요구했고, 이 폭발물을 오직 당현 금광에서만 사용하도록 규정하고 있었다. 이 협정에 의하면 세창양행은 세창양행과 조선관리의 입회 아래 다이너마이트의 물량을 매달 한번씩 점검하도록 했고, 세창양행과 조선 관리의 입회 아래 다이너마이트의 창고 유입을 철저히 감독하도록 했다. 또한 다이너마이트를 추가 수입하고 창고에 보관하는 모든 과정을 세창양행이 조선 정부에 보고하도록 했다.[325]

1899년 1월 16일 독일 서리 영사 레인스돌프는 외무대신 박제순에게 이 협정에 다이너마이트의 사용과 판매에 대한 새 항목을 첨가해 줄 것을 요청했다. 레인스돌프는 다이너마이트 판매와 사용에 대해 조선 정부가 아닌 독일 총영사관에 보고할 것과 자유로운 판매를 요청했다. 박제순은 이런 레인스돌프의 제안을 받아들여 다이너마이트 판매와 사용에 대한 보고를 독일

---

323) ARC, vol. 16, no.2181, pp.158~159; no.2186, p.160.
324) *Ibid.*, no.2118, p.134.
325) *Ibid.*, no.1958, pp.71~72.

총영사관에 하도록 했다. 이 후로 세창양행은 다이너마이트의 사용과 판매를 독일 총영사관의 허가증만으로 할 수 있었고, 독일 총영사관은 물량과 판매에 대한 자료를 조선 정부에 통보하게 되었다.326) 이 추가 협정 조항은 조선 정부의 관리 없이 세창양행이 다이너마이트를 자유롭게 수입하고 판매할 수 있도록 했다. 그 예로 1900년 2월 21일 레인스돌프는 세창양행이 225 상자(72,000개) 분량의 다이너마이트를 제물포 보관창고로 들여 올 것이라고 통보했다. 이들 중 3 상자를 경인철도 건설회사에 판매했다고 동경대학에서 독일 법을 강의했던 서리 영사 베이페르트(Heinrich Weipert)가 1900년 5월 3일 조선 정부에 추가 통보했다.327) 결국 세창양행은 조선 정부는 물론 외국 회사들이 철도 건설을 활발히 추진하고 있던 때에 다이너마이트 판매라는 새로운 사업을 시작해 사업을 다시 확장시키려 했으나 이 새 사업 역시 당현 금광과 같이 한계를 가지고 있었다. 다이너마이트 판매가 세미수송처럼 많은 이익을 제공해 주기 위해서는 대대적인 건설사업과 광산사업이 필요했고, 타 국가들 역시 세창양행처럼 자신들이 쓸 다이너마이트를 자체 조달했기 때문에 이 사업을 독점할 수는 없었다.

이 시기 동안 세창양행은 계속해서 광산 채굴권을 확장하려 노력했으나 별 진전은 없었다. 1900년 6월 2일 베이페르트는 세창양행에 새로운 광산을 채굴할 수 있도록 허락해 달라고 조선 정부에 요청했다. 베이페르트에 의하면 세창양행은 길주, 단천, 홍주지역의 금광에 큰 관심을 갖고 있다고 전했다.328) 다음 달 9일 조선 정부는 이 요청을 단호한 어조로 거절했다. 앞에서 거론했던 것처럼, 조선 정부는 독일에 특혜를 제공할 경우 형평성을 고려해 타 열강들에게도 비슷한 규모의 이권을 제공해야 했고 조선 민중들로부터의 반감도 만만치 않아 정치적으로 상당한 부담이 될 수밖에 없었기 때문에

---

326) *Ibid.,* no.2004, p.90.
327) *Ibid.,* no.2210, p.168.
328) *Ibid.,* no.2224, p.173.

독일의 요구를 받아들일 수는 없었다. 특히 교주만 경우처럼 베를린의 직접적인 압력 없이 목적을 달성하기에는 역부족이었다. 이렇게 세창양행이 새로운 광산 개발권 획득에 실패를 거듭하면서 오직 당현 금광만을 개발할 수 있었다. 다시 말해서 정부 지원 없이 경제 특권을 확보한다는 것이 이미 불가능했음을 입증해 주고 있다. 또한 러시아와 일본의 경쟁은 독일에게 틈을 주지 않고 있었던 것이다.

1900년 9월 5일 베이페르트는 서울과 원산간의 철도 건설권을 다시 한번 요구했다. 그는 대한회사가 철도 건설을 위한 충분한 자금을 마련하지 못하고 있기 때문에 이 철도 건설을 독일에게 맡겨달라고 요구했다. 베이페르트는 세창양행이 이 권한을 부여받을 충분한 자격이 있다고 주장했다. 그는 이미 조선 정부가 경부선 철도 건설을 일본에 허락한 전례가 있기 때문에 세창양행에 이 권리를 부여하는 데도 아무런 문제가 없을 것이라고 주장했다.[329] 외무 대신 박제순은 조선 정부가 일본에 이런 권한을 부여한 적이 없다고 강력히 부인하며 독일 영사관의 요청을 거절했다. 박제순은 경부선 철도 건설권은 조선 정부가 철도 건설에 외국의 참여를 배제한다는 결정을 하기 전에 일본에 주어진 것이라는 해명을 했고, 이후 모든 철도 건설은 외국의 참여 없이 진행했고 또 진행하겠다는 입장을 재차 강조했다.[330] 이듬해 베이페르트는 대한회사가 경원선 건설을 시작하기 위한 충분한 재정을 확보하지 못한다면 세창양행이 필요한 재정적, 기술적 지원을 제공할 용의가 있다고 조선 정부에 통보했다. 세창양행은 당현 금광의 성공을 위해 경원선 철도는 필수 불가결한 것이라 생각하고 있었기에 어떤 방법으로라도 이 사업에 간여하려 했다.

1901년 4월 5일 베이페르트는 세창양행의 지원 제의를 조선 정부가 받아들일 것을 다시 한번 종용했다. 그는 당현 금광에서 나올 25%의 조선 정부

---

329) *Ibid.*, no.2268, pp.190~192.
330) *Ibid.*, no.2272, p.193.

수익을 강조하면서 이 철로의 필요성을 주장했다. 그는 조선 정부가 세창양
행이 제의한 재정적 기술적 지원을 수용해 조선 정부 몫의 수익금을 극대화
해야 한다고 설득했다.331) 그러나 조선 정부는 이미 공사가 시작된 철도 건
설을 위해 차관 도입을 원치 않았고, 이 제의에 회답조차 하지 않았다.

이런 조선 측 거부에도 불구하고 독일인들은 계속해서 경원선 철도 건설
권을 세창양행에 이전해 줄 것을 요구했다. 1902년 3월 31일 베이페르트는
또 다시 경원선 철도 건설에 독일이 참여하고 싶다는 강한 희망을 표현했
다.332) 1898년 당현 금광의 채굴권을 확보한 후부터 독일 영사관은 7번의 이
같은 요청을 계속했다. 이 요구들은 모두 거절당했고, 근대적 운송 수단을
몹시 필요로 했던 당현 금광 사업이 실패하는데 일조를 하게 되었다.

결국 1905년 4월 1일 독일 영사관은 수익성이 낮다는 이유로 세창양행이
당현 금광 채굴을 포기하기로 결정했다고 조선 조정에 통보했다. 이 서한에
서 신임 서리 영사 살데론(Saldern)은 조선 정부가 이태리인과 영국인에게 금
광 채굴권을 부여한 것처럼 독일인에게도 유사한 새 금광 채굴권을 허가해
달라고 요청했다.333) 조선 외무 대신 이하영(李夏榮)은 조선 정부는 살데론
의 요청을 심사숙고는 하겠지만 긍정적인 답변은 보장할 수 없다고 회답했
다. 그러면서도 이하영은 당현 금광에서의 성패와 관계없이 세창양행에 당
현 금광을 제공해 조선 정부는 항상 공평하고 합리적인 입장을 고수해 왔다
고 지적했다. 이 때 이미 일본은 조선 내정을 장악하고 있었기 때문에 신속
한 회답은 어려웠을 것으로 생각된다. 그럼에도 불구하고 1905년 11월 16일
살데론은 회동을 촉구해 평안도 북방 순천 금광 채굴권의 허가를 요청했
다.334) 살데론은 순천 금광 채굴권은 이미 일본의 허락을 받았다고 조선 조

---

331) *Ibid.*, no.2402, p.250.
332) *Ibid.*, no.2635, pp.352~353.
333) *Ibid.*, no.3013, p.595.
334) *Ibid.*, no.3067, pp.635~636.

정에 통보했다. 순천 금광에 대한 요구는 또 있었다. 그러나 조선 정부가 이에 회답한 근거는 찾아 볼 수 없다. 이는 일본이 독일의 요청을 방해하려 했거나 관심을 보이지 않았기 때문이라고 볼 수 있다. 결국 독일은 순천 금광 채굴에 대해 일본의 허락을 받아 냈지만, 이미 이 때는 독일의 외교관들이 조선에서 철수한 후였다.335)

조선에서 독일의 통상이 어려움을 겪고 있었지만 조선과 독일간의 "특별한 관계"는 완전히 끝나지 않았다. 조선 정부는 독일 군악대장과 독일인 황실 담당의사를 초빙했다. 이는 양국간의 외교적 끈이 아직 연결되어 있었다는 것을 말해 주고 있다. 그러나 여전히 조선 관료와 독일 총영사관 사이의 문제점은 산재해 독일 영사관과 조선 정부 사이의 갈등은 지속되었다.

1900년 말경 독일 총영사관은 한성 판윤의 가옥에 대한 새 훈령에 대해 문제를 제기했다. 11월 29일 한성 판윤은 서울에서 외국인과의 모든 부동산 거래는 공식적인 사전 허가를 받아야 한다는 훈령을 발표했다. 베이페르트는 이런 허가는 조독 조약에 위배되는 처사라고 해석했다. 12월 26일 베이페르트는 조선에서 독일인이 부동산을 구매하거나 임대를 허용한 조독 조약 4조에 위배되므로 이 훈령을 철회할 것을 요구했다.336) 그러나 외무 대신 박제순은 이 요구를 거절했다. 박제순은 사실상 이 훈령은 한성 판윤이 불법적 행위를 근절하기 위해 제정한 것이지 서울에서 외국인의 부동산 거래를 원천적으로 금지하려고 정한 것이 아니라고 설명했다.337) 그러나 베이페르트는 이 훈령은 조약 자체에 위배되는 것이기 때문에 실시해서는 안 된다는 입장을 고수했다. 결국 조선 조정은 이 훈령을 합법화하기 위해 조약을 위반하는 결과를 초래해 아직도 조선이 국제 관례를 진정으로 이해하지 못하고 있음을 또 한번 보여주었다. 부인할 수 없는 것은 조선 멸망 직전까지도

---

335) Lee Bae-yong, p.20.
336) ARC, vol. 16, no.2328, pp.223~224.
337) *Ibid.*, no.2239, p.225.

정부는 외국과의 관계에서 서구체제의 외교적인 관례를 이해하지 못했다는 것이다.

이 당시도 조선 정부는 앞에서 서술한 것처럼 근대화 작업을 보조할 독일인들은 초빙하고 있었다. 이 때까지는 기술자들을 초대한 데 비해 새로운 독일인 초빙은 문화적인 측면에 치중되어 있었다. 1901년 2월 26일 박제순은 독일인 군악대장 엑커르트(F. Eckert)를 초빙해 조선 젊은이들에게 근대 서양 음악을 교육시키도록 했다. 조선 정부는 엑커르트에게 300엔의 월급을 주고 3년간의 고용 계약을 맺었다. 정부는 또 그에게 집과 여행 경비도 제공하기로 해 상당한 대우로 그를 초빙했다.338) 이런 관대한 보수를 받고 엑커르트는 조선에서 근대 서구 음악을 가르치게 되어 한국의 근대 음악 발전에 공헌했다.

전반적으로 볼 때 베를린이 조선의 희생을 발판으로 러시아와 일본간의 전쟁을 부추기고 있었음에도 불구하고, 조선 정부와 독일 총영사관 사이의 관계는 간간이 마찰은 있었지만 어느 정도 조화를 유지하고 있었다. 조선 정부가 독일인에게 더 이상의 경제적 이권 허가를 거절하고 있었지만, 독일 음악인을 고용해 조선의 젊은이들에게 근대 서양 음악을 가르치도록 했던 점도 그 예 중 하나이다. 조선 정부는 또 조선 황실 담당의사로 1901년 11월 일본 도쿄대학 내과교수로 재직 중이던 독일인, 리하르트 분쉬(Richard Wunsch)를 초빙하기로 한 것을 보아도 조선 정부와 독일간의 "특별한 관계"가 완전히 끝나지 않았음을 보여준다.339)

1903년 4월 10일 베이페르트는 독일 바바리아(Bavaria)의 왕이 고종 황제를 알현하고 싶다고 조선 정부에 통보했다.340) 사흘 후 조선 정부는 궁중 내에 천연두가 돌고 있어 고종이 직접 바바리아 왕을 만날 수 없다며 유감을 표

---

338) *Ibid.*, no.2247, p.267.
339) 리하르트 분쉬, 『고종의 독일인 의사 분쉬』, 김종대 역, (서울: 학고재, 1999), p.7.
340) *Ibid.*, no.2850, pp.478~479.

명했다. 그러나 정부 관료들은 바바리아 왕을 극진히 대접했고, 이에 감동한 바바리아 왕은 그를 접대한 조선 관료들에게 감사의 표시로 훈장을 수여했다. 전통적으로 조선은 왕족의 방문을 영광으로 생각하고 손님에 대한 극진한 대접을 덕으로 삼고 있었기에 이런 우호적인 결과를 가져왔다고 볼 수 있다.

전반적으로 조선과 조선에 거주하던 독일 외교관들, 상인들을 포함해 대다수 독일인들은 양국이 우호 조약을 맺은 때부터 1905년까지 큰 마찰 없이 원만한 관계를 유지했다. 1905년 양국간의 외교적 관계는 단절의 상태로 치닫고 있었지만, 이는 독일 정부와 물론 일본 정부가 유도한 것이지 조선 내 독일인들이나 외교관들이 양국간의 "특별한 관계"를 파괴한 것은 아니었다.

1905년 12월 4일 독일 서리 영사 살데론은 독일 정부는 조선으로부터 독일 외교 대표부를 철수하기로 결정했다고 조선 정부에 통보했다. 그는 외무 대신 박제순에게 앞으로 모든 외교 문제는 일본 주재 독일 공사가 담당할 것이라고 전했다.[341] 일 주일 후 살데론은 출국 전에 고종을 알현하고 박제순을 만나고 싶다는 서한을 전했다. 20년 간 유지된 독일 외교 대표부의 공식 활동은 이 편지를 마지막으로 끝을 맺었고, 양국간에 다시 외교관계를 수립하게 되는 것은 양국이 분단된 모습으로 세계대전을 두 번이나 치른 후에나 가능했다.

독일과 조선은 전직 독일 외교관 묄렌도르프가 조선의 최초 서양인 고위 관료로 초빙되면서 "특별한 관계"를 시작했다. 독일은 묄렌도르프가 독일의 기술과 기술자들을 들여오면서 조선의 근대화 작업에 큰 영향을 주게 된다. 잠시 후 그의 인아책이 받아들여지면서 구한말 조선 외교에 확실한 전통이 되었다. 독일 부영사 부들러가 제안한 조선의 중립 정책도 조선의 독립을 유지하는 외교정책으로 받아 들여졌다. 그러나 묄렌도르프의 인아책은 고

---

341) *Ibid.*, no.3069, p.637.

종을 중심으로 조선이 독립을 상실할 때까지 꾸준히 유지되었다.

또 다른 "특별한 관계"는 조선과 세창양행(Hernrich Constantin Edward Meyer and Company) 사이에 존재했다. 세창양행은 조선에서 활동한 주요 서양 회사로 자리 잡았다. 이 회사는 조선 조정에 몇 번의 차관을 제공해 일시적이나마 청과 일본의 재정적 독점을 분산시키려 했던 조선 의도를 만족시켰다. 1895년 청일 전쟁이후로 조선 정부와 세창양행은 이 "특별한 관계"를 잃게 됐지만 세창양행은 조선 조정에 차관을 제공해 준 최초의 서양 회사였고, 조선 상인들에게 대출도 해주며 통상을 성공적으로 확대해 나갔다. 사실 당시 어떤 서양 회사들과 비교해 볼 때도 세창양행은 조선에서 가장 활발한 활동을 전개한 회사였다.

20년간의 외교 관계를 통해 독일은 조선에 문화적인 영향도 주었다. 조선 조정은 다양한 독일인들을 초빙했고, 이들은 조선인들에게 독일의 문화와 기술을 전했다. 전환국을 만들면서 독일의 화폐 주조술이 조선에 소개됐고, 농업 근대화를 위해 독일의 비단 제조 기술과 농업 기술도 조선에 전수됐다. 엑커르트의 초빙을 통해 조선 정년들에게 서양 근대 음악이 교육된 것도 이 시기 조선에 전해진 독일의 문화라 할 수 있을 것이다. 동시에 일본에 의해 강요된 개혁으로 독일 관료제도 및 재정체제도 조선에 전수되어 간접적 영향을 받게 됐다.

아이러니칼한 것은 1894년 독일이 최초의 극동 정책을 세우면서 양국간의 "특별한 관계"는 서서히 자취를 감추기 시작했다. 빌헬름 2세의 '세계정책'은 독일의 극동지역 활동을 활성화했고, 이 지역에서 독일의 권익을 보호하고 확장하려던 독일제국의 저돌적이고 정부의 직접적인 참여는 오히려 조선의 국권 수호에 심각한 일격을 가하게 됐다. 일본의 결정이 20년에 걸친 독일과 조선관계를 종결지었지만 독일의 '세계정책' 역시도 조선의 멸망에 책임을 면치 못하게 되어 조독 관계사의 어두운 면으로 남게 되었다.

제 7 장

결 론

1882년부터 1905년까지 독일은 조선에서의 활동을 통해 양국간의 "특별한 관계"를 만들어 갔다. 제국주의 식민지 경쟁의 지각생 독일과 근대 국가 사회의 마지막 참석자 조선은 돈독한 외교, 통상 관계는 물론 개인적 교류에서 우의를 다져갔고, 이런 원만한 관계는 국내외의 위기를 극복하기 위해 노력하던 조선에 도움을 주었다. 그럼에도 불구하고 1894년 독일제국 정부는 정책노선을 전환했고, 1910년 조선이 나라를 잃는데 일조를 했지만 독일의 외교관들과 상인들은 조선의 근대화에 중요한 역할을 했다.

이론의 여지없이 그레그 폰 묄렌도르프가 초기 조독간의 "특별한 관계" 발전에 가장 큰 기여를 했다. 묄렌도르프는 이홍장에 의해 조선에서 청의 주권을 유지하기 위해 선택되어 조선으로 왔으나 그는 여러 근대화 작업에 참여하면서 청으로부터 조선을 분리시키고 완전한 독립을 돕기로 결정했다. 또한 그는 외교 무대에서 인아책을 추진해 청과 일본의 간섭에서 벗어날 것도 제안했다. 그는 갑신정변과 영국의 거문도 불법 점령을 경험한 후 조선의 국권을 수호하는 방편으로 고종에게 인아책을 실행할 것을 제안했다. 그는 오직 러시아만이 일본과 청을 효과적으로 견제할 수 있는 능력을 보유하고 있다고 믿었다. 그의 대러시아 비밀 접촉으로 자신이 그토록 만족하고 최선을 다했던 조선에서 파직 당하는 결과를 초래했지만, 묄렌도르프의 인아책은 조선 왕실을 중심으로 위기 대처를 의한 외교적 방편의 하나로 꾸준히 유지됐다.

묄렌도르프는 보수적인 민씨 일파와 연합을 함으로 해서 조선 근대화의 성공에 걸림돌로 작용하기도 했다. 이는 급진적인 개혁을 추진하려 했던 개화파 인시들에게 심각한 타격을 주었다. 그렇지만 묄렌도르프는 조선에 독일의 선진 기술을 들여오는 주요 창구역할을 했다. 그 예로 그는 세창양행을 통해 근대 화폐 주조기계는 물론 선진 기기와 기술을 수입했다. 묄렌도르프의 입장에 대해 조금은 객관적인 평가가 필요한 것은 그가 조선의 근대화를 원천적으로 반대하지 않았다는 점부터 시작해야 하기 때문이다. 동양적 힘의 역학관계는 물론 조선의 입장을 잘 이해했던 묄렌도르프는 일본식의 근본적인 개혁은 청의 반발을 자초해 실패할 가능성이 크다고 보았다. 결국 그의 이런 판단은 조선 조정에서 중국식 자강책을 따르려던 민씨 일파와 뜻을 나누게 되었다. 다시 말해 청이나 독일을 위한 결정이기보다는 그는 실현 가능성을 근거로 한 조선 중심의 실리주의자라고 평가할 수 있을 것이다. 그의 조선 중심적 실리주의는 친러시아 정책에서도 잘 나타나 있음을 거론한 바 있다. 묄렌도르프를 청의 고문관으로 보는 것보다는 구한말 조선의 근대화에 가장 현실적으로 접근했고 조선을 위해 자신의 책임을 다한 인물로 재조명되어야 하는 이유가 여기에 있다.

또 다른 독일 외교관 허만 부들러 역시도 조선의 중립화를 제안하면서 조선의 주권유지에 많은 관심을 보였다. 부들러의 제안이 공식적으로 받아들여지지는 않았지만, 중립정책 역시도 조선 정부의 위기 대처방편으로 자주 사용되었다. 부들러의 중립책이 묄렌도르프의 인아책보다 현실적이라고 단정하기는 어려운 문제이고 개인적인 견해차라 할 수밖에 없다. 그러나 부들러나 묄렌도르프의 조선 외교에 대한 제안이 선의에서 시작된 것이라는 데이의를 달 수는 없다. 최소한 조선 말년사 중 중요한 위치를 차지하는 독립협회도 중립 정책을 선호했었던 점을 상기할 필요가 있다. 물론 부들러의 경우 묄렌도르프와는 다른 점이 있다. 일단 독일을 대표하는 외교관으로서 조선의 안위보다는 독일의 이익 보호가 중요했다. 이는 상식이다. 한국의 외교관이 외국의 이익을 위해 최선을 다한다면 그를 우리는 어떻게 평가할 것인가? 그럼에도 불구하고 부들러가 조선 정부에 중립정책을 제한했을 때 조선의 안위를 상당히 걱정하고 있었던 것으로 사려된다. 물론 조선의 안정이 독일의 영향력 확산에 도움이 될 것이라는 판단에서 시작된 고도로 계산된 외교적 조언 일 수도 있다. 그러나 중립정책을 건의한 후 일본을 포함해 각국 공관들이 조선 정부가 중립을 선포할 때 이를 인정하겠다는 약속을 받아낸 점만으로도 부들러의 행동에서 조선의 장래를 걱정했던 진지함을 엿볼 수 있다.

이렇듯 독일이 조선에 미친 영향 중에 가장 중요한 것은 바로 묄렌도르프와 부들러로부터의 새로운 외교 정책 건의라 할 수 있다. 오랜 기간동안 오직 조공관계라는 동양적 외교체제에만 익숙했던 조선에게 근대 서구적 외교 정책을 제공했다는 점에서 한국 외교사에서 독일이 차지하는 위치는 매우 중요하다. 이로 인해 조선이 독립을 유지했느냐 못했느냐는 조선의 책임이다. 그러나 이 두 독일인들에 의해 조선은 근대적 외교에 눈을 뜨기 시작했고 당시 좋던 싫던 급속한 속도로 국제화되어 가던 한반도의 조선 정부로서는 꼭 필요했던 조언이었음을 부정할 수는 없다. 이런 외교적 조언을 통해 조독간의 관계는 더욱 특별해 질 수 있었다.

통상 면에서도 조독간의 관계는 매우 특별한 것이었다. 이는 한 독일회사의 활동을 통해 잘 볼 수 있다. 세창양행(Heinrich Constantin Edward Meyer and Company)에 대해 다시 짚어 본다면 이 회사는 조선 진출 초기부터 상당한 성공을 했다. 묄렌도르프의 도움에 힘입어 세창양행은 전환국의 기계와 기기를 수입하는 전권을 보장받았고, 나중에 세창양행은 세미 운송권도 보장받게 되었다. 이런 성공을 위해 독일 영사관의 지원도 적지 않았지만 세창양행은 스스로 협상을 벌이면서 조선 시장에 단단한 토대를 만들었다.

아마도 세창양행과 조선조정 사이에서 가장 의미 있는 사업은 이 회사가 조선 조정에 제공한 차관일 것이다. 당시 조선은 청과 일본에 재정적으로 심각한 의존을 하고 있던 상태였다. 1886년 세창양행은 은 100,000냥 상당의 현금을 조선에 제공해 조선 정부에 최초의 서양 차관을 제공했다. 상환 문제로 인한 불협화음에도 불구하고 이 차관으로 조선은 청과 일본에 대한 재정적 의존도를 어느 정도 완화시킬 수 있었다. 조선 조정이 1892년 세창양행에 대한 부채를 청산할 목적으로 청으로부터 은 100,00냥의 차관을 받으면서 재정적 의존을 분산하려 했던 조선조정의 노력은 실패하고 말았고, 조선과 독일간의 "특별한 관계"는 그 빛을 잃어가기 시작했다. 그러나 이 경우에서도 국제적 통상 관행을 이해하지 못했던 조선의 책임이 더 컸다는 점을 부인할 수는 없다.

청일전쟁을 겪으면서 조선 내의 독일 외교관들은 종전의 태도를 바꿔 위기의 조선 조정이 요구한 외교 문제 해결에 아무런 조언도 제공하려 하지 않았다. 그들의 태도 변화는 독일제국 정부의 입장이 변했음을 잘 반영해 주고 있었다. 청일전쟁 중 베를린의 독일 정부는 이 혼란을 틈 타 산퉁반도의 교주만에 독일의 해군 기지를 건설한다는 계획을 세우고 다각적으로 이를 실행에 옮겼다. 러시아를 지원하며 삼국간섭에 참여하면서 독일은 이 목적을 달성했다. 그러나 이 최초의 동아시아 정책 수립 과정에서 독일은 조선을 스스로의 운명에 맡기는 결과를 초래했다. 독일의 일시적인 성공은 비스마르크가 유지해 온 점진적이고 조심스런 식민지 제국 정책에서 탈피하는 결과를 초래해 독일은 유럽에서의 안보는 물론 조선에서의 권익에도 큰 타격을 받게 되었다. 동학봉기로 인해 발발한 청일 전쟁은 독일의 정책 변화의 첫 신호였다. 비스마르크의 퇴진과 함께 찾아 온 독일 외교정책의 근본적인 변화는 한반도 상황에서 처음으로 구체화되기 시작했다. 이는 독일의 세계정책으로 이어져 결국 제 1차 세계대전으로 발전하는 외교적 위기를 부르게 된다. 이로서 외교적 측면에서 제 1차 세계대전 발발의 원인은 아프리카의 모로코가 아닌 한반도에서 찾아야 한다.

동학봉기는 조선에만 한정된 사건이 아니었고 또한 청일전쟁으로 발전하면서 동북아시아에 한정된 사건이 아니었다. 결국 독일의 정책 변화로 인해 세계사적 의미를 갖는 중요한 사건이 된 것이다. 제 1차 세계대전의 발발 원인을 논하면서 조선을 빼놓을 수는 없다. 이는 조선이 더 이상 은자의 나라가 아닌 국제 사회의 일원이 되었음을 반증해 준다. 이런 면에서 19세기 말 한반도는 첫 번째 국제화를 경험하게 되었던 것이다. 더 이상 조선에서 발생한 사건이 조선 자체의 문제만으로 간주되는 것이 아니라 동북아시아 문제로 또 국제적 문제로 확산되기 시작해 조선은 국제 사회의 일원이 되었다. 결국 조선은 국제 사회의 일원으로서 적응해야만 했다.

청일전쟁 이후 조선에는 경제적 이권, 특히 금광 확보를 노리는 외국인들이 물밀 듯이 몰려들기 시작했다. 서양 국가 중 러시아와 미국이 상당한 성공을 누리는 데 반해 독일의 세창양행은 큰 어려움을 겪었다. 세창양행은 당현 금광을 확보하는 데 성공은 했지만 이를 지원할 전신선과 철도 건설권을 확보하는데는 실패하고 말아 지속적인 사업확산이 어렵게 되었다. 독일의 외교적 태도 변화에 대한 조선의 반감과 독일 정부의 강력한 지원이 없는 상태에서 조선의 관료들은 세창양행의 요구를 거절했다. 결국 독일 정부의 교주만에 대한 집중 투자는 세창양행의 조선활동을 어렵게 만들었고 정부의 직접적인 도움으로 경제적 조차를 확산하던 타국에 비해 열악한 조건으로 초기의 성공은 옛 이야기가 되었다. 이 당시 독일제국은 세계 각지에서 초기의 왕성한 활동력과 사업확장에도 불구하고 공인회사들을 중심으로 한 식민지 정책의 한계를 경험하고 있었다. 세창양행의 조선 활동 역시 예외일 수는 없었다. 비스마르크부터 빌헬름 2세까지의 독일의 식민지 활동은 한반도에서도 그 패턴을 그대로 보여주고 있어 독일제국의 외교적 문제를 잘 반영해 준다.

1903년 베를린은 조선을 놓고 일본과 러시아가 첨예한 대치를 하고 있는 상황에서 군사적 충돌을 종용했다. 카이저는 일본이 조선에 대한 절대적이고 광범위한 특권을 확보하려는 상황에서 러시아 짜르를 종용해 조선을 점령하라고 제의했다. 카이저 빌헬름 2세는 러시아의 발틱함대를 지원해 주겠다는 약조까지 하면서 동북아시아의 힘의 균형을 흔들어 그 틈새를 차지하려 하는 세계정책을 추진했다. 그러나 이 전쟁은 독일의 예상을 뒤엎고 일본의 승리가 확실해 지고 있었다. 이로써 독일은 동북아시아 지역에서 자국의 목적, 구체적인 것은 없었지만, 달성에 실패한 것은 물론 조선의 패망에도 책임을 갖게 되었다.

1905년 일본의 조선 외교권 박탈로 인해 독일 외교 대표부가 조선에서 철수하면서 20년간의 조독 관계는 끝을 맺었다. 양국의 관계가 재개되는 데 40여 년이라는 긴 시간이 걸렸고, 양국은 분단국가로 반 쪽 외교관계를 수립하는 아이러니한 모습으로 다시 만났다. 결론적으로 독일제국의 한반도 정책은 실패로 끝나고 말았다. 그러나 이렇게 단순한 결론을 내리기에 앞서 조선의 기술 발전, 외교활동, 제정을 포함한 국내 정치 및 문화에 대한 독일의 영향은 무시할 수 없는 것이었다. 특히 1894년 전까지 독일이 조선에 끼친 영향은 긍정적이고 찬사 받기 충분한 진정 '특별한' 것이었다.

참고문헌

I. Published Documents

American Historical Association. *Committee for the Study of War Documents-German Foreign Ministry, 1867~1920 —Asien,* Buckinghamshire: Whaddon Hall, 1957.

아시아 문제 연구소, 고려대학교.『舊韓國外交文書』, 15권, 16권, "德案," 서울: 고려대학교출판부, 1966.

───────────,『舊韓國外交關係附屬文書』, 8권, 서울: 고려대학교 출판부, 1972~1974.

Carnegie Endowment for International Peace. *Korea: Treaties and Agreements,* Washington, D. C.: Carnegie Endowment for International Peace, 1921.

Chung, Henry (comp.). *Treaties and Conventions between Corea and Other Powers,* New York: H. S. Nichols, 1919.

Die Grosse Politik der Europäischen Kabinette 1871~1914, Sammlung der Diplomatischen Akten des Auswärtigen Amtes, ed. Johannes Lepsius, Albrecht-Mendelssohn-Bartholdy, Friedrich Thimme, 1924.

Dugdale, E .T .S.. *Selected and Translated German Diplomatic Documents, 1871~1914,* 4 vols., New York, 1930.

Imperial Maritime Customs, China. *Treaties, Regulations etc., Between Corea and Other Powers: 1876~1889,* Shanghai: Statistical Department of the Inspectorate General of Customs, 1891.

Maki, John M. (comp. & ed.). *Selected Documents: Far Eastern International Relations, 1689~1951,* Seattle: University of Washington Press, 1951.

국사편찬 위원회. 『고종 시대사』, 6권, 서울: 국사편찬 위원회, 1967.

Rockhill, William W.(comp.). *Treaties, Conventions, Ordinances, etc.,Relating to China and Korea (October, 1904~January, 1908)*, Washington, D. C.: U. S. GPO, 1908.

________________(comp.). *Treaties and Conventions with or Concerning China and Korea, 1894~1904*, Washington, D.C.: U.S. GPO, 1904.

Secretary of the Imperial Commissioners, China. *Notes on the Imperial Chinese Mission to Corea, 1890*, Shanghai, 1892.

II. Books

Albrecht-Carrié, René. *A Diplomatic History of Europe Since the Congress of Vienna*, New York: Harper & Brothers, Publishers, 1958.

Allen, Horace N. *Korea, Fact and Fancy*, Seoul: Methodist Publishing House, 1904.

____, *Things Korean*, New York: Fleming Revell Co., 1908

Art, Robert J.. *The Influence of Foreign Policy on Seapower: New Weapons and Weltpolitik in Wilhelminian Germany*, Beverly Hllls: Sage Publications, 1973.

Baumgart, Winfried. *Das Zeitalter des Imperialismus und des Ersten Weltkrieges(1871~1918)*, Darmstadt: Wissenschaftliche Buchgesellschaft, 1977.

Betts, Raymond F. The False Dawn: *European Imperialism in the Nineteenth Century*, Minneapolis: University of Minnesota Press, 1975.

Block, Kurt. *German Interests and Policies in the Far East*, New York: International Secretariat, Institute of Pacific Relations, Publications Office, 1940.

Brandenburg, Erich. *From Bismarck to the World War: a History of German Foreign Policy, 1870~1914*, Delhi: S. Chand, 1967.

Bülow, Bernhad Heinrich M. K. *Imperial Germany*, trans. Marie A. Levenz, New York: Dodd, Mead, 1914.

Cambon, Jules, etc.. *The Foreign Policy of the Powers: France, Germany, Great Britain, Italy, Japan, Soviet Russia, The United States*, Freeport, New York: Book for Library Press, 1970.

Carlson, Andrew R.. *German foreign Policy, 1890~1914 and Colonial Ploicy to 1914*,

Metachen, New Jersey: Scarecrow Press, 1970.

Carvoll, Eber Malcolm. *Germany and the Great Powers, 1866~1914: A Study in Public Opinion and Foreign Policy*, Handen, Conn.: Archon Books, 1966.

Cecil, Lamar. *The German Diplomatic Service, 1871~1914*, Princeton: Princeton University Press, 1976.

Chandra, Vipan. *Imperialism, Resistance and Reform in Late Nineteenth century Korea: Enlightenment and the Independence Club*, Berkeley: Center for Korean Studies, 1988.

장도빈.『韓國末年史』, 3권, 서울: 덕흥서림, 1935.

Ch'en, Jerome. Yuan Shih-k'ai: 1859~1916, Stanford: Stanford University Press, 1961.

Chien, Frederick Foo. The Opening of Korea: A Study of Chinese Diplomacy, 1876~1885, Hamden, Conn.: Shoestring Press, 1967.

조현파.『事件百年史』, 서울: 정음사, 1975.

Choi, Woon-sang. *The Fall of the Hermit Kingdom,* Dobbs Ferry, New York:, Oceana Publication, Inc., 1967.

정 교.『大韓李年史』, 서울: 정음사, 1957.

전해종.『韓國과 中國』, 서울: 지식 산업사, 1979.

Chung, Henry. *The Case of Korea: A Collection of Evidence on the Japanese Domination of Korean, and on the Development of the Korean Independence Movement*, New York: Fleming Revell Co., 1921.

Clyde, Paul H. *The Far East: A History of the Impact of the West on Eastern Asia*, New York: Prentice Hall, 1959.

______, *A History of the Modern and Contemporary Far East: A Survey of Western Contacts with Eastern Asia During the Nineteenth and Twentieth Century*, New York: Premtice Hall, 1937.

Cook, Harold F. Korea's 1884 Incident: Its Background and Kim Ok-kyun's Elusive Dream, Seoul: Royal Asiatic Society, Korea Branch, 1972.

Cumings, Bruce. *The Origins of the Korean War: Liberation and the Emergence of Separate Regimes, 1945~1947*, Princeton: Princeton University Press, 1981.

Curzon, George N. *Problems of the Far East*, rev., ed. Westminster: Constable & Co., 1896.

Cynn, Hing H. The *Rebirth of Korea*, New York: Fleming Revell Co., 1920.

Dallin, David J. *The Rise of Russia in Asia*, New Heaven: Yale University Press, 1949.

Denny, Owen N. *China and Korea*, Shanghai: Kelly &Walsh Ltd., 1888.

Deuchler, Martina. *Confucian Gentleman and Barbarian Envoys; The Opening of Korea, 187 5~1885*, Seattle: University of Washington Press,

Djang, F. D.. *The Diplomatic Relations Between Germany and China Since 1898*, Shanghai, 1936.

Douglas, Sir Robert K.. *Europe and the Far East, 1506~1912*, Cambridge: Harvard University Press, 1913.

______, *Li Hung-chang*, London, 1895.

Duncan, Chesney. *Corea and the Powers: A Review of the Far Eastern Question*, Shanghai, 1889.

Eckel, Paul E.. *The Far East Since 1500*, New York: Harcourt Brace, 1947.

Eden, C. H.. *China With an Appendix on Korea*, London, 1877.

Edwards, Michael. *Asia in the European Age, 1498~1955*, New York, 1961.

Erusalimskii, Arkadii Samsonovich. *Die Aussenpolitik und die Diplomatie des deutschen Imperialismus Ende des 19. Jahrhundertsm*, Berlin: Dietz, 1954.

Fieldhouse, D. K.. *Colonialism, 1870~1945: An Introduction*. London: Weidenfeld and Nicolson, 1981.

Franke, Otto. *Die Grossmächte in Ostasien von 1894 bis 1914*, Braunschweig, 1923.

______, *Ostasiatische Neubildungen: Beiträge zum Verständnis der politischen und kulturellen Entwicklungs-Vorgänge im Fernen Osten*, Hamburg: C. Boysen, 1911.

Friedjung, Heinrich. *Das Zeitalter des Imperialismus, 1884~1914*, 3 vols., Berlin: Neufeld & Henius, 1911~1922.

Geiss, Imanuel. *German Foreign Policy, 1871~1914*, London: Routledge and Kegan Paul, 1976.

Gillard, David. *The Struggle for Asia, 1828~1914: A Study in British and Russian Imperialism*, New York: Holm & Meher Publishers, 1977.

Gollwitzer, Heinz. *Die Gilbe Gefahr: Geschichte eines Schlagworts. Studien zum imperialistischen Denken*, Göttingen: Vandenhoeck & Ruprecht, 1962.

Griffis, William E.. *Corea, The Hermit Nation*, New York: Scribners, 1911.

Griscam, L. C.. *Diplomatically Speaking*, Boston, 1940.

Grote, Gerhand. *Untersuchungen zur deutschen Kolonialpolitik um die Jahrhundertwende*, Berlin, 1940.

Grünfeld, Ernst. *Hafenkolonien und kolonieähnliche Verhältnisse in Chine, Japan und Korea; eine kolonialpolitische Studie*, Jena, 1913.

Hallgarten, Geroge Wolfgang Felix. *Imperialismus vor 1914; die soziologischen Grundlagen der Außenpolitik europäischen Grossmächte vor dem Ersten Weltkreig*, München: Beck, 1963.

Hammann, Otto. *Deutsche Weltpolitik. 1890～1912*, Berlin, 1925.

Han, Woo-keun. *The History of Korea*, trans. Lee Kyung-shik, Honolulu: The University Press of Hawaii, 1974.

Harrington, Fred Harvey. *God, Mammon, and the Japanese: Dr. Horace M. Allen and Korean-American Relations, 1884～1905*, Madison: University of Wisconsin Press, 1944.

Haselmayr, Friedrich. *Diplomatesche Geschichte des Zweiten Reichs von 1871～1918*, München: F. Bruckmann, 1955.

Hauser, Oswald. *Deutschland und der englisch-russische Gegensatz.1900～1914*, Göttingen, 1958.

Headrick, Daniel R. *The Tools of Empire: Technology and European Imperialism in the Nineteenth Century*, New York: Oxford University Press, 1981.

Helbig, Ludwig. *Imperialismus-des deutsche Beispiel*, Frankfurt: a.M. Berlin, Bonn, München, Dieterweg, 1968.

Henderson, Gregory. *Korea: The Politics of the Vortex*, Cambridge: Harvard University Press, 1968.

Henderson, William Otto. *Studies in German Colonial History*, London: F. Cass, 1962.

Herwig, Hogger H.. *"Luxury" Fleet: The Imperial German Navy, 1888～1918*, London: Geroge Allen & Unwin, 1980.

Herz, John H.. *Political Realism and Political Idealism: A Study in Theories and Realities*, Chicago: University of Chicago Press, 1951.

Hillgruber, Andreas. *Deutsche Großmacht-und Weltpolitik im 19. und 20. Jahrhundert*, Düsseldorf: Droste, 1977.

Holstein, Friedrich von. *The Holstein Papers*, ed. Norman Rich & M. H. Fisher, Cambridge: Harvard University Press, 1955.

Hsü, Immanuel C. Y. *China's Entrance into the Family of Nations: The Diplomatic Phase, 1858~1880*, Cambridge, Harvard University Press, 1960.

Huang Tsun-hsien. *Chao-hsien tse-lüeh (A Policy for Korea*; 朝鮮策略), trans. Cho Il-mon, Seoul: Kunkuk University Press, 1977.

Hudson, G. F.. *The Far East in World Politics: A Study in Recent History*, 2nd. ed., New York: Octagon Books, 1976.

Hulbert, Homer B.. *The History of Korea*, 2 vols., Seoul: The Methodist Publishing House, 1905.

______, *The Passing of Korea*, New York: Doubleday Page, 1906.

Hwang, In-k. *The Korean Reform Movement of the 1880's: A Study of Transition in Intra-Asian Relations*, Cambrldge: Schenkman Publishing Co., 1978.

Jackh, Ernest. *Der goldene Pflug: Lebensernte eines Weltbürgers*, Stuttgart: Deutsche Verlags-Anstalt, 1954.

Jo, Yung-hwan (ed.). *Korea's Response to the West*, Kalamazoo: Korean Research and Publications, 1971.

Kim, Do-tae. *Mr. Soh Jae-pil's Memoir*, Seoul: Dosonsa, 1948.

Kim, C.1. Eugene and Kim, Han-kyo. *Korea and the Politics of Imperialism, 1876~1910*, Berkeley: University of California Press, 1967.

Kim, Jang-soo. *Korea und der Westen von 1860~ 1900: Die Beziehungen Koreas zu den europ äischen Grossmächten, mit besonderer Berücksichtigung der Beziehungen zum Deutsches Reich*, Frankfurt: Peter Lang, 1985.

Kim, Key-Hiuk. *The Last Phase of the East Asian World Order: Korea, Japan, and the Chinese Empire, 1860~1882*, Berkeley: University of California Press, 1980.

김옥균. 「甲申日錄」,『한국 근대사상』中, 서울: 삼성 출판사, 1982.

김원모.『舊韓國 外交史 硏究』, 서울: 단국대학교 출판부, 1984.

김용건.『朝鮮 開化秘談』, 서울: 정음사, 1947.

Kleiner, Jürgen. *Korea: Betrachtungen über e. fernliegeades Land*, Frankfurt: R. G. Fischer, 1980.

Krausse, Alexis. *The Far East and Its Question*, London, 1900.

권석봉. 『淸末 對朝鮮政策硏究』, 일조각, 1986.

Lambi, Ivo Nikolai. *The Navy and German Power Politics, 1862~1914*, Boston: Allen and Unwin, 1984.

Langer, William L.. The Diplomacy of Imperialism, 1890~1902, New York: Alfred A. Kropf, 1935.

Langsam, Walter C.. *In Quest of Empire: The Problem of Colonies*, New York: The Foreign Policy Association, 1939.

Lee Ki-baik. *A New History of Korea*, trans. Edward W. Wagner and Edward J. Shultz, Cambridge: Harvard University Press, 1984.

Lee, Yur-bok. *West Goes East: Paul Georg von Möllendorff and Great Power Imperialism in Late Yi Korea*, Honolulu: University of Hawaii Press, 1988.

Lensen, George Alexander. *Balance of Intrigue: International Rivalry in Korea and Manchuria, 1884~1899*, 2 vols., Tallahassee: University Press of Florida, 1982.

Lichten, Hans E. *Haben die deutschen Diplomaten versagt? Eine Kritik an der Kritik von Bismarck bis Heute*, Bonn: H. Beuvier, 1959.

Longford, Joseph Henry. *The Story of Korea*, New York: C. Scribner's Sons, 1911.

Lowell, Percival. *Chosen: The Land of the Morning Calm-A Sketch of Korea*, Boston: Ticknor & Co., 1888.

MacNair, Harley F. and Lach, Donald F.. *Modern Far Eastern International Relations*, New York: Von Nostrand, 1955.

Maki, John McGilvrey (ed.). *Conflict and Tension in the Far East: Key Documents, 1894~1960*, Seattle: University of Washington Press, 1961.

Malozemoff, Andrew Alexander. *Russian Far Eastern Policy, 1881~1904: With Special Emphasis on the Causes of the Russo-Japanese War*, Berkeley: University of California Press, 1958.

Masterman, Sylvia. *The Origins of International Rivalry in Samoa, 1845~1884*, London: Allen & Unwin, 1934.

McGrane, George. *A Korea's Tragic Hours: The Closing Years of the Yi Dynasty*, ed. Harold F. Cook and Alan M. MacDougall, Seoul: Taewon Publishing Co., 1973.

McKenzie, Fred Arthur. *Korea's Fight for Freedom*, New York: AMS Press, 1970.

__________, *The Tragedy of Korea*, London: Hodder and Stoughton, 1908.

Michael Frarlz H. and Taylor, George E.. *The Far East in the Modern World*, New York: Henry Holt, 1956.

Möllendorff, Rosalie von. *P. G. von Möllendorff: Ein Lebensbild*, Leipzig: Otto Harrassowitz, 1930.

Moon, Parker Thomas. *Imperialism and World Politics*, New York: The MacMillan Co., 1930.

Müller-Link, Horst. *Industrialisierurg und Außenpolitik: Preussen, Deutschland und das Zareneich, 1860~1890*, Göttingen: Vandenhoeck und Ruprecht, 1977.

Müller-Jabusch, Maximilian. *Fünfzig Jahre Deutsch-Asiatische Bank, 1890~1939*, Berlin, 1940.

Nelson, M. Frederick. *Korea and the Old Orders In Eastern Asia*, Baton Rouge: Louisiana State University Press, 1945.

Owen, D. E.. *Imperialism and Nationalism in the Far East*, New York, 1929.

Reventlow, Graf Ernst zu. *Beh Deutschlands auswärtige Politik, 1888~1914*, Berlin, 1916.

노계현. 『韓國 外交史硏究』, 해문사, 1967.

Rockhill, William W. *China's Intercourse With Korea from Fifteenth Century to 1895*, London: Luzac, 1905.

Sakai, Robert K. (ed.) *Studies on Asia 1965*, Lincoln: University of Nebraska Press, 1965.

Sands, William F. *Undiplomatic Memories*, New York: Whittesey House, 1930.

Schöllgen, Gregor. *Escape into War? The Foreign Policy of Imperial Germany*, Oxford: Berg Publisher, 1990.

Schrecker, John E. *Imperialism and Chinese Nationalism: Germany in Shantung*, Cambridge: Harvard University Press, 1971.

Schreine, Albert. *Zur Geschichte der deutschen Außenpolitik, 1879~1945*, Berlin: Dietz 1952.

신기석. 『韓末 外交史 硏究－中韓 從屬 關係를 中心으로』, 일조각, 1967.

신국주. 『近代 朝鮮外交史』, 탐구당, 1965.

______. 『韓國 近代政治外交史』, 탐구당, 1968.

Smith, Woodruff D. *European Imperialism in the Nineteenth and Twentieth Century*, Chicago: Nelson-Hall, c. 1982.

______, *The German Colonial Empire*, Chapel Hill: University of North Carolina Press,

1978.

Snyder, Louis Leo (ed.). *The Imperialism Reader: Documents and Readings on Modern Expansionism*, Princeton: Van Nostrand, 1982.

Steinmann, Friedrick von. *Russlands Politik im Fernen Osten und den Staatssekretär Bezobrazov: Ein Beitrag zur Vorgeschichte des russisch-japanischen Krieges*, Leipzig: Werkgemeinschaft, 1931.

Sunoo, Harold W. *Korea: A Political History in Mordern Times*, Seoul: Kunkuk University Press,

Swartout, Robert R., Jr.(ed.). *An American Adviser in Late Yi Korean*: The Letters of Owen Nickerson Denny, University: University of Alabama press, 1984.

_______, *Mandarins, Gunboats and Power Politics: Owen Nickerson Denny and the International Rivalries in Korea*, Honolulu: Asian Studies Program, University of Hawaii, 1980.

Synn, Seung Kwon. *The Russo-Japanese Rivalry Over Korea, 1876~1904*, Seoul: Yukphubsa, 1981.

Treat, Payson J. *The Far East: A Political and Diplomatic History*, New York: Harper and Brothers, 1928.

Townsend, Mary Evelyn. *Origins of Modern German Colonialism, 1871~1885*, New York: H. Fertig, 1974.

_______. *The Rise and Fall of Germany's Colonial Empire, 1884~1918*, New York: H. Fertig, 1966.

Tung, Chi-lin. *"Li Hung-chang" His Korean Polcies, 1870~1885*, Berkeley: University of California Press, 1929.

Tyler, Alice Felt. *The Foreign Policy of James G. Blaine*, Minneapolis: University of Minnesota Press, 1928.

Viallate, Achille. *Economic Imperialism and International Relations During the Last Fifty Years*, New York, 1923.

Vinacke, Harold M.. *A History of the Far East in Modern Times*, New York: F. S. Crofts & Co., 1941.

Wehler, Hans-Ulrich. *Bismarck und der Imperialismus*, Köln: Kiepenheuer & Witsch, 1969.

Whigham, Henry James. *Manchuria and Korea*, London: Isbister & Co., 1904.

Wilkinson, W. H. *The Corean Government: Constitutional Changes, July 1894 to October 1895, With and Appendix on Subsequent Enactments to June 30th, 1895*, Shanghai: The Statistical Department of Inspectorate-General of Customs, 1897.

Wright, Harrison M. (ed.). *The "New Imperialism": Analysis of Late Nineteenth Century Expansion*, Lexington, MS., D. C.: Heath, & Co., 1961.

Wunsch, Richard.『고종의 독일인 의사 분쉬』, 김종대 역, 학고재, 1999.

이현희.『韓國 開化百年史』, 정음사, 1975.

이광린.『開化黨 研究』, 일조각, 1973.

______.『韓國 開化史研究』, 일조각, 1969.

이상백.『韓國史 近世 初期篇』, 서울, 1962.

이성근.『朝鮮 最近 政治史』, 정음사, 1950.

______.『韓國史 最近世篇』, 정음사, 1961.

이완재.『初期 開化思想 研究』, 민족문화사, 1989.

III. Articles

Battistini, Lawrence H. "The Korean Problem in the Nineteenth Century," *Monumenta Nipponica*, vol. 8, 1952, pp.47~66.

Bee, Minge C. "Origins of German Far Eastern Poliy," *Chinese Social and Political Science Reviews*, vol. 21, 1937~38, pp.65~97.

______. "The Peterhof Agreement," *Chinese Social and Political Science Reviews*, vol. 20, 1937, pp.231~250.

Brandt, Max von. "Drei-und-dreißig Jahre," *Ost-Asien*, 1910.

Choe, Ching-Young. "Yüan Shih-Kai: His Role in Korea, 1882~1894," *Seminar Paper*, Harvard University, 1956~1957.

Choe, Yong-ho. "The Kapsin Coup of 1884: A Reassessment," *Korean Studies*, vol. 6, Honolulu: The Center for Korean Studies, pp.105~124.

전해종.「통리기무아문의 설치 경위에 대하여」,『歷史學報』17~18 집, 1962, 6월, pp.687~702 .

______. "The Origin and Development of the Tongni Amun and Its Significance in

Modernization," *Proceedings of Conference on Modernization of East Asia*, Seoul, Korea University Press, 1969.

최덕규. 「비떼의 대한정책과 한러은행」, 『슬라브학보』 14권 2호, 1999, pp.41 3~445.

______. 「러시아 해군성과 마산포(1894~1905)」, 『한국시베리아학보』 창간호, 1999, pp.107~149.

Churchill, Williams. "Germany's Lost Pacific Empire," *Geographical Review*, vol. 10, 1920, pp.84~90.

Cook, Harold F. "Möllendorff: First Western Official," *Korea Times*, April 11, 1971.

"Corea," Edinburg Review, vol. 136, October, 1872, pp.155~173.

Dennett, Tyler. "American Choices in the Far East in 1882," *American Historical Review*, vol. 30, October, 1924, pp.84~108.

______. "Early American policy in Korea, 1883~1887," *Political Science Quarterly*, vol. 4, 1959, pp.153~164.

Elm, Ludwig. "Die sozialdemokratische Partei Deutschlands und der antiimperialitishe Voldsaufstand(Borenaufstand) im China im 1900," *Wissenschaftliche Zeitschrift der Friedrich-Schiller-Universität Jena Gesellschafts und Oprachwissenschaftliche Reihe*, vol. 7 (2/3), 1957/1958, pp.307~316.

고병익. 「목인덕의 고빙과 그 배경에 대하여」, 『震檀學報』 25/27, 1964년 12월, pp.225~244.

______. 「목인덕의 수기」, 『震檀學報』 24집, 1963년 8월, pp.149~196.

______. "The Role of the Westerners Employed by the Korean Government in the Late Ye Dynasty," *International Conference on the Problems of Modernization in Asia*, Seoul, 1965.

Gompertz, G. St. G.M.. "Some Notes on the Earliest Western Contacts With Korea," *Transactions of the Korean Branch of the Royal Asiatic Society*, vol.33, 1957, pp.4 1~54.

Hahm, Pyong-choon. "Korea's Initial Encounter with the Westerun Law: 1886~1910 AD.," *Korea Observer*, vol. 1, January, 1969, pp.80~93.

Hamilton, A.W.. "Origins of British Interest in Korea in the Nineteenth Century," *Korea Journal*, vol. 14(5), May, 1974, pp.25~33.

Heard, Augustine. "China and Japan in Korea," *North American Review*, vol. 159, July-December, 1894, p.300~320.

홍이섭. 「한국 외교사－19세기 이후의 국제 정세를 중심으로」, 『韓國 文化史 大系』 11권, 1965, pp.389~534.

Hulbert, Homer B. "Baron von Möllendorff," *Korean Review*, vol. 1, 1901, pp.245~252.

Hwang, In-kwan. "A Translation and Critical Review of Yu Kil-jun's on *Neutrality*," *Korean Studies*, vol. 9, 1985, pp.1~13.

Iriye, Akira. "Imperialism in East Asia," *Modern East Asia: Essays in Interpretation*, ed. James B. Corwley, New York: Harcourt, Brace and World, 1970, pp.122~150.

Jue, Kan B.. "The Korean Independence Question and George C. Foulk, 1883~1887," *Seminar Paper*, Florida State University, 1974.

Kang, Thomas Hosuck. "Confucian Behavior Toward the Modernization of Korea, 1864~1910," *Korea Journal*, vol. 13(7), July, 1973, pp.4~15.

Kim, Tae-jun. "The Survey of Government Finances of the Late Yi Dynasty(1895~1910)," *Korea Journal*, vol. 14, Feb. 1974, pp.24~29.

김영호. "한말 서양 기술의 수용", 『아세아 研究』 31집, 1968년 9월, 295~343쪽.

권석봉. "이홍장의 대조선 열국 입약권고책에 대하여", 『歷史學報』 21집, 1963년 8월, 101~130쪽.

Lee, Bae-yong. "Competitive Mining Survey by Foreign Powers in Korea-With Emphasis on the 1880s," *Journal of Social Sciences and Humanities*, Seoul: The Korean Research Center, vol. 36, June, 1972, pp.12~41.

__________. "The Foreign Powers' Disseizin of Concessions After the Opening of Port and Choson's Oppositions," *Journal of Social Sciences and Humanities*, Seoul: The Korean Research Center, vol. 70, June, 1992, pp.1~41.

Lee, Yur-bok. "P.G. von Möllendorff and the First Secret Russo-Korean Agreement of 1885," *Proceedings of the Southwestern Conference for Asian Studies*, New Orleans, Louisiana, 1980, pp.90~107.

__________. "Von Möllendorff and Big power Intervention in Korea in the 1880s," A *Paper Presented at the Twenty-Ninth Annual Meeting of the Midwest Conference on Asian Affairs*, University of Iowa, October 24~25, 1980.

Leifer, Walter. "Paul-Georg von Möllendorff-Scholar and Statesman," *Transactions of the Korea Branch of the Royal Asiatic Society*, vol. 57, 1982, pp.41~52.

Lin, T.C.. "Li-Hung-chang: His Korea Policies, 1870~1885," *Chinese Social and Political Science Review*, vol. 19, 1935~1936, pp.202~233.

McCune, George M. "Russian Policy in Korea: 1895~1898," *Far Eastern Survey* (New York), Vol. 14, September 26, 1945, pp.272~274.

Morrison, G. James. "Some Notes of a Trip to Corea, in July and August of 1883," *Journal of the North-Chinese Branch of the Royal Asiatic Society*, vol. 18, 1883, pp.141~157.

Nahm, Andrew Changwoo. "Korea's response to International Revalries: Korean Domestic Politics, 1876~1884," *Michigan Academy of Science, Arts and Letters, Papers*, vol. 50, 1964, pp.445~465.

Noble Harold J. "The Former Foreing Settlements in Korea," *The American Journal of International Law*, vol. 23.4, October, 1929, pp.766~782.

__________. "The Korean Mission to the United States in 1883: The First Embassy Sent by Korea to an Occidental Country," *Transactions of the Korean Branch of the Royal Asiatic Society*, vol. 18, 1929, pp.1~21.

__________. "The United States and Sino-Korean Relations, 1885~1887," *Pacific Historical Review*, vol. 2.3, September, 1933, pp.292~304.

Pak, M. N. and Patterson, Wayne. "Russian Policy Toward Korea Before and During the Sino-Japanese War of 1894~1895," *Journal of Korean Studies*, vol. 5, 1984, pp.109~119.

Palais, James B. "Political Leadership in the Yi Dynasty," *Political Leadership in Korea*, Suh Dae-sook and Lee Chae-jin ed., Seattle: University of Washington Press, 1975, pp.3~38.

Paullin, Charles O. "The Opening of Korea," *Political Science Quarterly*, vol. 25, 1910, pp.470~499.

Popov, A. L. and Dimant, S. R.(ed.) "First Steps of Russian Imperialism in Far East," *Chinese Social and Political Science Review*, vol. 18, 1934/1935, pp.236~281.

"The Question of Korea," *Japan Weekly Mail*, 1894 pp.461~464.

Sands, W. F.. "Korea and the Korean Emperor," *Century*, vol. 69, 1905, pp.577~584.

Sohn, Pow-key. "The Opening of Korea: A Conflict of Traditions," *Transactions of the Korean Branch of the Royal Asiatic Society*, vol. 36, April, 1960, pp.101~128.

Synn, Seung-kwon. "The Russo-Korean Relations in the 1880s," *Korea Journal*, vol. 20, no.9, September, 1980, pp.26~39.

Treadgold, Donald W. "Russia and the Far East," *Russian Foreign Policy: Essays in Historical Perspectives*, ed. Ivo J. Lederer, New Heaven: Yale University Press, 1962, pp.531~574.

Treat, Payson J. "China and Korea, 1885~1894," *Political Science Quarterly*, vol 69, 1934, pp.506~543.

Wehler, Hans-Ulrich. "Bismarck's Imperialism, 1862~1890," *Past and Present*, no.48, 1970, pp.119~155.

원유한. "전환국고", 『歷史學報』 37, 1968년 6월, 49~100쪽.

______. "A Study on the Introduction of German Coinage Technique to Korea," *Korea Journal*, vol. 14(11), November, 1974, pp.4~11.

______. "당오전고", 『歷史學報』 35/36집, 1967년 12월, 313~339쪽.

Wright, Mary C. "The Adaptability of Ching Dipolmacy: The Case of Korea," *Journal of Asian Studies*, vol. 17, May, 1958, pp.363~381.

Yi, Kwang-rin. "Royal College: The Earliest Modern Government School in Korea," *Journal of Social Sciences and Humanities*, Seoul: The korean Research Center, vol. 21, December, 1964, pp.26~42.

Yi, Pyeng-do. "The Impact of the Western World on Korea in the Nineteenth Century," *Cahiers d'Historie Mondeale*, vol. 5, 1960, pp.957~974.

이덕교. "19세기 후반의 조선반도와 외세의 갈등", 『政治學報』 4집, 1959, pp.99~111.

IV. Dissertations

Ascher, Abraham. "National Solidarity and Imperial Power, The Sources and Early Development of Social Imperialist Thought in Germany, 1871~1914," Ph. D. Dissertation, Columbia University.

Bair, Henry M., Jr. "Carl Peters and German Colonialism: A Study in the Ideas and Actions of Imperialism," Ph. D. Dissertation, Stanford University.

Baker, Dwight C. "Germany and the Far East, 1895 to 1908," Ph. D. Dissertation, University of Oregon.

Choi, Kyung-ju. "Korea: The Politics of Survival, 1894~1905," Ph. D. Dissertation, University of Pennsylvania, 1978.

Doerr, Juergen C.. "The Kulturkampf and German Foreign Policy, 1870~1880," Ph. D. Dissertation, University of Oregon, 1972.

Ganz, Albert H.. "The Role of the Imperial German Navy in Colonial Affairs," Ph. D. Dissertation, Ohio State University.

Haksel, Fred L.. "Imperialism in the Views and Policies of Leading European Statesmen, 1875~1890," Ph. D. Dissertation, University of Chicago, 1943.

Hein, Carl E.. "Representative German Historians and the Issue of Imperialism in the German Empire, 1890~1916," Ph. D. Dissertation, University of Wisconsin, 1951.

Rosen, Oscar. "German-Japanese Relations, 1894~1902: A Study of Europe Imperialism in the Far East," Ph. D. Dissertation, University of Wisconsin, 1956.

Szippl, Richard F. "Max von Brandt and German Imperialism in East Asia in the Late Nineteenth Century," Ph. D. Dissertation, Notre Dame University, 1989.

Woo, Philip M. "The Historical Development of Korean Tariff and Customs Administration, 1875~1958," Ph. D. Dissertation, New York University, 1967.

조선과 독일

인쇄일 초판 1쇄 2002년 03월 25일

　　　　2쇄 2015년 12월 20일

발행일 초판 1쇄 2002년 04월 01일

　　　　2쇄 2015년 12월 23일

지은이 이 영 관

발행인 정 찬 용

발행처 국학자료원

등록일 1987.12.21, 제17-270호

서울시 강동구 성내동 447-11 현영빌딩 2층

Tel : 442-4623~4 Fax : 442-4625

www.kookhak.co.kr

E- mail : kookhak2001@hanmail.net

ISBN 978-89-8206-673-3 *93900

가 격 13,000원

*저자와의 협의 하에 인지는 생략합니다.